日本語副詞の史的研究

－評価を表す叙法副詞を中心に－

제이앤씨
Publishing Company

日本語副詞の史的研究
ー 評価を表す叙法副詞を中心に ー

초판인쇄 2021년 12월 23일
초판발행 2021년 12월 31일

저   자 임지영
발 행 인 윤석현
발 행 처 제이앤씨
등록번호 제7-220호
책임편집 윤여남

우편주소 132-702 서울시 도봉구 우이천로 353
대표전화 (02) 992-3253(대)
전   송 (02) 991-1285
홈페이지 www.jncbms.co.kr
전자우편 jncbook@hanmail.net

ⓒ 임지영 2021

ISBN 979-11-5917-185-7 93730   **정가** 25,000원

目　次

凡 例

- ・ 例文の文頭の*は、その文が非文であることを示す。
- ・ 例文中、考察対象となる副詞には<u>実線の下線</u>を引く。
- ・ 例文中、当該の副詞と共起関係にある箇所には<u>波線の下線</u>もしくは<u>点線の下線</u>を引く。
- ・ 用例の表記は使用テキストに従ったが、漢字表記は新字体に統一し、踊り字や句読点は表記を改めた箇所がある。また、会話部分は「 」、引用者補足は ［ ］ で示す。
- ・ 用例の出典は作品名・巻・頁(近世以降の例には成立・刊行年)を示す。ただし、近世語資料に関しては地域(上方／江戸)とジャンルの情報も加えてある。例えば、上方語資料の浄瑠璃の場合は ［上・浄］ のように示す。

日本語副詞の史的研究

― 評価を表す叙法副詞を中心に ―

序 章

1. 本書の目的

　本書は、評価を表す叙法副詞(以下、「評価副詞」とする)の成立を探る史的研究である。現代語において評価を表すとされる副詞8語(「いっそ、さすが(に)、しょせん、せいぜい、せっかく、せめて、どうせ、なまじ(っか)」)を考察対象とし、どのような過程を経て現在のような意味・用法を獲得するに至ったかを明らかにするために、副詞用法の見られはじめる時期から現代語のような意味や構文上の特徴が揃う時期までを対象に、使用実態を記述し、意味・用法の通時的変化を描くことを目指すものである。

【本書における評価的意味】

　副詞が表す評価的意味については、評価という意味機能をどう定義するかについて研究者間で相違が見られる。本書では工藤(1982、1997、2000)の捉え方を踏まえ、評価という意味機能を次のように定義して用いる。

　　「文の述べ方の一つで、望ましさの観点から文の叙述内容・当該事態について話し手の価値判断や感情面の注釈を示すもの」

　　上記の定義について説明を加えたい。評価副詞は、統語面では典型的な陳述副詞のように特定の形式との呼応関係を持たないが、決まっ

た述べ方との共起関係を持つ。例えば、「せっかく」は確定条件節をなす接続助詞「ノニ」「ノダカラ」と主に共起する。ここから、評価副詞は広義の陳述副詞の一つとして分類されてきた。したがって、評価副詞は述語の表す意味を修飾する状態副詞や程度副詞と異なって、文の叙述内容・当該事態を修飾する。また、この当該事態は話し手にとって真偽が定まっている(と思われる)既定(平叙)文である必要がある(工藤1997、有田2006)。なぜなら、評価を下すためには、評価される事態が先行して存在しなければならないからである。加えて、文の述べ方は事態の成立を単なる事実として述べる文と判断内容を述べる文の二つに大きく分けられる。評価を述べる文は、後者の下位類で、価値判断を表す。ある事態を価値判断面から把握するとき、最も一般的な判断基準は望ましいかどうかという望ましさの観点であろう。以上のことから、評価という意味機能は上記のように定義づけられる。

【考察対象の範囲とその周辺】

　本書の考察対象である副詞8語(「いっそ、さすが(に)、しょせん、せいぜい、せっかく、せめて、どうせ、なまじ(っか)」)は、渡辺(1996)では「評価の副詞」、工藤(1997)では叙法部分に対する「のべかた評価」の機能を持つ「叙法副詞」として分類されている。

　まず、上記の8語を考察対象として選定した経緯について述べる。従来の現代語の副詞研究においては、評価にかかわる副詞群は節・文を修飾する叙法副詞の一角に位置づけられてきた。本書末尾に挙げた〔付録i〕は、現代語の主な副詞研究における陳述副詞の下位分類を整理したものである。〔付録i〕において評価にかかわる副詞群は、

渡辺(1971)の「註釈の誘導副詞」「批評の誘導形」、工藤(1978)の「注釈の副詞」、中右(1980)の「命題外副詞」のなかの「価値判断の副詞」、工藤(1982)の「叙法副詞」のなかの一部と「とりたて副詞」の一部、渡辺(1996)の「評価の副詞」、工藤(1997)の「評価成分」、益岡・田窪(1992)の「評価の副詞」や「その他の副詞」のなかの一部、森本(1994)の話し手の主観的態度(a speaker's subjective attitude)を表す副詞群(＝SSA副詞)の一部と関係する。

　しかし、これらの副詞群のうち、形容(動)詞の連用形に「も」が付いたもの(例えば、「悲しくも」「親切にも」)、形容(動)詞や動詞に「ことに」や「ながら」が付いたもの(例えば、「面白いことに」「驚いたことに」「残念ながら」)などのような他の品詞・品詞連結合は、用法および機能の面では文の叙述内容・当該事態を修飾する副詞へ変化したといえる。その一方で、意味の面では構成要素の語彙的意味に変化が生じないことから、これらは考察対象から除外する。

　上記のことを踏まえ、〔付録 i〕から本書で定義した評価を表すと判定した副詞は以下の11語になる。

> あいにく、いっそ、奇しくも1)、さいわい、さすが(に)、しょせん、せいぜい、せっかく、せめて、どうせ、なまじ(っか)

　ところが、最終的に本書で考察対象とするのは１１語から「あいに

---

1)　工藤(1997)では、「奇しくも」の他に「いみじくも、はしなくも、ゆくりなくも、はからずも」も挙げ、これらの語は形態的に固定していて、もはや他の品詞からの転成とはいえない、品詞論上の副詞として扱っている。本書ではこれらの語のうち、「奇しくも」をその代表語として取り上げる。

く、奇しくも、さいわい」(以下、「あいにく類」とする)を除いた8語である。

いっそ、さすが(に)、しょせん、せいぜい
せっかく、せめて、どうせ、なまじ(っか)

　現代語の評価副詞を考察した工藤(1982、1997)は「あいにく類」を叙述内容全体に対する「ことがら評価」の機能を持つ評価副詞とし、本書の考察対象である副詞8語と区別して捉えている。

　通時的観点から評価副詞を考察する本書でも「あいにく類」を考察対象の8語と区別し、考察対象としない。その理由は、先行研究および予備調査の結果を踏まえると、「あいにく類」は副詞用法の発生以前(名詞として使われる時)も以後も意味面での変化が見られないからである。歴史上「あいにく類」は「折悪しく」「折良く」の形容詞の副詞用法と同様、意味上の変化は見られず、当該事態についてプラスもしくはマイナスの評価を示す副詞として現在に至っている。一方、本書の考察対象は歴史的に意味変化を遂げているものと予想される。

　なお、副詞を広く捉えれば、評価に関わる副詞群には、工藤(1997)の「評価成分」や宮田(2012)の「評価文副詞」もある。これらと本書で扱う評価副詞を合わせて、「評価副詞成分」と呼ぶことにする。

【意義】

　本書で考察の対象とする評価副詞は、辞書の記述を除けば、通時的観点からその意味・用法を考察した研究は管見の限りほとんど見当た

らない。今なお不明なままである評価副詞の史的変遷を明らかにすることが、本書の新規性である。

　また、本書を通して、副詞の史的変遷を考察した先行研究で既に指摘されている変化の特徴(例えば、具体的な事物や様態を表す意味から程度や感情を表す意味へ、という意味の抽象化)が、評価副詞においてはどのような傾向を見せるのかについて実証的検討を加える。さらに、本書は現代語における評価副詞のあり方に対して通時的観点から説明を与える点で、現代語の評価副詞における意味記述の精緻化に繋がると考えられる。

2. 先行研究の概観

2.1 現代語の副詞研究—評価副詞の扱いに注目して—

　副詞の捉え方は、文の捉え方と密接にかかわっており、副詞の認定範囲、下位類の名称やそれに属する副詞の種類をめぐって研究者の間で相違が見られる。しかし、いずれにしても文には基本的に2つの側面(要素)があるという観点から、属性副詞か陳述副詞か、言表事態修飾語か言表態度修飾語か、述語副詞か文副詞か、命題内副詞か命題外副詞かなど、副詞を大きく2つに分ける点では概ね共通している(工藤1982[2])。

---

2) 工藤(1982)は、「文が大きく二つの側面に分かれること、すなわち、詞的か辞的か、客観的か主観的か、対象的か作用的か、ことがら的か陳述的かなど、人により用語はさまざまで、したがって異なりがありはするものの、文にそうした大きな二側面あるいは二要素があることも多くの学者に認められている」とする。

＜文の二側面(二要素)＞

I	詞的	客観的	対象的	事柄的	命題的	事態的
II	辞的	主観的	作用的	陳述的	モダリティ的	判断的

　本書で考察の対象とする評価副詞は、文の叙述内容について話し手の価値判断や感情を示すことから、文の二側面のうちIIに関係する。以下ではIIの側面を中心に現代語の副詞研究の流れを概観し、本書の評価副詞8語がどのように位置づけられてきたかについて整理する。

2.1.1 山田(1908、1936)

　まず、現代語の副詞研究の基礎を築いた山田(1908、1936)は、副詞の下位類として情態副詞、程度副詞、陳述副詞、接続副詞、感動副詞の5つを設けているが、これらのうち「情態副詞、程度副詞、陳述副詞」(下図の四角枠部分)がいわゆる副詞に当たり、一般に副詞の三分類と言われている[3]。

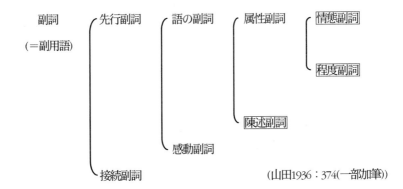

(山田1936：374(一部加筆))

---

3) 接続副詞、感動副詞はいわゆる接続詞、感動詞に当たる。

　情態副詞(「あきらか、ほのぼの」など)と程度副詞(「甚だ、頗る」など)は、動詞、形容(動)詞などの用言の属性(いわゆる語彙的意味内容)を修飾する機能を持つ副詞であるとされる。これに対して陳述副詞は、述語の属性的側面には関係なく「述語の陳述の方法を修飾するものにして、述語の方式に一定の制約があるものなり」(p.388)と規定されている。この定義によって陳述副詞は、「まるで」とあれば比況を表す形式、「もし」とあれば仮定条件を表す形式、といった特定の述語形式と呼応する副詞とされ、陳述副詞は後に「呼応の副詞」と呼ばれることもある。山田は副詞と述語における形態的呼応関係により、陳述副詞を以下のように下位分類している。

　＜述語に断言を要する副詞＞
　一、肯定を要するもの　：　かならず、もつとも、是非、まさに
　二、打消を要するもの　：　いさ、え、さらさら、つやつや、つゆ、
　　　　　　　　　　　　　　　ゆめ
　三、強めたる意をあらはすもの。述語はその意によりて肯定又は打
　　　消をなす　：　いやしくも、さすが
　四、決意をあらはすもの。同上　：　是非、所詮
　五、比況をあらはすもの。同上　：　恰も、さも

　＜述語に疑惑仮説等にわたるものを要する副詞＞
　一、述語に疑問の語を要するもの　：　など、なぞ、いかゞ、あに、
　　　　　　　　　　　　　　　　　　　いかで
　二、述語に揣測の語を要するもの　：　けだし、よも、をさをさ

三、述語が仮定条件を要するもの ： もし、たとひ、よし

(山田1936：389-391)

　山田の陳述副詞は形態的呼応関係が重視された一群であるが、＜述語に断言を要する副詞＞の三、四のように、形態面では無標である肯定述語と共起する下位類が設けられ、本書の考察対象の副詞8語のうち「さすが(に)」「しょせん」(四角枠部分)が挙げられている。加えて、形容詞の連用形に助詞「も」が付いて評価副詞成分となる「いやしくも」(点線部分)が挙げられているのも注目すべき点であり、これは山田以降の陳述副詞研究(後述する渡辺(1971)の「誘導副詞」や工藤(1982)の「陳述副詞」など)において単に形態的呼応関係を持つものだけでなく、統語的に決まった表現と強い共起制限を持つものへ、陳述副詞の範囲がより広く捉えなおされる契機となったといえる。

2.1.2 渡辺(1957、1971、1980、1996、1997、2001、2002)

　渡辺の副詞分類は、品詞論的単語や形式ではなく「構文的職能」つまり、構文面での機能に重点を置いた文論に基づいている。構文的に、副詞は「関係構成の職能(統叙、陳述、連体、連用、並列、接続、誘導の7つの職能)」のうち、連用と誘導の機能を担うとされる。渡辺の副詞分類をまとめると、以下のようになる。渡辺は述語が担う統叙の職能以外の6つの職能の名称を冠して、副詞(他には活用形、助詞)の名称として用いている。

陳述副詞 (いわゆる感動詞)　　連体副詞 (いわゆる連体詞)

連用副詞 (いわゆる程度副詞)　並列副詞 (いわゆる接続詞)

接続副詞 (いわゆる接続詞)　　誘導副詞 (いわゆる陳述副詞)

　山田以来の副詞の三分類のうち、情態副詞(「しっかり、ゆっくり」など)は名詞や形容動詞の語幹のような体言類と見なされ副詞から外されているが、程度副詞と陳述副詞はそれぞれ「連用副詞」と「誘導副詞」(四角枠部分)として継承されている。渡辺(1971)は誘導副詞について「特定の表現を予定し予告する」(p.311)機能を持ち、山田(1908、1936)の指摘した陳述副詞(「きっと、決して、たとえ、もし」など)を典型例としている。形態的呼応関係を持つ語を典型例とする点から、渡辺の誘導副詞は基本的に山田の陳述副詞と同じである。しかし、山田の副詞分類と異なる点は、従来陳述副詞として扱われていなかった「註釈の誘導副詞」(「もちろん、無論、事実、実際、あいにく、さいわい」など)や「批評の誘導形4)」(「珍しくも、確かに」など)を誘導副詞の同類として扱っていることである。さらに、渡辺(1971)では誘導副詞の一種として、「誘導関係における誘導対象は、何も一つの叙述内容に限られるわけではなく、単なる素材概念を誘導対象とする場合も

---

4)　渡辺(1971)は、形容詞の連用形で誘導の職能をもつものを「誘導形」と呼んで、形容詞の連用形とは区別している。「表情が珍しくモダンであった」の「珍しく」は「表情がモダンであった」ことを「珍しい」と批評し、その批評内容を素材的要素として批評対象に対する誘導展叙を託された誘導成分の形の一つであるとする。これに対して、「彼は何でもないことを面白く話す」の「面白く」は彼の話し振りのあり方を示すもので、文の叙述内容の中にあって叙述の知的内容量をその分だけ豊富にすると見なし、誘導形ではなく、連用成分としての連用形であるとする。

ある」(p.336)と述べて、本書の考察対象である「せめて」や「おまけに」
(渡辺(1957)での「限定副詞」)などを挙げている。

このように渡辺の誘導副詞いわゆる陳述副詞は、従来の形態的呼応
関係を持つ語のみとされるものから、構文的機能の観点から「事態への
当事者的評価を示す言い方にわたって幅広く分布するもの」(p.332)へと
捉えなおされている。

また、渡辺(1980、1997、2001、2002)では誘導副詞のうち評価を表
す一群5)の個別分析がなされ、本書の考察対象である「いっそ、さすが
(に)、せっかく、せめて、どうせ」について論じられている。渡辺
(1996)では「評価の副詞」としてこれら5語の他に「せいぜい、なまじ
(っか)」が挙げられており、本書の考察対象8語のうち「しょせん」以外
の7語が取り上げられていることになる。考察内容の詳細と問題点は
本書の各章で取り上げることにし、ここでは渡辺の分析方法について
言うと、いずれの論考も意味的特徴を中心にしながらも当該語が使わ
れる文型にも注目した方針が取られている。さらに、現代語の分析が
中心になっているが、通時的観点からの考察(「さすが(に)」(渡辺199
7、2001)や「せっかく」(渡辺1980、2001、2002))も見られ、本書の史的
考察において参考になる。

2.1.3 工藤(1977、1978、1982、1997、2000)

工藤の一連の考察は、山田(1908、1936)、渡辺(1957、1971)を修正・

---

5) 渡辺(1980)では評価の誘導副詞として「まさか」も挙げられているが、「まさか」は
望ましさの観点に基づいた価値判断を表すものではなく、予想外の認識を表す
陳述副詞の一種と考えられる。

精密化し、陳述副詞研究を深めたものである6)。そのなかでも工藤 (1982、1997)は渡辺によって広く捉えなおされた陳述副詞の下位類を網羅し、体系化している。工藤(1982)の陳述副詞の分類を以下に挙げる。

<陳述副詞>

叙法副詞：推量、依頼、疑念といった、文ののべかた(叙法)にかかわるもの

例)たぶん晴れる。／どうぞ来。／ はたしてある。

とりたて副詞：限定、見積もり方といった、文の特定の部分のとりたて―つまり、表現されていない他の同類の物事とのparadigmatic(範列的)な関係づけ―にかかわるもの

例)ただ君が頼りだ。／少なくとも十年かかる。

評価副詞：文の叙述内容に対する話し手の評価・感情的な態度にかかわるもの

例)あいにく雨が降ってきた。／ 奇しくもその日は父の命日だった。　　　　　　　　　　　　　　　(工藤1982：46(一部加筆))

　本書の考察対象の副詞8語は、工藤の陳述副詞の三分類のうち「叙法副詞」「とりたて副詞」に関係する。まず、「さすが(に)、しょせん、せっかく、どうせ、なまじ(っか)」は原因・理由、仮定、否定などを表す表現と共起制限を持つ叙法副詞とされる。次に、叙法副詞に関係す

---

6) 工藤の副詞論には山田と渡辺の副詞論を継承した市川(1976)からの影響も見られる。特に工藤の陳述副詞の三区分「叙法副詞」「とりたて副詞」「評価副詞」は、名称と下位語類には相違が見られるものの、市川の「陳述の副詞」「限定の副詞」「評価の副詞」にほぼ相当する。

る語に「いっそ、せいぜい、せめて」がある。この3語は工藤(1977)で
は「ただ、少なくとも、たかだか」とともに「限定副詞」に分類されてい
たが、工藤(1982、2000)になると「せいぜい」は依然として「とりたて副
詞(限定副詞からの改名)」に分類されているが、「いっそ、せめて」は陳
述副詞の下位類「叙法副詞」として分類しなおされている。このように
工藤の一連の研究では分類の名称や属する副詞の種類に変動が見られ
るが、その分、分類同士の連続性とともに両分類の側面を併せ持つ語
類が存在することの現れであろう。本書の副詞の捉え方は、工藤の一
連の研究に負うところが多いが、評価副詞と見なす範囲やその内部の
下位類は異なる。例えば、「せいぜい」については、文の特定の部分を
限定する構文的特徴を持つと同時に、当該事態全体について「たいし
たことない」といった否定的評価を表す意味的特徴を持つことから、
「いっそ、せめて」と同様に評価を表す叙法副詞と見なす。

　一方、工藤(1982)の「評価副詞」は、工藤(1978)の「注釈の副詞7)」とし
たもののうち、評価・感情的なものだけを残し、その他の「注釈の副
詞」(「もちろん、無論、確かに」など)を「叙法副詞」に繰り入れて設けら
れたものである。さらに、工藤(1997)では、評価を表す表現類を広く
捉え、「あいにく、さいわい、不幸にして、運よく、珍しく、奇妙

---

7) 工藤(1978)の「注釈の副詞」とは、渡辺(1971)の「註釈の誘導副詞」「批評の誘導形」
を、以下のように細分化したものである。
A. 叙述内容に対する確認ないし同意(「もちろん、むろん、確かに」など)
B. 話し手の予想や世間の評判・常識などとの異同［の面からの判定］(「やは
り、予想通り、さすが(−に、−は)」など)
C. 叙述内容に対する話し手の価値評価(「あいにく、さいわい(に)、親切にも」な
ど)
D. 叙述のしかたについての注釈(「実は、実際、所詮、どうせ」など)

に、感心に、奇しくも」などの活用しない品詞としての評価副詞、「う
れしくも、悲しくも、意外にも、大胆にも、親切にも、頑固にも」な
どの形容(動)詞の連用形による副詞的成分、「気の毒なことに、変なも
ので、簡単なことながら、恥ずかしい話ですが、事もあろうに」など
の中止・逆接・前置きなどの形を合わせて「評価成分」と称し、「文の
叙述内容に対する話し手の評価を表わす、先行する独立的成分」(p.57)
と規定する。本書で取り上げる副詞8語と工藤の「評価副詞」(「あいに
く、奇しくも、奇しくも」の「あいにく類」)は、話し手の価値判断を表
す意味機能の面で共通しているが、評価を表す仕組みや構文上の特徴
では異なっていると見られ、両者は評価副詞成分の二分類として区別
すべきであると考えている。

　また、工藤(1997)は、評価は「叙法・程度・情態・とりたて・時間と
いった、さまざまな成分にも「かぶさる」ような形で存在する」(p.71)と
指摘し、次のような他の副詞との相関図を示している。

```
評価成分 ── 叙述全体に─ことがら評価：驚いたことに～│～さいわい：評価副詞
         │
         ├─ 叙法部分へ─のべかた評価：さ　す　が～│～せっかく：叙法副詞
         │
         ├─ 時制部分へ─なりたち評価：早　く　も～│～とうとう：時間副詞
         │
         ├─ 相言部分へ─ありさま評価：意　外　に～│～けっこう：程度副詞
         │
         ├─ 用言部分へ─やりかた評価：親　切　に～│～きちんと：情態副詞
         │
         └─ 体言部分へ─ものごと評価：優　　　に～│～たかだか：取立副詞
```

(工藤1997：71)

　本書では「のべかた評価」を表す叙法副詞(四角枠部分)を考察対象とするが、今後の拡がりとして上記の相関図は示唆的である。

2.1.4 益岡・田窪(1992)

益岡・田窪(1992)の副詞分類を以下にまとめる(pp.41-47)。

○述語の修飾語として働くのを原則とする副詞
　「様態の副詞」「程度の副詞」「量の副詞」「テンス・アスペクトの副詞」
○文全体に対して修飾語として働く副詞(＝文修飾副詞)
　「陳述の副詞」「評価の副詞」「発言の副詞」
○その他の副詞

　本書に関係するのは「その他の副詞」の一部である。益岡・田窪(1992)は「その他の副詞」について、「副詞として扱い得る語は数、種類共に多く、上記の分類に収まらないものが少なくない」とし、「特に、異に、単に」などのような限定を表すものや、「やはり、せっかく、せめて、さすが」などのある種の評価を表すものを下位類としている。一方、「文修飾副詞」の「評価の副詞」は「あいにく、さいわい、当然、もちろん、むろん、偶然、たまたま」などを指しており、工藤(1982、1997)の「叙法副詞」と「評価副詞」と同様、本書で取り上げる評価副詞とは区別されるものである。

2.1.5 森本(1994)

　森本(1994)は、現代語の副詞のうち、「SSA副詞(話し手の主観的態度

(a speaker's subjective attitude)を表す一群)」いわゆる陳述副詞について分析したものである。SSA副詞の典型的な例として「たぶん、きっと、おそらく、かならず、まさか、たしかに、さいわい、あいにく、どう世、どうも、所詮、どうやら、結局、やはり、どうぞ、実は、ぜひ、もちろん、当然　しょうじき、寛容にも、賢明にも」が挙げられ、本書の考察対象のなかでは「どうせ、所詮」(四角枠部分)が含まれている。

　このように、森本(1994)のSSA副詞類は中右(1980)の「命題外副詞8)」、工藤(1982、1997)の「叙法副詞」「評価副詞」「評価成分」にほぼ相当するものである。

　以上、本書で取り上げる評価副詞の扱いに注目して、現代語の副詞研究における陳述副詞の捉え方、またその内部の下位分類について概観した。上記以外の示唆的な現代語の副詞研究として、情態副詞を細分化・精密化した仁田(2002)、程度副詞の意味・用法を詳細に分析した佐野(1998、1999、2008など)、渡辺(1971)の誘導副詞における呼応現象や評価的意味を分析した小矢野(1982、1983、1996、2000など)、蓋然性を表すモダリティ副詞を考察した杉村(2002、2004、2009)がある。なお、森田(1989、1996、2008)および飛田・浅田(1994)は共起する述語の

---

8) 中右(1980)は、文を構成する2大成分である命題とモダリティを定義した上で、英語のモダリティ副詞(文副詞)を中心に、日本語の語例にも触れながら下記の分類を行っている。
　命題内副詞：時・アスペクトの副詞、場所の副詞、頻度の副詞、強意・程度の副詞、様態の副詞
　命題外副詞：価値判断の副詞、真偽判断の副詞、発話行為の副詞、領域指定の副詞本書で取り上げる評価副詞とは直接関係がないが、「ある事態、状態に対する話者の評価、価値判断を叙述する」(p.167)とされる「価値判断の副詞」(「fortunately,regretably」など)は本書の立場からは評価副詞成分に当たる。

種類だけでなく、文体面の特徴や類義語との共通点・相違点を中心に語の意味を分析しており、本書の意味記述において参考になる。

なお、本書では、副詞の三分類における「情態副詞」の代わりに「様態副詞」という呼称を用いる。本書で用いる様態副詞は、山田(1936)の「情態副詞」、仁田(2002)の「様態の副詞」「結果の副詞」を合わせたものにほぼ相当する。陳述副詞は工藤の捉え方に従い、形態的呼応関係に限られず、広く捉えることにする。

2.2 副詞の通時的研究

本節では、通時的観点から副詞を考察した代表的な研究を取り上げ、本書に対して示唆的な点をまとめる。

【副詞の通時的研究の概観】

これまでの副詞の通時的研究には、「こ・そ」系列の指示副詞、「あまり、とても、全然」などの程度副詞、「ついに、やっと」などの時間に関係する副詞、漢語副詞の「一段」などを分析した研究がある(岡崎1999、2002、東瀬戸2000、井手1960、濱田1991、播磨1993、関口2004など)。これらの研究は、共時的観点から各時代(古代語、中世語、近世語)における用例を時代順に追って詳細に分析したものである。また、従来の研究では形容詞の副詞用法についての考察も多く見られる。その中でも、増井(2012)では、近世後期から明治期までの資料を中心に形容詞「きつい、ゑらい、いかい、おそろしい」の意味・用法の変遷や使用実態における普及と衰退について論じられている。これらの形容詞の副詞用法は、程度強調表現として捉えられ、これについて

は村山(1986)や前田(2014、2015)の考察もある。これらの論考も、近世期の資料に限定して調査を行ったものである。増井は、主に近世後期の上方と江戸の洒落本、村山は江戸語資料、前田は噺本を調査対象としており、形容詞由来の副詞表現が使われる資料的特徴についても言及している。しかし、これらの研究からは個別の語の特定の資料における意味・用法は把握できても、同時代の他のジャンルの資料ではどのように用いられ、どのような変化を辿ったことになるのか、といった当該の語の意味・用法の変化が持つ意義については総合的に判断していないという欠点がある。

　以上のような個別・部分的な調査が行われてきた一方で、近年、個別の語を扱いながらも、その語が所属する副詞群全体の変化の特徴や方向を見据えた研究が増えつつある。つまり、意味・用法の面では個別的特徴と全体的特徴を扱い、資料の面では特定の資料に限定せず、多様な時代の十分なデータを対象として考察した研究も目立つ。近年の副詞の史的研究のなかでも本書において示唆的な論考を以下に取り上げる。

2.2.1 市村(2009、2011、2012、2014、2015)

　市村の一連の考察は現代語の副詞分類のなかでも周辺的な程度副詞とされる「まことに」「だいぶ」「たいそう」「ほんに」の史的変遷を考察したものである。これらの語は近世期を中心に多用される副詞類であり、近世期とその前後の中世・近代の文献資料が調査対象となっている。また、市村(2015)は近代語資料(「雑誌『太陽』『明六雑誌』)における程度副詞の使用状況と文体(口語・文語)的傾向について考察したもの

である。

　史的研究において当時の言語実態を反映した口語体資料が調査の中心となる場合が多いが、そうすると当該の時代の使用実態が正確に記述できない場合がある。例えば、本書の予備調査を踏まえると、「なまじ(っか)」は近世において文語資料に偏って用いられており、口語体資料だけでなく文語体資料もあわせて調査する必要がある。よって、市村(2015)の文体的傾向の調査を参考に、近代資料だけでなく、近世資料において(心内語を含む)会話文と地の文に分けることも有益と考えられる。さらに、浄瑠璃の場合は時代物と世話物に分けて分析する。

2.2.2 川瀬(2011、2014、2015)

　川瀬の一連の考察は、叙法副詞のなかでも「なにも」「どうも」「どうぞ」のような不定語(「なに」「どう」)を含む副詞類の史的変遷を考察したものである。これらの語は上記の市村の考察対象と同様、副詞用法の例が多く見られる近世期が考察の中心となっている。川瀬は近世語研究の慣例に従い、近世資料を宝暦(1751-1764)頃を境にして前期と後期に分け、前期は上方語資料から、後期は上方語と江戸語資料から用例を収集している。また、文の述べ方にかかわる叙法副詞を考察した工藤(1982)に従い、共起する述語の特徴や語彙的意味についても考察している。

　本書の考察対象も叙法副詞の一つであるため、当該語と共起する述語の種類や語彙的意味について検討する必要があろう。また、否定形式と共起する語(例えば、「しょせん」「どうせ」)を分析する際には「なにも」と「どうも」の考察が参考になる。「なにも」は文法的否定形式(「～な

い」)との共起傾向が顕著であるが、「どうも」は文法的否定形式以外に
語彙的否定形式と共起する例(例えば、「どうもおかしい」)も見られ、
否定形式を文法的否定形式と語彙的否定形式の二つに分けて考察する
必要がある。なお、川瀬の考察では近世資料の扱い方も参考になる。

2.2.3 鳴海(2006、2009、2012、2013、2015)

　鳴海の一連の考察は「一所」「相当」「随分」「事実」のような漢語副詞の
史的変遷を考察したものである。鳴海(2014、2015)はこれらの漢語由
来の副詞において程度的意味が発生する変化過程を体系的にまとめた
ものである。

　鳴海は、漢籍・仏典資料を取り入れて当該語の原義を確認し、それ
が和文資料・変体漢文資料においてどのように用いられ、変化して
いったかを確認するという研究方法を採用している。このような方法
は、漢語出自の語(例えば、「いっそ」「しょせん」)の考察に参考になる
だろう。実際、鳴海(2014、2015)では漢語単独での副詞用法発生の具
体例の一つとして「しょせん」が取り上げられている。さらに、調査に
用いた漢籍・仏典資料は漢語出自の語を分析する際に参考になる。ま
た、鳴海(2013)では事実性をもとにした類義語(「事実」「実際」「まこと
に」「ほんとう(に)」)との比較検討を行っているが、同時代に似た意
味・用法を持つ語同士(例えば、「どうせ」と「どうで」)の分析において
示唆的である。

3. 本書の問題意識・主張と研究方法

3.1 先行研究の問題点

【現代語の副詞研究における問題点】

従来の陳述副詞研究では、文末のモダリティ形式との形態的な呼応関係に注目した議論がなされてきた。陳述副詞のなかでも、特に工藤(1982)の言う「必ず、きっと、決して、ぜひ、たぶん、どうぞ、はたして」などの叙法副詞に注目した研究が多い。また、「決して・必ずしも」、「きっと・必ず」、「どうも・どうやら」のような似通った意味・用法をもつ副詞同士の違いについて論じた研究も多く見られる(丹保1984、杉村2002、2004、井上2008、小池2008など)。しかし、本書の考察対象である評価副詞は、冒頭で述べたように統語的には典型的な陳述副詞のように特定の述語形式との呼応関係を持たないが、決まった述べ方との共起関係は持つ。例えば、「せっかく」は確定条件節をなす接続助詞「ノニ」「ノダカラ」と主に共起する。したがって、形態的呼応関係の分析は陳述副詞を研究する一つの側面に過ぎず、形態的呼応関係だけでなく、当該の文や連文における陳述副詞そのものが持つ意味やそれが修飾する内容との意味および構文的共起制限に注目する必要がある。

【通時的研究における問題点】

通時的研究においても、形態上で明確な呼応関係を持つ陳述副詞(「決して(〜ない)」「多分(〜だろう)」「どうも(〜ようだ)」など)、時間副詞(「ついに、やっと」など)、程度副詞(「あまり、とても、全然」など)を

対象とした研究は行われてきたが、副詞全体から見ると、極めて限られた語しか考察されていないのが現状である。ただし、副詞化における意味・用法の変化パターンが明らかになりつつあり、理論的な面では充実してきているといえる。2.2節で取り上げた程度副詞(市村や鳴海の論考)や認識的モダリティと共起する叙法副詞(川瀬の論考)の通時的研究は、意味変化の捉え方や用例・資料の扱い方において本書にとって示唆するところが多い。

　本書の考察対象である評価副詞については、「さすが(に)」の上代・中古における意味・用法を考察した研究(渡辺1997)、漢語副詞の事例として取り上げられた「しょせん(所詮)」(鳴海2014・2015)、「せめて」(井手1991)に関する研究が見られる。これら以外の評価副詞は、辞書の記述を除けば、通時的観点からその意味・用法を考察した研究は管見の限り見当たらない。

3.2 本書の主張

　前節で述べたように、これまでの現代語の副詞研究や通時的研究のいずれにおいても、本書で扱う評価副詞に関する個別的分析はもちろん、総合的・体系的な観点での分析もほとんどなされていない。そこで、本書では評価副詞の意味・用法と体系を明らかにするために、現代語における使用実態を踏まえ、当該の語において副詞用法が確立し、評価的意味が成立するまでの様相・過程を通時的観点から考察する。本書を通して、現代語の分析だけでは捉えきれなかった意味および構文上の特徴が浮かび上がることが期待される。また、現代語における評価副詞の意味・用法がどのように形成されてきたか明らかになり、副詞が表す評

価という意味機能の諸相が一層明確になるであろう。

　また、従来の副詞研究は、評価的意味の内実や範囲については明確な規定を提示しないまま、話し手の判断基準(常識、前提、評判、予期など)に照らし合わせたものとなっている。また、ある語や句の表す評価的意味については、概略「価値あり・価値なし、望ましい・望ましくない、好ましい・好ましくない、プラス・マイナス、肯定的・否定的」などの表現で記述されてきた。本書の考察対象およびそれらと意味的に関連のある周辺の副詞類を通覧して、副詞の表す評価的意味の内実を以下のように設定する。

　プラス評価かマイナス評価かは、原則的に話し手が当該事態について望ましい・好ましいと感じるか否かによる。プラス評価をする場合は、当該事態が話し手にとって望ましく、意義深いことを意味する。感情の面では「うれしい、面白い、歓迎する」などの意味が読み取れる。これに対して、マイナス評価をする場合は、当該事態が話し手にとって不本意に捉えられることを意味する。つまり、話し手の意志で変えられない、または話し手の意志や意図に関係なく成り立つ事態について「うまく行かない、不本意だ」といった話し手の価値判断である。感情面では、「なげやりになる、諦める、仕方がない」などの意味が読み取れる。

　加えて、プラス評価かマイナス評価かは価値があるかないかという意味特徴と関係する。感情面では、「ほめる、驚くべきこと、他には考えられないこと、たかをくくる、見くびる」などの意味が読み取れる。

　さて、本書で扱う副詞類が表す評価的意味は、モダリティ形式(例えば、益岡(2006)の「価値判断のモダリティ」、高梨(2010)の「評価のモ

ダリティ」)や形容詞(例えば、八亀(2008))が表す評価的意味とはどのように異なるのか。

　副詞の表す評価的意味は、当該事態の表す叙述内容には関与せず、当該事態について望ましい観点からどう感じるか、という話し手の価値判断や感情面の注釈内容である。これに対して、モダリティ形式が表す評価的意味は、望ましさの観点から事態が実現していいかどうかについて述べる当為判断である。また、形容(動)詞は、基本的には当該述語の属性や性質を表し、それが話し手にとってどのような意味を持つかという評価的意味は二次的なものである。つまり、形容(動)詞が表す評価的意味は、話し手による捉え方の相違(例えば、話し手によって、状態形容詞「広い、狭い」の捉え方が異なる点)であり、形容(動)詞である以上、ある物事の形状性、状態性を表さなければいけない。

3.3 研究方法 ―時代区分と資料―

　本論(1章～8章)の各章における調査・分析方法について示す。

　まず、本書は連用修飾する副詞用法の例を対象に、その史的変遷を考察する。用例の収集においては可能な限り歴史上の文献資料に見られる例を拾い上げる。分析に際しては、各語において副詞用法が見られはじめる時期から現代語のような意味や構文上の特徴が揃う時期までの用例を中心に考察する。これらの時期の前後の使用実態、連体修飾用法や述語用法などの例については必要に応じて参照する。

　次に、上記の用例調査や分析に際して本書で用いる時代区分と資料を以下にまとめる。

【本書で用いる時代区分[9)]】

上代		奈良時代以前 （〜794年）
中古		平安時代 （院政期を除く） （795〜1086年）
中世	前期	院政期・鎌倉時代 （1087〜1333年）
	後期	室町時代 （1334〜1603年）
近世	前期	（1604〜1750年）
	後期	（1751〜1867年）
近代		明治期〜昭和前期 （1868〜1945年）
現代		昭和期〜現在 （1946年〜）

* 近世については、宝暦(1751-1764年)頃を境として前後期の二つに区別する。

　原則として上記の時代区分に従って検討するが、予備調査を踏まえると、本書の考察対象の大部分の意味および構文上の変化が近世以前に成立すると見られるため、近代と現代においては近現代と一括して扱う。ただし、個々の副詞分析において「近代」の内部もしくは近代と現代の間に用法の相違が見られる場合[10)]は下記のような細区分を設ける。

---

9) 高山・青木(2010)、小柳(2014)、浅川・竹部(2014)を参考にした。
10) 例えば「どうせ」の場合、従属節に現れる例(「どうせ…から〜」「どうせ…なら〜」など)は近代から現代にかけて発達するが、従属節の種類における否定的評価を伴う例の出現傾向やその推移を分析するためには近代と現代を区分して調査する必要があろう。

	松村（1957）	本論文
明治前期	明治の初年から明治10年代の終りまで	幕末・開化期（1850年代）から明治10年代の終りまで
明治後期	明治20年代の初めから明治の末年まで	
大正期	大正の初年から大正12年9月の大震災まで	
昭和前期	大正12年9月の関東大震災後から昭和20年8月の終戦まで	
昭和後期	終戦後から今日（昭和30年代）まで	戦後から昭和の末年まで
平成以降	✕	平成の初年以降〜

* 本書の六つの時代区分は、松村(1957)の五つの時期を参考とし、修正したものである。

【調査資料】

　調査に用いる主な資料のジャンルを以下に示す。調査資料の詳細については本書末尾の〔付録ii〕を参照されたい。

- ・上代：歌謡、宣命
- ・中古：物語、日記、訓点資料
- ・中世前期：軍記、説話、仏教書、随筆
- ・中世後期：軍記、御伽草子、謡曲、抄物、狂言、キリシタン資料

　本書で考察の対象とする語の多くは、近世以降から多用され、その意味および構文に変化が生じている（「いっそ、せいぜい、せっかく、どうせ」）。これらの語を分析するに当たって、近世は重要な時期であるといえる。近世については、前期は上方語資料、後期は上方語資料と江戸語資料を使って分析する。江戸語は、宝暦・明和頃に東国語と上方語が融合して形成されたもので、宝暦以前の江戸語の実態を知ることができる資料は皆無ではないが（「三河物語」(元和8(1622)年)や「雑兵物語」(明暦3-天和3(1657-1683)年間)など）、極めて乏しい。そのた

め、江戸語資料は宝暦・明和以降の後期のものを調査する。次表は近世資料(主に文学作品)を時期別、ジャンル別に示したものである[11]。

	上方												江戸											
	仮名草子	浮世草子	浄瑠璃	歌舞伎	噺本	草双紙	読本	談義本	洒落本	滑稽本	人情本	その他	仮名草子	浮世草子	浄瑠璃	歌舞伎	噺本	草双紙	読本	談義本	洒落本	滑稽本	人情本	その他
近世前期	○	○	○	○	○	○	—	—	—	—	—	随筆・法語集等	—	—	—	△	—	—	—	—	—	—	—	雑兵物語・三河物語
近世後期	—	—	△	○	○	○	○	○	—	○	△	随筆・心学道話等	—	—	—	—	○	○	○	○	○	○	○	随筆・伝記等

* 表内の記号は、当該の資料が各時期と地域にあるか否かを示す。「○」は十分な量の資料がある場合、「△」は少数ながら資料がある場合、「—」は皆無か、資料がほとんどないとされる場合を意味する。

・近代：小説、雑誌、洋学資料、落語速記本
・現代：小説、書き言葉均衡コーパスの書籍類

なお、台湾中央研究院の「漢籍電子文献」DB(http://hanchi.ihp.sinica

---

11) 和歌・川柳・俳諧などの歌謡関連(芭蕉集、蕪村集、一茶集など)については、当代の文字や表記、語彙の面で参考になる資料であるが、前後の文脈が捉えにくいことから、語の意味・用法を分析する資料としては扱わないのが一般的である。

.edu.tw/ihp/hanji.htm)による漢籍、中華電子仏典協会CBETA(V5.2)
DB(http://www.cbeta.org)とSAT大正新脩大蔵経テキストDB(2012年版、
http://21dzk.l.u-tokyo.ac.jp/SAT/)による仏典、東京大学史料編纂所の
DB(http://wwwap.hi.u-tokyo.ac.jp/ships/db.html)による文書・記録を利
用した。

4. 本書の構成

　本書は、古代語から現代語にかけての評価副詞の個別研究が考察の
中心となる。本論の第1章から第8章で、「いっそ、さすが(に)、しょ
せん、せいぜい、せっかく、せめて、どうせ、なまじ(っか)」の個々の
副詞を取り上げ、時代別の使用実態を記述し、意味・用法の変化過程
を詳細に分析する。終章では本論での具体的事例を踏まえて話し手の
評価を表す叙法副詞化(以下、「評価副詞の形成」とする)に見られる変
化の特徴や傾向をまとめる。

第1章　いっそ

1. 先行研究と問題の所在

　現代語において副詞「いっそ」は、『現代副詞用法辞典』(飛田・浅田
1994)によれば、「あえて極端な状況を選択する様子を表す。ややマイ
ナスイメージの語。(中略)自暴自棄的な判断の暗示がある」(p.59)とさ
れる。また、渡辺(2001)では副詞「いっそ」が使われる文には「(自分のこ
とであれ他人のことであれ)好ましくない、と評価されている現在の状
況」(p.63)のなかで、「マイナスを一段と(場合によっては極端にまで)拡
大したマイナス事態」(同上)を選ぶ、という思考の飛躍があると述べて
いる1)。さらに、このような意味特徴を持つ副詞「いっそ」は、次に示
す(1a)「ほうがいい」、(1b)「たい」、また「う・よう(か)」「てもいい」「たら
いい」「べきだ」などの適当・希望・意志・勧め・助言・当為の表現とともに
用いられる(工藤1982、渡辺2001、有田2005)。このような共起特徴か
ら、工藤(1982)では「いっそ」を「願望-当為的な叙法」の下位分類である
「希望・当為など」を表す形式(以下、希望・当為表現類と呼び、用例中波
線で表示)と共起する叙法副詞の一つとして分類している。

---

　1)『基礎日本語辞典』(森田1989：140)にも同様の記述がある。

(1)　a.　事実いまも、執筆の途中で、霧子のことを思い出してしまった。
　　　　　　(中略)「こんなことで、時間をロスしてはいかん」自らを叱って机
　　　　　　に向かうがやはり気持が落着かない。こんなときにはいっそ、霧
　　　　　　子の声をきいて、気持をさっぱりさせたほうがいい。

　　　　　　　　　　　　　　　　　　　　　　　　　　　(化身・1986年)

　　　b.　N君は現在もN経済新聞社に勤めているが、身体が疲れて仕様が
　　　　　　なく、いっそ辞めたいとこぼしている。

　　　　　　　　　　　　　　　　　　(精神病棟の二十年その後・1997年)

　　このように、先行研究では、現代語における副詞「いっそ」の中心的
な意味用法について、希望・当為表現類と共起する叙法副詞で、ある
事態を好ましくないと捉え、そのような状況であるなら、それより
「いっそ」に後続する事態を選ぶしかない、という話し手のマイナス
評価(自暴自棄や諦めなど)を表すとしている。しかし、用例のなかに
は(1a)のように好ましくないと思う話し手の否定的な気持ちが感じら
れない例も存在する。

　　それでは、現代語のような副詞「いっそ」の意味用法は、いつ頃か
ら、どのように形成されてきたのだろうか。近世の例に着目すると、
(2a)(2c)は現在の(1)のように希望・当為表現類を伴って用いられてい
るが、(2b)(2d)は「いっそ」の後に状態動詞や形容(動)詞など、状態性を
持つ述語(以下、用例中点線で表示)が現れており、現在の(1)とは用法
が異なっていることが見てとれる。

(2) a. [明輩遊女から馴染みの徳兵衛が人々に打擲されたことを聞き][お初]「あゝいやもういうて下んすな、聞けば聞くほど胸痛み私から先へ死にさうな、<u>いつそ死んでのけたい</u>」と、泣くよりほかのことぞなき （〔上・浄〕曽根崎心中・1703 年・ p.28）

　　 b. 有ルものよりあひて立花ばなししけるが、一人いふやう、とかく立花といふものハ、のみかなづちをつかわねバならぬ、<u>いつそ大工に似たり</u> （〔上・噺〕軽口へそ順礼・1746 年・ p.101）

　　 c. [船頭・次郎が客の旦那・如雷に深川のどの遊女屋へ向かうか訊く場面][如雷]「山本にしやうか、山本は腹がちいさいから、尾花やにしやう」[次郎]「いつそ、亀山へ御出なんせ」

　　　　　　　　　　　　 （〔江・洒〕辰巳之園・1770 年・ p.303）

　　 d. [呆れた倹約好きな金持ちの客に女郎が煙草を吹き付けて勧める場面][女郎]「アノぬしやア坐鋪て、げいしや衆や若イ衆か、あれほど勉んしたに、<u>いつそ不機嫌て</u>、爰へお出なんしたら、なぜきげんが直りいした」[客]「ハテ、一ふくのたばこを、ふたりてのむから」 （〔江・噺〕そこぬけ釜・ 1802 年・ p.68）

　近世の「いっそ」に(2b)(2d)のような現在の用法と異なる例が存在することは、先行研究(小林 1941、湯澤 1954、彦坂 1982 など)において既に指摘されている。例えば、湯澤(1954)では(2a)(2c)は「ムシロ・カエッテの意味で現代の用い方と変りはない」(p.322)が、(2b)(2d)は「タイソウ・ヒドク・全クなどの意である」(同上)としている。

　しかし、近世の「いっそ」の意味用法については不明な点が多い。まず、現在の用法につながる(2a)(2c)は、「ムシロ、カエッテ」の意味を

表すとされるが、実際には単にこれらの意味を表すのみならず、(1b)
や(2a)のように自暴自棄や諦めの否定的な気持ちを伴いやすく、原則
として希望・当為表現類を伴う、という共起制限を持つ。その一方
で、(1a)や(2c)のように話し手にとって好ましくないことだ、という
マイナス評価の意味が読み取れない例もあり、現在までの使用状況を
確認しておく必要があろう。

　次に、現在の用法には存在しない(2b)(2d)について見ると、先行研究
では(2b)のような近世前期の例についての記述は見当たらない。一
方、(2d)のような近世後期の江戸語に見られる「いっそ」については、
程度の甚だしさを表す程度副詞とされていた(小林1941、彦坂1982)
が、状態性述語の用例には、次の(3)の名詞述語や不可能(否定のナイと
共起)のように、程度性をもたない状態と共起している例も見られる。

(3) a. 朋輩新造「松さん廊下鳶をしなんすなへゝ」名代新造「常連客・松さ
　　　んのことをわざと知らないふりをして冗談で」「どの松さんだ」朋
　　　輩新造「首尾の枝さんの松さんサ、いつそからかいなんさアナ」
　　　　　　　　　　　　　　　　　　（〔江・洒〕繁千話・1790年・p.262)
　　b. 女郎・月の戸「鳥待さんそりやアなんだへ」新造・鳥待「いたこを
　　　書た本ざんす」月の戸「そつからちつとよんでお聞セなんしナ」
　　　鳥持「誰が書たか、いつそよめんせんせんヨ」　　　　（同上・p.264)

　(3)の「いっそ」は「まったく」の意味には解釈できるが、程度の甚だ
しさを表す「たいそう、ひどく」の意味には解釈しにくい。また、先行
研究では(2a)(2c)のような用法と(2b)(2d)のような用法間の関連につい

ても十分な説明がなされていない。

　以上のような現状を踏まえ、本章では、副詞用法の確例が見られはじめる中世から近代までの「いっそ」の使用状況と意味用法の通時的変化について明らかにすることを目的とし、口語を反映していると言われる資料を中心に調査を行い、報告することとする。

2.「いっそ」の出自

　「いっそ」の語源説には、大きく「一双」から転じたとする説と、「一層」から転じたとする説がある。『時代別国語大辞典室町時代編1』によれば、語源を「「一層」とするのには、当時の用例は仮名書で「いつさう」とあり、「一左右・一相」（＝(4)）という宛字もまた開音の「さう」である点で一致しているので無理があるように思われる。むしろ「一双に」の展開の線上に並べて解釈していく方が理解しやすいと思われる」(p.472)という。

(4) a.「加様之儀又は敵出来、中々他国へも<u>一左右</u>に乞食をいたし候
　　　はばますべしと存計候」
　　　　(和田中条文書・新発田能敦状・永正10(1513)年10月17日、
　　　　　『時代別国語大辞典室町時代編1』による)
　　b.「六日ニハ勢洲へ打廻、勢洲小城三モ在之歟。可打払ト云々、長
　　　嶋ニ茶センハ被渡歟。是ヲモ<u>一相</u>ニ可責歟ト沙汰アリト云々」
　　　　(多聞院日記・巻3・天正12(1584)年6月7日・p.351)

　一方、「一層」が副詞「いっそ」の語源の一つとされることについては、既に中世後期頃には「一双」はイッサウからイッソウ(さらにイッソとなる)と音変化しており、それがイッソウという音を持つ「一層」と酷似していること、また、中世後期頃より副詞「いっそ」のもともとの語源「一双」も次第に忘れられ、近代においては両者を混同する実例が見えはじめたことなどから、今現在「いっそ」の有力な語源の一つとされているのではないかと推測する。この他に「いっそ」の語源として指摘されているものには「一掃」(『日本国語大辞典(第2版)』)、「云ひそ」と「一縮」(小林1941)などがある。

　本調査では、中世の使用状況を見る限りでは、副詞的に用いられる仮名書きの「いつそう」の例は得られず、中世から見られる「いっそ」の副詞用法を「一層(いつそう)」から転じたとするための合理的な根拠は乏しく、「一双」からの展開と見る方がより妥当であると考える。

　「いっそ」[2]の語源と見られる「一双(一雙)」は漢語であり、『史記』に見られる「白璧一雙」のように、本邦の中古以降の資料における「一双」も、名詞の直後に付いて「対をなす二つ」あるいは「二つ一組」という意を表す。

(5[3]) 我持白璧一雙、欲獻項王 [私の持つ白璧一雙を、項王に獻じたい]　　　　　　　　　　　　　　　　　(史記・巻7・項羽本紀第7)

---

2)　用例には「いつさうに、いつそに、いつそ」のような連用修飾用法の例の他に、「いつさうの、いつさうな」のような連体修飾用法の例も見られ、様々な形で用いられている。便宜上、「いっそ」を全用例の総称とし、個々の形態を取り上げる場合はイッサウニのように片仮名で表示する。
3)　白璧一雙ヲ以テ項羽ニ献(史記抄・巻11・89 オ・p.399)

(6) a. 其ノ母、前ノ夜ノ夢ニ、死ニシ娘、青キ衣ヲ着テ白キ衣ヲ以テ頭ヲ裏テ、髪
　　　ノ上ニ玉ノ釵一雙ヲ差テ来タリ　　（今昔物語集・巻9・第18話・p.210)

　　b. 岡本関白殿、盛なる紅梅の枝に鳥一双を添へてこの枝に付けて
　　　参らすべきよし　　　　　　　　　　（徒然草・66段・p.143)

3. 時代別の使用実態

3.1 中世以前

　室町時代の抄物には、『時代別国語大辞典室町時代編』にも指摘があ
るように、形容動詞として連体修飾する例が見られる。(7)は「礼と威
とはだいたい一つの対であるもの、礼は大区分、威は小区分である」の
意で、原義通りの「一つの対」の意味を表す。

(7[4]) 礼ト威トハ大ガイ一サウナコト、礼ハ大スヂメゾ、威ハ小ワケ
　　　ナリ　　　　　　　　　　　　　　（玉塵抄・巻7・8ウ・p.275)

　次の(8)は明理と行成の二者が「明理・行成」と一括りに言われる、と
いうことである。

---

4)　『中庸』の「礼儀三百、威儀三千」に当たる。『新釈漢文大系　第2巻』の語釈(p.298)
　　には、「「礼儀」は吉・凶・軍・賓・嘉などの人間関係の規範をいい、「威儀」は、人の
　　行動の規範をいう。「三百」「三千」は巨細に規定されていることを大数をあげて
　　いったものである」とある。

(8) かゝれば、「明理・行成」と<u>一雙</u>にいはれたまひしかども

(大鏡・巻3・p.145)

　(8)の「一双」は意味の面では上記の(6)(7)と同様、「一双」の原義通り「一対」という名詞としての性質が強いものと見られる。しかし、本例では「一双に」の形で、後述する副詞用法の確例(9)(10)と同様「に」を伴っており、後続の動詞述語「いはれたまふ」を修飾する副詞用法の例に近い例として見ることも可能である。即ち、名詞用法と副詞用法の過渡的な段階の例とも捉えられる。

　先行研究の指摘にもあるように、「いっそ」の副詞用法の確例は中世後期から確認でき、次の(9)のように、イッサウニの形で連用修飾する例である。(9a)は、原義にある「対をなす二つ」の両者だけを指す意味が薄れ、「両者を引っくるめた全て」のような意味をも読み取れる例であるが、(9b)は、両者が特定でき、原義との関連がより明確に見られる例である。

(9) a. 五郎→十郎「小次郎うしなふべかりし物を、たすけをきてかゝる大事をもらされぬるこそやすからね。弓矢とる身は大事せうじ、心にかゝらむ事をばこらへず、<u>一さう</u>にすべき事なるをや。いまは叶まじ。我らがしたりとこそおぼさんずれ」

(太山寺本曽我物語・巻4・21ウ・p.240)

b. 女「なふ／＼おそろしや／＼、そなたのやうなおかたを、おつとにもつて何とするもので御ざあるぞ、なふおもひもよらずや」鬼「ごんご道断にくひ事をいひをる。身共がままにならず

　　　　は、[生かすより]いっさうにふたりながら食はふ」

　　　　　　　　　　　　　　（虎明本狂言・鬼の継子・p.31）

　まず、(9a)は「武士というものは大事でも小事でも、気にかかること
を堪えず、一度にすべきだ」のように解釈できる。この例も上の(6)～
(8)と同様、「大事と小事」を一対と見なすことも可能である。ただしこ
の例は、単にその両者（「大事と小事」）を指しているのではなく、「両者
を引っくるめた全て」のような意味であり、そこから「(何であれ)一度
に」のような意味が読み取れるようになったものと考えられる。

　次に(9b)は、夜道で子連れの女の前に現れた鬼が親子を食おうとす
る場面である。(9b)を「一双」の表す原義と関連づけてみると、「思うま
まに事が運べない[女を妻にできない]ならば、「(親子を)まとめて二人
とも食おう」のような解釈が考えられる5)。

　以上、(9)のイッサウニは、後続する動作動詞を修飾し、その動作
を行う様態的意味（「(両者を)まとめて」「(何であれ)一度に」）を表す例と
見られる。これらの意味は(10)の『日葡辞書』の記述と合致する6)。

(10) a. Issŏ. イッサゥ(一双)副詞. 全部. ¶Issŏni catazzuquru.(一双に
　　　　片付くる) 何かある物を,それに対応する他の物に引き続いて
　　　　与える.たとえば,誰かが片方の手袋を手に取ったら,もう一方

────────────────

5) (9b)は「思い切って」の意で解釈される場合（『時代別国語大辞典室町時代編』）もあれ
　ば、「むしろ」の意で解釈される場合（『角川古語大辞典』）もある。これらの解釈は
　不当ではないが、本書では(9b)を「一双」からの展開という観点から、「(親子を)ま
　とめて」のような意味で捉えるのが適切であると考える。
6) この他に「Issô.　イッソゥ(一双)屏風(Biŏbus)や徳利の対になったものを数える言
　い方.

　　　の手袋を取ってやるとか,また誰かがコンタス(*cōtas*　数珠)の
　　　十字架像を手に取ったら,コンタスをもまた取ってやるとか
　　　など.　[1]　※1)コンタスの十字架像とコンタスとの関係につい
　　　ては未詳.
　b. Issŏni. イッサゥニ(一双に)副詞. 例, Issŏni catazzuquru.(一双に
　　　片付くる) Issŏ(一双)の条を見よ.　　　　(邦訳日葡辞書・p.343)

　本調査では、上記の(8)〜(10)以外の資料からは副詞用法の確例を得ら
れておらず、中世までの使用実態を十分に把握するのは難しい。そこで
次節では中世以前の「いっそ」の意味と構文環境を念頭に置き、一定数の
副詞用法の用例が得られた近世前期以降の使用状況を見ていく。

3.2 近世前期
　近世前期の文書では、「ニ」を伴わないイッソの副詞用法の例が確認
できる。

(11) 旧冬廿日・正月朔日之事中／＼書中ニ難述事のミ御座候、いつそ
　　　面を以可申入候事

　　　　　　　　　　　(細川忠利文書3947 ・寛永15(1638)年1月27日)

　(11)は、「旧冬廿日・正月朔日の事は、どうしても書面では述べがた
いことばかりです」という前の内容を受けて、「(書面ではなく)直接
会って申し上げるべきことです」とする内容である。ここで注目すべき

※1) Issŏ(イッサゥ)の誤り.のように名詞用法の記述もある。

ことは、この例には中世の例(8)(9)のような様態的な意味は薄れて感じられず、「書面では述べがたい」という前文脈(P)を受け、その代わりに「直接会う」という「いっそ」の後続事態(Q)の実現を望む文脈(「Pであるなら、Qを行いたい」)で使われている点である。この(11)と(9)は具体的な様態を表すか否かの意味上の相違はあるものの、いずれも基本的に「Pではなく、むしろQ」のような構文環境で用いられ、現代語に通じる用法と考えられる。このような例は近世以降多く見られる。

　ただし、(11)以外には変体漢文資料からほとんど見出せないため7)、以下では和文資料を中心に、近世前期から近代までの「いっそ」の副詞用法の例(全475例8))を意味的、構文的特徴によって次のように5つに分類し、各時期における出現傾向を記述する。

　A：近世初期までの例にも見られたような、「むしろ」の構文環境(「P
　　ではなく、Q」)を持つ場合
　　A1：「いっそ」の後に希望・当為表現類を伴った動作や行為を表す

---

7)　この他に、イッソウの形も1例見られる。「吾等も御方も公儀へすすみ候て出レ申度存、越劯へ申理候様に被思召候へハ、却而如何候哉、一そう越州に内証にて被申試分に候へハ、なお以可然かと存候」(吉川家文書1323・元和元(1615)年6月12日)。
　　また、近世以前の文書の例にはイツソの形が4例確認できたが、次のように時間副詞「何時ぞ」の意味を表す例と見られ、副詞「いっそ」の確例ではないと判断した。「又私てまへの事ニちといきゝ御さ候まゝ、いつそちと申上たき事御さ候」(吉川家文書1395・年月日未詳)
8)　「いっそ」の副詞用法の史的変遷を考察の中心とするため、連体修飾や述語用法の例は計上していない。ただし、副詞として働くイッソノコト、イッソノクサレは計上した。また、用例の大半を占める、主節で用いられた例を取り上げる。中止節の例や被修飾対象が状態性述語である従属節中の例については、主節の例と意味・用法上の相違がないと見て分析対象に含めた。なお「いっそ」の後続部分が現れていない例は除外した。

事態が現れ、「P であるなら、(P ではなく)Q を行いたい」のように「いっそ」に後続する事態を進んで選びたい、という肯定的な気持ちを表す場合

A2：「いっそ」の後に希望・当為表現類を伴った動作や行為を表す事態が現れ、「P であるなら、(P ではなく)Q を行うしかない」のように「いっそ」に後続する事態を選ぶしかない、という否定的な気持ち(自暴自棄や諦めなど)を表す場合

A3：「いっそ」の後に状態性を持つ事態が続くが、その事態の状態性を修飾・限定せず、「P ではなく、Q である」のように後続事態を比較選択する場合

B：近世前期以降見られはじめる、「まったく、本当に」のような意味を表す場合

B1：「いっそ」の後の状態性を持つ事態を修飾する場合

B2：「いっそ」の後の動作や行為を表す事態を修飾する場合

上記のいずれにも分類できない場合を「その他9)」として一括しておく。以下で、各時代の具体的な使用状況と特徴について見ていく。

表1は、近世前期の上方語資料に見られる「いっそ」の使用分布を示したものである。

---

9)「その他」(全475例中4例)は、解釈の難しい例で、意味用法の面でA、Bとの関連が不明な例である。

表1 近世前期上方語資料における「いっそ」の用例数

資料 ＼ 分類	A1	A2		A3	B1		その他	
浮世草子	3	5		1			1	―ニ (1)
世話物浄瑠璃	1	17	―ノコトニ (1)		2			
噺本	1	4	―ノコト (1)		2	―ニ (1)		
合計 (37)	5	26		1	4		1	

* 繰り返しや前話者の台詞を引用した例は1例と数え、合算していない。
* 形態別の出現分布を表すため、「―ニ」「―ノコト(ニ)」と示す。「―」はイッソを意味し、これら
　の異形態の用例数は各用法内の右側に示してある。左側の用例数は右側の異形態の用例数を
　含む。これらの表示がない例はすべてイッソ単独の例である。(以下の表2、表3でも同様)

　表1からは、まず、形態的には、近世初期に見られたイッソの他に、イッソニとイッソノコト(ニ)[10]の形が見られる。次に、意味用法の面では、近世初期に見られた「Pであるなら、(Pではなく)Qを行いたい」という例、即ちA1は引き続き確認できる。(12)は、前文脈の「帰る」より、後続事態の「抱かれて明去ぬ」ことを望む肯定的な内容である。

(12) (用法A1)女房引留め、「是爰なお人、留主預つて去ぬるとは、どこへ」と云ふに心付「是は私不調法こなたにこそ早御帰り」と云ふに、「成程帰りますが、さぞ独寝はお淋しからん。殊に今宵の夜寒さ、いつそ抱かれて明去なん」といふ。
　　　　　　　　　　　　　([上・浮]新色五巻書・1698年・p.481)

　次に、A2は近世前期上方語に最も多く使われる用法である。近世初期までの例とは異なり、「いっそ」の後続に否定的な内容が現れてお

---

10) イッソノコト(ニ)はイッソを強調した表現(湯澤1954、飛田・浅田1994)とされる。近世後期に見られるイッソノヤケニ、イッソノクサレ(ニ)も同様に捉えられる。

り、現在の中心的な用法と同様の例であるといえる。

(13) a. (用法A2)[食べてはいけない魚を勧められたお坊さんがあまり
　　　　つよくしんしやくいたしたらバ、またじやうがこわいとて、
　　　　人にそしらるゝであらふほどに、人にそしられうよりハ、<u>い</u>
　　　　<u>つそのことく</u>ハふといふた。
　　　　　　　　　　（〔上・噺〕初音草噺大鑑・1698年・p.150）
　　　b. (用法A2)[放蕩な息子を勘当した徳兵衛が、他人によって葬儀
　　　　を行われることを心配する場面]「子は有りながら其の甲斐な
　　　　く無縁の手に掛らうより、<u>いつそ</u>行倒れの釈迦荷ひがましで
　　　　おじやるは」　　　（〔上・浄〕女殺油地獄・1721年・p.416）

　　例えば(13a)は、魚を勧められたのに遠慮しすぎて、人に非難される
くらいであれば食べてはいけない魚を仕方なく食べよう、ということ
である(p.26に挙げた(2a)もA2に属する)。
　　また、A3は次の1例が見られ、近世期全体を通しても非常に例が
少ない(350例中5例(約1.4%))。

(14) (用法A3)元遊女「はだへみる人もなき物、<u>いつそ</u>はだかよ」と独
　　　事に申せば、　　　（〔上・浮〕好色一代男・1682年・p.74）

　　次に、(15)のように感情や否定(非存在)、テイル(p.26に挙げた(2b)
の「似たり」)など、状態性述語を修飾する用法B1は、近世前期以降見
られはじめる新しい用法である。

(15) a. (用法B1)[女郎の吉野は]にくからぬものなれば、かはゆがりて

　　　ふかくあふ大臣、<u>いつそにかゝつて</u>うけ出す談合をきくよ

　　　り、女らう、このしゆびをいのり、神／＼へきせいをかけ、

　　　　　　　　（〔上・噺〕初音草噺大鑑・1698 年・p.105）

b. (用法B1)[お金を工面して今夜会う約束をした徳兵衛が結局現

　　　れず、身の上を嘆く遊女のお房は]身一つ胸を据ゑたれば、<u>い</u>

　　　<u>つそ悲しい事もなし</u>と、内へ帰れば、

　　　　　　　　（〔上・浄〕重井筒・1707 年・p.78）

　(15a)は馴染み客(大臣)に「完全に、すっかり」夢中になっている女郎
が、その大臣が自分を身請けするという話を聞く、(15b)は後続事態の
「悲しい事もなし」の「なし」までかかって、死ぬ覚悟ができているから
「まったく」悲しいこともない、ということである。

　このような状態性述語と共起するときの「いっそ」の意味は、おそら
く中世後期の「両者を一対としてまとめたもの」「全部」という具体的な
分量や様態を表す意味から、まずは量程度的な意味に近い「完全に、
まったく」などの意味が派生した結果読み取れるようになったものと
見られる。また、(15b)の非存在のナイや後掲の(19c)の名詞述語(「いっ
そ焼」)のように程度性をもたない語と共起できることからも、近世期
における状態性述語を修飾する「いっそ」の本質的な意味は、典型的な
程度副詞のように程度の度合いを表すものではなく、「完全に、まっ
たく」や「本当に」などのように、後続する事態全体の完全なるさまや
真偽(事実性)を表すものであると考えられる。それが、特に(15a)の感
情動詞や後掲の(19a)の形容(動)詞など、相対的な状態性を持つ述語と

共起する場合は、その程度性を強める意味や程度の甚だしさを表す意味に読み取られやすくなる[11]。用法Bは近世後期以降、多用されるようになる。

3.3 近世後期

3.3.1 上方語資料

表2は、近世後期の上方語資料に見られる「いっそ」の使用分布を示したものである。

表2 近世後期上方語資料における「いっそ」の用例数

資料＼分類	A1		A2		A3	B1
世話物浄瑠璃	1		4			
噺本	7	―ノコト（1）	23	―ノコト（3）		8
洒落本	13		8		1	5
滑稽本	1		2	―ノコト（1）		
合計（73）	22		37		1	13

　表2を見ると、主にA2の例が頻繁に用いられるなか、近世前期に比べて全体的にA1とB1の例がやや増えており、特に洒落本においてはA1がA2を上回っている点が特徴的である。以下、各用法の代表例を挙げ、注目すべき点を述べる。

　A1については、前文脈に好ましくない内容が多かった前期に比べ

---

11)　「まったく」と「本当に」類（この他に「ほんに、ほんとに、まことに、実に」などの副詞類）は、川端（1999）では「広義程度副詞」と呼ばれ、相対的な状態性の意味を持った語句を修飾し、程度修飾機能を持つことがあり、それは一般的な「程度指定型」程度副詞とは異なり「程度強調型」程度副詞としての性格を持つとされる。他にも「程度副詞の周辺的なもの」（工藤1983）として、陳述副詞に近い面と程度副詞に近い面を併せ持つとされる（鳴海2013、市村2014など）。

て、PとQの両方に肯定的な内容が現れており、「せっかくなら」「どうせなら」のような意味が読み取れる。

(16) (用法A1)受売り「則博物志と申書物に、春夏の間とござつて、二三月比にハ海辺にハまゝある事でござります」と、受売の即答に主人ものりが来て「夫ハ面白そふな事じや。いつそ只今から見てまいろふ」 (〔上・噺〕鳩潅雑話・1795年・p.325)

(17) (用法A2)客→遊女「予ゆへ笑はれるか妨(いや)嫌(さに)其やうにいふのなら、いつそ離(のい)て仕まふたがよい、どうでおれがやうな吹ば散るやうなものは店でも笑ふであろ」 (〔上・洒〕南遊記・1800年・p.175)

(18) (用法A3)[紋日[遊里の年中行事。遊女は必ず客を取らねばならず、揚代も特に高かった日]で馴染みの遊女たちが留守中]弟子・庄八→旦那・弥吉「[遊女たちがい]ないもいつそ、気さんじか」ととりなす (〔上・洒〕短華蘂葉・1786年・p.286)

一方、Bの例には前期上方語のような、感情や否定(非存在)、テイルなどの状態性述語が引き続き見られるなか、(19a)の形容(動)詞、(19b)の「[味噌がすり鉢に]付いた」のように変化の結果状態、(19c)の名詞述語の例も見られる。

(19) a. (用法B1)[娘の奉公先に訊ねた親父が娘の泣き顔を見て驚き、奉公が辛いのか、故郷が恋しいのかと訊くと]娘→親父「イヽヱ、そんなこつちやござんせんけれと、此間雛助さんが死になさつたゆへ、奥さまをはじめ、わたしらもいつそかなしひ、まだお若ひのに、いとしや」

(〔上・噺〕新撰勧進話・1802年・p.27)

b. (用法B1)[大晦日、女郎・露の代わりに按摩が味噌をすり鉢で摺っている場面]按摩「サアモウようなる時分じやて」露「いつそ[味噌が]そこらぢう[すり鉢のふち全体]へついたわいな」

(〔上・洒〕滑稽粋言竊潜妻・1807年・p.211)

c. (用法B1)[二朱が小玉にお茶を汲むよう指示すると]小玉「なにを太へい楽ばかりぬかすハ」二朱「小判さま、あれ御聞なされませ、親かたにあんな口過します、ありやいつそ焼嫉妬でござります」　(〔上・噺〕玉尽一九噺・1808年・p.236)

3.3.2 江戸語資料

表3は、近世後期の江戸語資料に見られる「いっそ」の使用分布を示したものである。

表3 近世後期江戸語資料における「いっそ」の用例数

資料＼分類	A1		A2		A3	B1	B2
噺本	8	—ノコト (1)	41	—ノコト (4)	2	41	6
洒落本	3		3	—ノヤケニ (1)		33	
滑稽本	5	—ノコト (1)	14	—ノコト (10) —ノクサレニ (2)		20	
人情本	11		34	—ノコトニ (2)	1	17	1
合計 (240)	27		92		3	111	7

　表3からは、後期上方語と同じく、A1・A2の例が依然として多く使われていることがわかる。一方、Bは全体的に増えており、噺本・洒落本・滑稽本においてはA1・A2を上回っている。特に洒落本ではほとんどBの用法であるのが特徴的である(p.26に挙げた(2c)はA1、(2d)(3)はB1に属する)。

(20) (用法A1)客→遊女「イデ芝のあたごへいつてとまろうが、大山へ
　　　　いかふか、最上寺にしやうか、いつそ日光へとぼうか、思ひき
　　　　つてさぬきのこんぴらへ立帰らん」

　　　　　　　　　　　　　　〔江・噺〕振鷺亭噺日記・1791年・p.196)

(21) (用法A2)はやり風で、家内病人が多いから、百万遍をくりたひ
　　　　が、鉦斗で珠数がない。いつそ鉦斗でやるべいと、百万遍のや
　　　　うに鉦斗たゝいて、むせうに念仏申たれバ、

　　　　　　　　　　　　　　　〔江・噺〕仕形噺・1773年・p.293)

(22) (用法A3)尼さん→お由とお由の母「今さら嫁の詮穿も、里のしう
　　　　との気々さま／〝＼、それよりいつそ子どもの気にいつたら、女
　　　　郎芸者でもかまはぬ方が、当世かと思つて見ても、そうはない」
　　　　　　　　　　　　　〔江・人〕春色梅児誉美・1832-1833年・p.218)

(23) a. (用法B1)[砂糖漬けを食べて北八→弥次「エヽ、なんだ、いつそ灰
　　　　だらけなものだ、ペツペ／＼」

　　　　　　　　　　　　〔江・滑〕東海道中膝栗毛・1802-1809年・p.434)

b. (用法B2)金五郎「さうか、[息子は]俺は忘れはしねえかのう」乳母「おや、とんだ事を被仰いましな、三日や四日お出でなさらぬとて、お忘れなさるもので御座いませうか、今朝なども[坊ちゃんが]いつそお父ちゃんお父ちゃんと、貴郎の事を被仰いました」（〔江・人〕仮名文章娘節用・1831-1834年・p.375）

　このなかでBについて見ると、噺本と滑稽本には男性による使用例(23a)も確認できるが、洒落本と人情本ではその使用者が主に女性で、しかも遊女である例が非常に多い12)。

　しかし、このような位相的特徴は「いっそ」のみ見られるわけではなく、「いっそ」と同時期に多用される副詞「ほんに、本当に」(市村2014)にも共通する使用傾向であり、洒落本のように主に遊里を描くという資料の性格に起因する部分が大きいと見られる。また、上記の表1〜表3からも確認できるように、B1の用法は近世前期上方語資料から見られはじめ、後期上方語にも散見されるが、否定のナイ、テイル、形容(動)詞、名詞、感情や変化の結果など、多様な状態性述語を修飾していることからも、後期江戸語に限定された特殊な用法であるとは

---

12) このような使用傾向から、後期江戸語における「いっそ」は遊里語という位相を持つという指摘がある(『角川古語大辞典』、彦坂1982など)。用法Bにおける使用者の傾向(男女差)を示した次表からも、同様の傾向が確認できる。(表内の「遊里関係」は、遊女や客の他に茶屋の主人、女房、下女など遊里に深く関係する人物を含む)

用法Bにおける使用者＼時代		前期上方語	後期上方語	後期江戸語
男	一般	2	2	14
	遊里関係		2	8
女	一般		2	15
	遊里関係	1	7	76
不明（地の文）		1	0	5
合計		4	13	118（B1+B2）

言いがたい。ただし、上方語(前期・後期)に比べ、後期江戸語に特に形容(動)詞が「いっそ」に後接し多用される使用傾向は特徴的である[13]。

なお、注目すべき例として(23b)は、これまでの状態性述語を修飾するB1とは異なり、「いっそ」の後に動作を表す事態が現れている例(B2)である[14]。これは、息子が旦那のことを忘れていない証拠として今朝も実際にお父ちゃんお父ちゃんと旦那のことを言っていた、という内容で、「いっそ」が「本当に」のような意味で後続事態が事実であることを強調する例と見られる。

3.4 近代以降

まず、具体例を見る前に、『和英語林集成』の「いっそ」についての記述を確認しておく。(24)のように、いずれの版においても「Better, rather」という「むしろ」のような意味はあるが、再版と3版には初版にはなかった「wholly(全部、完全に)，extremely(極端に、きわめて)」などの意味が追加されている。

(24) a. Isso, イッソ, 寧,(in comparison). Better, rather.

Fuchiu na mono wo yashinō yori wa isso inu wo yashinau hō ga yoi　　　　　　　　　　　　　　　　　　(初版・1867年)

---

13) 用法Bにおける状態性述語の種類を時代別に示した次表を参照されたい。

時代(B1の例数)＼後続要素	否定(非存在や不可能)	感情動詞	テイルを伴った動詞	形容(動)詞	名詞	変化の結果状態	動作や行為(B2)
前期上方語 (4)	2	1	1				
後期上方語 (13)	2	4	2	2	2	1	
後期江戸語 (111)	7	19	7	61	6	11	7

14) (23b)の他に用法B2には「いっそ」の後に「大便に行く、血が出る、騒ぐ、鍛える」(1例ずつ)や「泣き出す」(2例)が現れた例がある。

　　　b. Isso, イツソ, 寧, Better, rather, wholly, extreemly.

　　　　Fuchiu na mono wo yashinō yori wa isso inu wo yashinau hō

　　　　ga yoi Syn. MUSHIRO　　　　　　　　（再版・1872、3版・1886年）

　いずれの版にも同じ用例が挙がり、否定的な内容が現れている。加
えて、現代語において、比較構文で用いられる程度副詞の「いっそう
（一層）」の項目は、(25)のように3版から記載がある。このような記載
内容は、今回調査することのできた8版(1906年)にも同様に引き継が
れている。

　(25) Issō イツソウ　一層(*hito kasa*) Twice as much; double

　　　　　　　　　　　　　　　　　　　　　（3版・1886年）

　表4は、明治・大正期15)の東京語に見られる「いっそ」の使用分布を
示したものである。

---

15) 20世紀初期の関西語資料(真田・金沢1991の落語SP盤文字化資料34種)からは
　　例を得られなかった。

表4 明治・大正期東京語資料における「いっそ」の用例数

時期区分	資料　　　　　　　　　　　分類	A1	A2	A3	その他
明治前期	『三遊亭圓朝集』(1859-1878年)		5　―ノコト(1)		
	『明治開化期文学集1·2』(1870-1888年)	4	14　―ノコトニ(2) ―ノクサレ(3)		
明治後期	『坪内逍遥・二葉亭四迷集』(1887-1889年)	2	6		
	『女学雑誌』1894年 (文語:0例/口語:2例)		2　―ノコト(1)		
	『太陽』1895年 (文語:7例*/口語:12例)		11　―ノコト(1)		1
	『太陽』1901年 (文語:0例/口語:12例)	2	9　―ノコト(1)	1	
	『太陽』1909年 (文語:0例/口語:15例)	5　―ノコト(4)	10　―ノコト(2)		
	『女学世界』1909年 (文語:0例/口語:14例)	1	13　―ノコト(1)		
大正期	『太陽』1917年 (文語:0例/口語:14例)	4　―ノコト(1)	10　―ノコト(1)		
	『太陽』1925年 (文語:0例/口語:18例)	6　―ノコト(1)	10　―ノコト(4)		2
	合計(118)	24	90	1	3

＊ 文語体の文章での7例(A2の6例、「その他」の1例)は表4の用例数に計上していない。
＊ 『女学雑誌』1895年と『婦人倶楽部』1925年からは例を得られなかった。

　表4から分かるように、近世期と同様、A2が最も多く用いられているなか、A1も引き続き見られる。また、A3は近代以降も極少ないものの用例が確認できる[16]。一方、特に近世後期江戸語資料で頻繁に用いられていたBの用例は得られなかった。

　(26) (用法A1) 弥次「とう／＼二階へ来たがいつそ三階へ上ツて廻らうじやアねへか」ト又も三階をぶら／＼しながら 喜多「ヤアこりやアすてきだ」
　　　　　　　　　　　　　　　　　　　　(西洋道中膝栗毛・1870年・p.128)

　(27) (用法A2) 下人・多助→旦那・善太郎「それから江戸へ出ても尋る人には逢へず、外に知るべも無つて請人になりてもないから、奉公する事も出来ねへで、一層身い投げべいとする所を、旦那様に助けられ…」
　　　　　　　　　　　　　　　　　　　　(塩原多助一代記・1885年・p.135)

---

16) 現代の文学作品の370例中15例(約4%)がA3で用いられている。昭和以降生まれの作家に絞ると、370例中7例(約2%)になる。

(28) (用法A3)[お敬の心話] 何有も生計が苦しいから、それで死たい
　　　と謂ふ譯では無いけれど……否、苦しいのは寧そ楽しいわ。お
　　　母様と二人で暮した時分は、内職だ何だと謂つて、傍から見て
　　　は苦しさうだつたけれど、自分達には格別苦しいとは思はなか
　　　つたつけ。　　　　　　　　　　　　　（『太陽』1901 年・一腹一生)

　この他に、「その他」に分類した例は、用法Bのように状態性述語と
共起する例であるが、「まったく、本当に」などの意味ではなく、比較
程度を表す「もっと」のような意味で用いられている。(29)では、箱と
鍵が比較され、鍵の大事さの程度が大きいことを表している。このよ
うな例は、近代では2例見られるが、「いっそ」のもう一つの語源とさ
れる「一層」との混同が窺える例として興味深い。

(29) 「早くお取り此鍵を！」見ると、爺つあんは指先に小さい鍵を摘
　　　まんでいた。「箱も大事だが鍵も大事だ。鍵の方がいつそ大事
　　　だ」　　　　　　　　　　　　　　　（『太陽』1925 年・鼬つかひ)

　なお、近世から近代における「いっそ」のほとんどは口語体の文章、
しかも会話文で多用されており、現代においても話し言葉で砕けた言
い方として用い続けられている(飛田・浅田 1994)。一方で、『明六雑誌
』には副詞「いっそ」の例は見出せず、近世文語文で用いられていた比
較程度の意味を持つ副詞「一層[17]」の15 例(内訳：文語の14 例、口語

---

17) 現在の程度副詞「一層」は近世前期の文語体の資料『徂来先生答問』に副詞用法の
　　確例が指摘できる。「皆当座之便利を御好み被成候所より起り申候、今一層深遠

の１例)のみ見られた。

4. 史的変遷のまとめ

　本章では、漢語「一双」から副詞「いっそ」への史的展開に注目し、副詞用法の発生した中世から近代までの使用状況と意味用法の変遷について考察を行った。その結果を以下にまとめる。

　「いっそ」は、中世以降、副詞用法が見られはじめ、中世資料ではイッサウニの形で後続の動作動詞を修飾し、「(両者を)まとめて」「(何であれ)一度に」のような様態的意味で用いられた。これらの意味を表す例からは、漢語「一双」の原義(対をなす二つ、両者)が窺えた。またその構文環境は、「Pではなく、「いっそ」Q」という「むしろ」と類似したものであったが、近世前期に確認できる例においても、原義の持つ実質的な意味が薄れているものの、同様の構文環境で使われていた。この様態的意味を表す「いっそ」の例は近世以降は用いられなくなっていったものと見られる。また、近世初期までの例においては、現代語の用法のような、ある事態について好ましくないと捉える話し手のマイナス評価を表す意味で用いられる例は見出せなかった。

　近世前期資料(上方語)の用例では、近世初期の例を引き継いだ「Pであるなら、(Pではなく)「いっそ」Qを進んで選びたい」という肯定的な内容を表す例(A1)が見られるなか、「Pであるなら、(Pではなく)「いっ

之思を加へ申度事ニ存候」(徂徠先生答問・1727年・p.199)。他に連体修飾の例も見られるが、副詞用法と同様、『童子問』『椿説弓張月』などの文語体の資料で用いられている。

そ「Qを選ぶしかない」という否定的な気持ちを表す例(A2)も用いられ、現在の両用法に至っている。また、用法の分布においては近世以降、引き続きA2が多用傾向にあった。一方で、A3はA1・A2と異なり「いっそ」の後に状態性述語を伴うが、意味の面では前二者に共通し、現在でも稀に例が見られる。

　近世前期から状態性述語と共起する例(B1)が見られはじめたが、頻繁に用いられるようになるのは近世後期になってからであった。また僅かながら、動作や行為を表す事態を修飾し、B1と同様の意味を表す例(B2)も見られた。このようなBは「両者を一対としてまとめたもの」「全部」の意味から「完全に、まったく」、さらに「本当に、非常に」などの意味も表すようになる。このような意味の形成には具体的な分量や様態を表すものから、量程度、そして程度の甚だしさを強める意味へと抽象化する意味変化があったものと考えられる。このように、近世期における「いっそ」は大きくは二つ(AとB)、細かくは五つ(A1、A2、A3、B1、B2)の意味用法で用いられていたことが分かった。

　近代以降の「いっそ」は、希望・当為表現類を伴ったA1とA2(主にマイナス評価を表すA2)の用法が主であり、現在ではBは用いられなくなった。用法Bが近代以降衰退した背景には、「いっそ」の他にも程度の甚だしさを表す副詞類は同時代にも「えらく、とんだ、ほんに、本当に、よほど(よっぽど)」など多様多種であること、また時代ごとに別の語への入れ替わりも頻繁であることが関連していると考えられるが、詳細はなお後考を期したい。その結果、近代以降は「いっそ」独自の文末に希望・当為表現類を伴った叙法副詞的用法(A1とA2)にほぼ限定されていく、という使用傾向が見られる。

第2章　さすが(に)

1. 先行研究と問題の所在

現代語において、「さすが」は次のように使われている。

(1) a. <u>さすが</u>五島列島ですね、海がきれいですね、それに山の木々も。
　　b. 皆さんに後れまいと走りつづけまして<u>さすが</u>に疲れました。
　　c. 大手銀行だってバブル崩壊のときは<u>さすが</u>に大あわてだった。

(渡辺 2001：222-224(下線も渡辺による))

　また、これまでの現代語の主な分析をまとめると、以下の表1のようになる。

表1　現代語の分析における「さすが」の用法

視点	意味と構文	意味	意味（構文）	意味	意味（構文）
	研究者	森田 (1989)	蓮沼 (1987)	飛田・浅田 (1994)	渡辺 (2001)
(1a)	サスガ（ハ）	主体側の当然の帰結として、"やはり"と現状を認める	順接用法	価値を再確認する様子	ある力量・素質を持っているものから生ずる結果を当然と認める気持ち。（Ⅰ）Ｎはさすが（に）ｎだ。
	対立無／評価＋				
(1b)	サスガニ				
	対立有／順当			予想通りの結果になる様子	力量・素質が備わっているのに当然の結果が生まれないという事態。（Ⅱ）ＮもＭにはさすがに非ｎだ。
(1c)	サスガニ	場面・なりゆきの当然の帰結として現状をやむを得ず認める	逆接用法		
	対立有／順当✕				

＊　渡辺(2001)の（Ⅰ）（Ⅱ）におけるＭｍ、Ｎｎは、小文字は具体的な実現を示し、大文字は具体的実現をもたらすだけの素質なり力量なりを備えたものとなっている。

　次に、「さすが」の歴史的変遷を分析した研究は、管見の限りでは辞書の記述を除けば、渡辺(1997)が挙げられる程度である[1]。渡辺(1997)では、古代語から現代語までの「さすが」が使われる文型がまとめられ、(1c)は中古からの用法、(1a)(1b)は中世からの用法、つまり(1c)→(1a)(1b)という成立過程が指摘されている。しかし、渡辺(1997)では各用法の実際の使用実態は分析されておらず、また実例が指摘できないような文型を設定しているなど、不明な点も見受けられる。

　また、サスガ、サスガニ、サスガハの形態面での相違については検討されていない。(1)'を見ると、サスガニはａ・ｂ・ｃの三つの例すべてに使われるのに対し、サスガハは(1'a)でのみ使われる(*は、日本語として不自然な場合であることを表す)。よって、「さすが」の用法変化と「さすが」の形態との相関についても考察の余地があるように思

---

1)　井上(1977)では中古の共時態におけるサスガニの逆接的意味について論じられている。

われる。

(1)' a. さすが {さすがに/さすがは} 五島列島ですね、海がきれいで
　　　　すね、それに山の木々も。
　　b. 皆さんに後れまいと走りつづけましてさすがに {*さすが/*す
　　　　がは} 疲れました。
　　c. 大手銀行だってバブル崩壊のときはさすがに {*さすが/*さすが
　　　　は} 大あわてだった。

　以上の点を踏まえ、本章では「さすが」が表す意味構造を次の用法①②
③及び次表のように捉える。以下、次節からみる用法の成立順に合わせ
て(1c)、(1b)、(1a)の順で記述し、それぞれを用法①、用法②、用法③と
する。また、図式の中のPとQ(～Q)は条件関係をなす事態、「～」は否
定関係ないし意味的に対立・対比する関係であることを表す。

＜用法①[2)]＞
(1c) 大手銀行だってバブル崩壊のときはさすがに大あわてだった。

　想定　| 大手銀行(P) → 泰然(Q) |
　　　↕　対立
当該事態 | 大手銀行(P) → 大あわて(～Q) |
　　　↑
バブルの崩壊 {契機}

_____

2) 用法①における形態的バリエーションとして、連体修飾用法のサスガノがある。

＜用法②＞

(1b) 皆さんに後れまいと走りつづけまして<u>さすがに</u>疲れました。

想定　（少し)走る(P)　→　（少し)疲れる(Q)

↕　対比

当該事態　走る(P)　→　疲れる(～Q)

↑

後れまいと走りつづける　{契機}

＜用法③＞

(1a) <u>さすが</u>五島列島ですね、海がきれいですね、それに山の木々も。

想定　五島列島(の自然)(P)　→　きれいだ(Q)

‖　適合

当該事態　五島列島(の自然)(P)　→　きれいだ(Q)

↓

改めて感嘆(効果)

	話し手の想定と当該事態との関係	契機	力量・素質	形態	意味
(1c) =用法①	対立	あり	明示	サスガニ	順当ではない
(1b) =用法②	対比	あり	非明示	サスガニ	[契機]があれば、そうなるのも順当だ
(1a) =用法③	適合		明示	サスガ（ニ/ハ）	順当→プラス評価 感動詞的用法

　以上のように、(1c)と(1a)はかなり異質なものであり、(1b)は話し手の想定と当該事態との関係においては(1c)のように不適合関係をもつが、意味の面では(1a)のように当該事態が({契機}があれば)順当で

あることを表すことから両者の中間的なものとして捉えられる。本章
では、各用法が歴史的にどのような過程を経て成立していくのか、ま
た用法の成立過程とサスガ、サスガニ、サスガハという各形態との関
係について考察する。以下、「さすが」を副詞的用法として用いられる
サスガ、サスガニ、サスガハの総称とし、また、連用修飾をする副詞
用法に限定して通時的考察を行うことにする。

2.「さすが(に)」の出自

「さすが(に)」は語構成の面で「中称の指示副詞「さ」＋サ変動詞「す」＋
程度や様態を表す助詞「がに」」から成った副詞句であり、「そのように
ある(する)ほどに」「それ相応に」という意味を原義として持つ。

　　＜語構成3)＞

サスガニ	＝	サ	＋	ス	＋	ガニ

「そのようにある(する)ほどに」　中称の指示副詞　サ変動詞　程度や様態を表す助詞

指示副詞「さ」を語構成要素に含むことからか、前後の節・文同士を
結ぶ機能(接続詞的用法)を持っていた。さらに「さすが(に)」は語構成
上、逆接の接続助詞として用いられる上代語「しかすがに」(万葉集に
12例)に類似しているとされる。井上(1977)や渡辺(1997)では指示詞「し

---

3) サスガニの語構成については『日本国語大辞典(第2版)』、「がに」の意味について
は『時代別国語大辞典上代編』を参照した。

か」と「さ」の対応関係から、中古のサスガニが上代の「しかすがに」の用
法をそのまま継承していると捉えられている。上代の「しかすがに」は
逆接の接続助詞(『時代別国語大辞典上代編』)とされているが、その語
構成からは、サスガニと同様に「前件と後件に詠まれた二つの事柄がそ
れぞれ同時同程度に存在している状態を表す」(石田2002：44)と考えら
れる。中古に見られるサスガニの例において、上代の「しかすがに」に
類似した例(3.1節の中古の「その他」の例を参照)は少数ながら見られる
が、多くの例は用法①に分類できる。

3. 時代別の使用実態

　表2は、上代から近世における「さすが」の時代別・形態別の用例数
をまとめたものである(ただし、上代に「さすが」の例は見られないた
め、数値は全て0になっている4))。なお、現代語に見られる用法①②
③は、すべて中世には確認できるため、本節では、文献上に「さすが」
の例が見られはじめる中古から中世までの用例を考察対象とした。た
だし、サスガハの形は中世資料には見出せず、近世前期資料から確認
できるため、近世前期資料の例にも適宜言及する。

---

　4) 上代には「さすが」の例が見出せないが、これは「さすが」に含まれる指示詞「さ」
　　の確例が上代にはないことと対応するものと見られる。上代の「しか」が衰えて
　　訓点特有語となったため、その代わりに「さ」が中古以降から和文に多く用いら
　　れるようになった(山田1913、築島1963)。

表2 時代別・形態別用例の出現分布

	副詞的用法			連体用法	述語用法
	サスガニ	サスガ	サスガハ		
上代	0	0	0	0	0
中古	318	0	0	7	14
中世	87	106	0	6	11
近世	71	158	74	34	6

3.1 中古

　中古の例では、次の(2)が用法①に該当すると考えられる[5]。以下、現代語に見られる用法①〜③との関係を明示的に表すため、各例において「さすが」が生起する文において、Pの部分は波線、〜QとQの部分は点線、契機は｛　｝で示す。

＜用法①＞

(2) a. 女も男も、いと下種にはあらざりけれど、年ごろわたらひなどもいとわろくなりて、家もこぼれ、使ふ人なども徳ある所にいきつつ、ただふたりすみわたる(P)ほどに、さすがに｛下種にもあらね｝ば、人にやとはれ、使はれもせず(〜Q)、いとわびしかりけるままに、思ひわびて、　　　　　　　　　（大和物語・p.375）

(女も男も、あまり身分の賤しい者ではなかったが、この数年、暮らしむきなどもたいそう悪くなって、家もこわれ、召し使う人など

---

5) 以下、用例における現代語訳は使用テキストによる。ただし『平家物語』は『延慶本平家物語全注釈』並びに新編全集の該当箇所の訳などを参考に私に作成したものである。

も、裕福な人の所に、一人行き、二人行きして、だんだんいなくなり、しまいにはただ二人きりになって住みつづけている(P)うちに、貧しくなったとはいえ、サスガニ、｛もともと賤しい身分の人でもなかった｝ので、人にやとわれたり、使われたりすることもなく過ごしていた(～Q)が、たいそう生活が思うようにならなかったので、途方にくれて、)

想定　｜暮らし向きが悪い(P) → 雇われたり使われたりする(Q)｜

　↕ 対立

当該事態｜暮らし向きが悪い(P) → 雇われたり使われたりしない(～Q)｜

　↑

賤しい身分ではない ｛契機｝

b. 女も、いとあやしく心得ぬ心地のみして、御使に人を添へ、暁の道をうかがはせ、御あり処見せむと尋ぬれど、そこはかとなくまどはし(P)つつ、さすがに ｛あはれに、見ではえあるまじくこの人の御心に懸りたれ｝ば、便なく軽々しきことと思ほし返しわびつついとしばしばおはします(～Q)。

(源氏物語・夕顔・p.152)

(女もまったく不思議に合点のゆかない気がして、君からのお使者のあとをつけさせたり、夜明けのお帰りの道筋を探らせたりして、お住いをつきとめようと捜してみるけれども、君はどことも分からぬよう、はぐらかし(P)ては、しかしそれでもサスガニ、｛しみじみと女がいとしく、とても逢わずにはいられないくらいお心にかかって離れな

い｝ので、不都合な浮ついたしわざよと、あれこれ嘆かわしくお思い返しになりながらも、足は反対に、じつにしげしげとお出向きになる。(~Q))

想定 　はぐらかす(身分が高い)(P) → 通わない(Q)

↕ 対立

当該事態 　はぐらかす(身分が高い)(P) → 通う(~Q)

↑

'あはれ'に思う ｛契機｝

　以下の例は、現代語に見られる①〜③のいずれの用法にも該当しないものである。本来のサスガニの語構成上の「そのようにあるほどに」または「それ相応に」などの意味で解釈することができ、前後の句(P_1とP_2)を結ぶ機能を持つと考えられる。

＜その他＞

(3) a. ≪隅の間ばかりにぞ、いと寒げなる女ばら、白き衣のいひしらず煤けたるに、きたなげなる襷ひき結ひつけたる腰つきかたくなしげなり≫(P_1)。さすがに≪櫛おしたれてさしたる額つき、内教坊、内侍所のほどに、かかる者どものあるはやとをかし≫(P_2)。 　　　　　(源氏物語・末摘花・ p.290)

(≪隅の間のほうで、ひどく寒そうな様子の女どもが、白い衣の言いようもなく黒ずんでいるのを着用して、その上にうすぎたない襷をくくりつけている腰つきは、いかにもみっともなく見える≫(P_1)。サスガ

二、≪櫛を前下がりに挿している額つきは、内教坊や内侍所のあたりに
こういう格好の者たちがいるものよ、とおかしくお感じになる≫(P₂)。)

　　　b.「≪天雲のよそにも人のなりゆく≫(P₁)かさすがに≪目には見ゆ
　　　　る≫(P₂)ものから」とよめりければ、(伊勢物語・19段・p.131)
　　(≪あなたは空の雲のようにはるかに遠ざかって、私にうとくなっ
　てゆく≫(P₁)のですね。私の目にはサスガニまだ≪お姿が見え≫(P₂)ま
　すのに、と詠んだので、)

　　　c.[にくきもの]≪しのび来る所に、長烏帽子して≫(P₁)さすがに≪
　　　　人に見えじとまどひ入る≫(P₂)ほどに、物に突きさはりて、そ
　　　　よろといはせたる。　　　　　　　　　(枕草子・26段・p.66)
　　(≪忍んで来る場所に、長烏帽子をかぶってきて≫(P₁)、サスガニ、
　≪人に見つけられないようにしようとして、あわてて入る≫(P₂)時
　に、何かにその烏帽子がつき当って、がさりと音をたてたの。)

3.2 中世前期

　中世においても中古の用法①が依然として多く使われている。形態
的な面ではサスガニよりサスガの形が増えている。

　<用法①>

(4) a.「ソヨヤ、殿下リハテバ見参ニ入ラバヤト思(P)シカドモ、サスガ
　　　[事シゲク、推参セムモ無╴骨テ罷過ツルニ(〜Q)、…」

　　　　　　　　　　　　　　　　(延慶本平家物語・2末・p.486)

(そうです殿、(私は伊豆に)下り着いたら、殿の見参に入りたいと思っ(P)てはおりましたが、サスガ{多忙であって、推参するのも不作法と思い}日々を過ごしていたところ(〜Q)、)

想定　　殿にお目見えしたいと思う(P)　→　見参する(Q)

　　↕ 対立

当該事態　殿にお目見えしたいと思う(P)　→　見参しない(〜Q)

　　↑

多忙{契機}

　　b. 又{十月ニ成シカバ　浦吹風モハゲシク、礒コス波モ高ケレ}バ　サスガ兵(P)ノ責来ルモナク、行カウ船モ希也(〜Q)。

(延慶本平家物語・6末・p.523)

(また{十月になって、浦を吹く風も激しく磯を越す波も高い}ので、サスガ兵士(P)が責めてくることもなく、行き交う舟も稀である(〜Q)。)

想定　　強者(源氏)(P)　→　追ってくる(Q)

　　↕ 対立

当該事態　強者(源氏)(P)　→　追ってこない(〜Q)

　　↑

悪天候{契機}

　　c. 二人の武士が本三位中将を奈良に護送中「…我ハ一人ノ子モナシ。

何事ニ付テモ此世ニ思置ベキ事ハ一モナキニ、此事ノ心ニカハリ
テ、ヨミヂモ安ク行クベシトモ不覚ズ」ト {泣々宣} ケレバ、<u>武士</u>
<u>共(P)</u>モ<u>サスガ</u>石木ナラネバ、<u>各涙ヲ流テ、「ナニカハ苦ク候ベキ」</u>
トテ<ruby>免<rt>ゆる</rt></ruby>シ奉(~Q)テケリ。　　　（延慶本平家物語・6本・p.443）
（「私には子供が一人もいない。何事につけてもこの世に思い残すこ
とは一つも無いが、このこと（＝久しく会わぬ妻のこと）だけが心にか
かって、安心して冥土に行けない」と {泣く泣く仰る} ので、<u>護送の</u>
<u>武士たち(P)</u>も<u>サスガ</u>木石ではないので、<u>それぞれ涙を流して「なにが</u>
<u>不都合なことがありましょうか」と放免した(~Q)</u>のだった。）

想定　　<u>武士(P) → 逃がさない(Q)</u>

　　↕ 対立

当該事態　<u>武士(P) → 逃がす(~Q)</u>

　　↑

泣き落とし {契機}

＜用法②＞

(5) a. 岡崎ハ、「十人ノ子ニコソ後レ候ハメ、<u>君ノ世ニ渡ラセ給ワム</u>
　　　<u>コソ、願シク候ヘ(P)</u>」ト申ナガラ、<u>サスガ {恩愛ノ道ナレ}</u>
　　　<u>バ、鎧ノ袖ヲゾヌラシケル(~Q)</u>。

　　　　　　　　　　　　　　（延慶本平家物語・2末・p.510）

（岡崎義実は、「十人の子供に先立たれてしまいましたが、<u>あなた様</u>
<u>が渡世していって下さることは願わしい(P)</u>ことです」と申しつつ、<u>サス</u>
<u>ガ {恩愛（＝肉親への情）の道である}</u> ので、<u>鎧の袖を濡らした(~Q)</u>の

だった。)

　　　想定　　主君のための息子の死(P) → 軽減された悲しさ(Q)

　　　↕ 対比

　当該事態　主君のための息子の死(P) → 悲しい(〜Q)

　　　↑

　恩愛の道 {契機}

　　b. {…今よりのちは通ふまじ、契りも今宵ばかりなりと、ねんごろ
　　　に語れば、さすが別かれ(P)の悲しさに、帰る所を知らんと
　　　て、苧環<ruby>苧環<rt>おだまき</rt></ruby>に針を付け、裳裾にこれを綴ぢ付けて、跡を控へて慕
　　　ひ行く(〜Q)。　　　　　　　　　　　　　(謡曲・三輪・p.332)

　（{…今日より以後は通うことをやめよう、あなたとの縁も今夜限
りであると、心をこめて語っ} たので、サスガに別れ(P)が悲しいた
め、帰る所を知ろうとして、苧環の糸の先に針をつけ、衣の裾にこれ
を縫いつけて、苧環を手もとにひかえ持ち、跡を慕って行く(〜Q)。）

　　　想定　　別れる(P) → 悲しい(Q)

　　　↕ 対比

　当該事態　別れる(P) → 大変悲しい(〜Q)

　　　↑

　懇ろに別れ話をする {契機}

3.3 中世後期以降

　中世後期に入っても、中古からの用法①および中世前期からの用法
②は引き続き見られる。その一方で、中世後期からは(6)のような例が
見られる。

　<用法③>

(6) 大名「国本へみやげものを、町へいでゝかはふと存る(中略)かひ物
　　をとゝのへて、急でくだらふ、さすがみやこにて御ざある(P)
　　ぞ、かりそめにまかり出ても、にぎやかにて、何をかはふ共まゝ
　　で御ざる」(Q)　　　　　　　　　(虎明本狂言・まんぢう・p.300)

　　　想定　┌都である(P) → 何でも揃っている(Q)┐

　　　‖ 適合

　　当該事態┌都である(P) → 何でも揃っている(Q)┐

　　　　　　↓

　　改めて感嘆(効果)

　用法③のPとQは順接関係を成しているが、単にP→Qの関係を表
すというより、「Qという事態を生むPなのだ」ということに焦点が置
かれている。Qを実現する力量・素質(渡辺2001)をもつPの価値を表
しているものと考えられる。用法③の「さすが(に)」は、話し手の想定
と適合する当該事態を修飾し、「(そうなるのも)順当だ」と改めて感心
し、「価値や意義のある」という肯定的評価を表すと見られる。
　このような表現的特徴は、近世前期資料における用法③の例にサス

ガハの形が新たに見られることと関連があるのではないかとも考えられる。また、次例のように、サスガハの後に来るのは名詞述語に限定される。

　　＜用法③＞

　　(7) 智者は惑ず勇者は懼れぬ(Q)。生附。さすがは武士の種(P)ぞかし。

　　　　　　　　　　　（〔上・浄〕心中宵庚申・1722年・p.459)

4. 史的変遷のまとめ

　本章では、「さすが(に)」の副詞用法が見られはじめる中古と現代語のような意味・用法が現れる中世の例を中心に、評価副詞用法の成立と展開について考察した。その結果を以下にまとめる。

　「さすが(に)」は語構成の面で「中称の指示副詞「さ」＋サ変動詞「す」＋程度や様態を表す助詞「がに」」から成った副詞句である。指示副詞「さ」を語構成要素に含むことからか、前後の節・文同士を結ぶ機能(接続詞的用法)を持っていた。このような語源を持つ「さすが(に)」は、副詞として使われはじめた当初(中古)は話し手の想定と対立する(順当ではない)当該事態を修飾し、「そうは言うもののはやり」という意味で用いられていた(用法①)。

　中世前期になると、話し手の想定と対比するが、契機があれば「(そうなるのも)順当だ」という意味を表す用法②の例が見られる。このような例を経由して、後期からは話し手の想定と適合する当該事態を修

飾し、「(そうなるのも)順当だ」と改めて感心し、「価値や意義のある」という肯定的評価を表す用法③の例(感動詞用法、例えば「さすが大先輩」)が見られるようになった[6]。

　一方、中古から近世前期までの全体的な特徴として、まず形態面からは、サスガニの形のほかにサスガ、サスガハの例が増える傾向にあることが確認できた。次に、「さすが」の用法とその形態的なバリエーションの関係について見ると、用法①には、サスガニが多く使われているのに対して、用法③にはサスガとサスガハが多く使われている。用法②にはサスガニとサスガが同程度の用例数が現れる。そして、サスガハの形は用法③にのみ使われているのが特徴的である。

　「さすが」の用法の成立と展開を図示すると、図1のようになる。各用法において形態的な特徴も反映して表示した。

---

6) これに関連して、「さすが(に)」は後続する文全体を修飾し、話し手の想定との(不)一致関係を表す意味に加え、「価値や意義ある、望ましい」という肯定的評価を表すようになった。この過程において、「さすが大先輩」や現代語の「さすがだ」のように話し手の想定と当該事態が合致することに改めて感心するいわゆる感動詞用法に拡張する変化が見られる。このような変化は、小柳(2015)の文法変化の方向的類型のうち「多機能化 2B(自立的機能語(副詞)→自立的機能語(感動詞))」の事例に当たると考えられる。

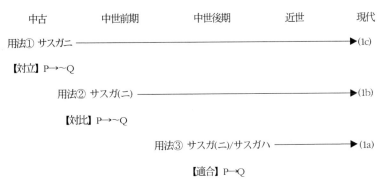

図1 各用法の成立と展開

　上記の図より、渡辺(1997)では、中古の(1c)(＝用法①)より後れて中世に発生するとされた(1a)(1b)(＝用法③②)について、具体的には中世前期に(1b)(＝用法②)が、中世後期に(1a)(＝用法③)が成立したことが確認できた。このように、現代語における三分類は、「さすが」の用法の成立過程を辿る上でも有効であるものと考えられる。

第3章　しょせん

1. 先行研究と問題の所在

　現代語において副詞「しょせん(所詮)」は、「結果的にはこういうことに過ぎず、それは仕方がないことだ」という当該事態に対する話し手の否定的評価を表す。例文は次のような文例が挙げられる。以下、便宜上、漢字表記の例も仮名表記の例も併せて「所詮」と総称する。

(1) a. 「おかしくはない。保安上危険であることは明らかです。倒壊の危険防止という公益上の点から見ても、あのアパートは取り壊す必要があります。あなた方がいくら立ち退かないと頑張ったところで、所詮無駄なことです。あなた方に勝ち目はない。」
　　　　　　　　　　　　　　　　　　　(かえで荘の朝・2001年)
　　b. 殴り合いが発生した。男性の怒声と女性の悲鳴。1つの綻びは、結束力のない他人の集団を粉々にするのに十全だった。こうなってしまうと、所詮利害関係の外野に居る警察は、暴力は止められても直接の介入力を持たない。

　　　　　　　　　　　　　　　　　　(そして粛清の扉を・2005年)

　これらの構文的特徴を見ると、「所詮」は(1a)の「(その頑張りは)無駄なことだ」における「無駄」のような語彙的に否定的意味を持つ述語(以下、語彙的否定形式)や(1b)の「(直接の介入力を)持たない」のように否定形式「ない」を持つ述語(以下、文法的否定形式)と共起して使われる[1]。また、「所詮」と共起する述語は、大部分の場合は(形式)名詞述語である。形容(動)詞・動詞述語が見られるのはごく僅かであり、それぞれ語彙的否定形式か文法的否定形式と共起して使われる傾向がある。このことから「所詮」の後には状態性を持つ述語、かつ語彙的または文法的否定形式が来るという制約が存在するといえる。

　現代語の分析では「所詮」が「結局、つまり、要するに」のように「いろいろと考えた末に結論としてまとめたこと」だけを表しているだけではなく、常に当該事態に対する軽視や投げやりな気持ちといったマイナス評価を伴った語である[2]と指摘されている(森田1989、飛田・浅田1994・工藤1982・2000[3])。このような意味特徴は、(2)のように

---

1) このような構文的特徴は、現代語の「所詮」の意味を考察した多くの先行研究(森田1989、工藤1982・2000、森本1994、山本2008など)において既に指摘されている。

2) 森田(1989)、工藤(1982)で「所詮」と意味的に関連する語として挙げられた「結局、つまり、要するに」の中で「結局」は「つまり、要するに」と異なり、例(1a)(1b)の「所詮」と置き換え可能である。また、「結局」は、飛田・浅田(1994)において「結論や結果に言及する様子を表す。ややマイナスよりのイメージの語」(p.141)と記述されているように、結論的内容を表しつつ、否定的意味を表す傾向をも持つ語といえる。

3) 工藤(1982・2000)は、「結局、つまり、要するに」の意で用いられる「所詮」について、前文脈で述べてきた内容をまとめる、または端折る意味機能を持つとする。これとは別に「どうせ、なまじ(っか)」などと同様に否定の形を取る述語と共起して使われる「所詮」については「否定的傾向」を表すとしており、「所詮」に2つの意味機能が存在すると捉えている。しかし、本書では現代語の「所詮」は単に結論的内容をまとめることを表すだけではなく、常に否定的意味を表す語であると考える。

「所詮」が肯定的内容とは共起しにくいことからも確認することができる(例文冒頭の「*」は非文であることを示す)4)。

(2) a.* 所詮集合時間に間に合うだろう。
　　b.* 所詮この論文は論理的だ。

　ところが、歴史的に見ると、使用初期の「所詮」の例には上記の現代語に見られるような否定的意味は存在しない。

(3) [上洛しようとする兵士の主将に名乗らせた後基盛「御家名うけ給候畢。所詮宣旨によつて御上洛候か、院宣に随つてまいらせ給候か、承らん」と申せば、　　　　　　　　　(保元物語・巻上・p.70)

　この(3)は上洛するか戻るかを再度尋ねる場面において結局のところ下した判断の結果を述べる時に用いられており、現代語の先行研究で指摘される「結局、つまり」といったまとめの意味で解釈できる。また、「所詮」の後に「御上洛候」や「まいらせ給候」のような肯定形の動詞述語と共起している点も現代語の典型的な例と異なる特徴といえる。
　以上のことから副詞「所詮」は使用の初期には「結局、つまり」のような中立的な意味で用いられていたが、ある時期に「仕方がない」といった諦めの気持ちを表す意味で用いられるようになったことが推察される。

---

4) 飛田・浅田(1994)にも同様の指摘が見られ、次の例のように「好ましい結果になった場合には用いられない」(p.194)としている(×は本書の非文表示の*に当たる)。
　(例)×何のかの言っても、所詮勝ちは勝ちだ。

　「所詮」の通時的変化に関する先行研究には大石(1984)、中山(1986、1995)、西村(2000)がある。まず、大石(1984)5)は、中世後期の和文資料である御伽草子に見られる漢語について「語義変化を起こした漢語の中には、用法の変化を伴うものが少なくない」(p.32)と述べ、その具体例として「名詞→形容語(引用者注：修飾語の意味)」の変化の型を見せる「所詮」を挙げ、「もともと仏教語で「経文で顕わされるもの、即ち義理」という意味であるが、『さるげんじ』には「しょせん、大みやうのまねをせよかし」とあり、「つまるところ、こうなったからには」というぐらいの意味で副詞として用いられている」(p.32-33)という。

　次に、中世の変体漢文資料を中心に仏教語由来の漢語副詞「所詮」の意味を論じたものに中山(1986、1995)、西村(2000)がある。中山(1986、1995)は平安・鎌倉時代の古記録に見られる副詞語彙の検討を通して記録体の歴史的な変容を考察したものである。そこには平安古記録の中で用いられている副詞語彙と、中世になって古記録の中に登場してきた漢語系の副詞語彙とは様相がかなり異なっていることが述べられており、その一例として「所詮」が挙げられている。「所詮」の用法について「本来漢語というよりは仏教語であったようであるが、この語の用法は日本において発達したようである。陳述副詞としての用法が古記録では多い」(中山1995：178)としている。

　一方、鎌倉前期の古文書を中心に「所詮」の副詞用法について考察した西村(2000)は、「文献上でこの現在の使われ方につながる「結局」「つまるところ」の意味で「所詮」の用例が多く見られるようになるのは、

---

5) 大石(1984)は御伽草子のなかで『福富物語』『さるげんじ』『三人法師』の3作品を考察資料としている。

鎌倉時代である。それも日記・随筆・物語等の文学作品ではなく、古文書が中心である」(p.546)と指摘している。その上で、鎌倉前期の古文書における「所詮」は、「裁判に関わる内容で、かつ事情や経緯の説明が必要な文章中に用いられることが多い。その場合、込み入った事情の結論を「結局」「つまるところ」という意味で端的に示したり、上申文書においては事情・経緯説明を踏まえて結論となる裁許要請文言を述べる時にも用いられる」(p.565)と結論づけている。

　この他、鳴海(2014、2015)は通時的な観点から漢語形容動詞・副詞の用法変化の特徴と時代ごとの傾向について述べたものであるが、漢語単独での副詞用法発生の具体例の一つとして「所詮」を取り上げている。中山(1986、1995)および西村(2000)と同様に「所詮」について、鎌倉時代から「結局、つまり」といった意味での副詞用法で用いられているが、中世末期から近世にかけての時期に前代までの単なる「結局、つまり」の意味の上に、その結果の事態に対する話者の評価・注釈の意味が濃く現れ、より注釈副詞性を増している、という変化があったとしている。

　以上のように、先行研究では「所詮」の副詞用法が中世以降発生したという共通の指摘が見られるものの、現在のような否定的意味がどのように発生したかについては考察されていない。「所詮」の副詞用法に否定的意味が発生した時期については、鳴海(2014、2015)によって中世末期から近世にかけての時期であることが指摘されているが、鳴海の考察の中心は漢語形容動詞・副詞全体の用法変化の大筋を示すことにあり、「所詮」を含めた個別の語の意味については詳しく分析されていない。また、鳴海(2014、2015)を除けば、これまでの研究では中世前期の変体漢文または中世後期の和文(御伽草子)といった特定の時

期・資料を対象にした共時的な分析が主であったため、通時的観点から「所詮」の意味の変化が十分に捉えられているとは言い難い。

　このような現状を踏まえて、本章では「所詮」に副詞用法が発生し、その意味に変化が生じたと推定される中世を中心に、その前後の文献資料に現れる例を通覧し、副詞「所詮」の成立過程と意味変化の様相を考察することにする。その際、現代語の副詞「所詮」が「しょせん」と音読みされている点に注目し、用例の分析を行う[6]。読みに注目するのは、「所詮」の例には「しょせん」と音読される例(以下、音読の例)の他に、使用初期から「詮ずる所」と訓読される例(以下、訓読の例)も散見されるからである。

(4) a. 示云、当世学道スル人、多分法ヲ聞時、先好ク領解スル由ヲ知ラレント思テ、答ノ言バノ好ラン様ヲ思フホドニ、聞クコトハ耳ヲ過ス也、詮ズル処道心ナク、吾我ヲ存ズル故也、

(正法眼蔵随聞記・p.328)

---

6) 用例には、「所詮(者／は／ハ)」「所詮候は」「詮する所は」などのように助詞「は」が付いた例や「所詮に」のように「に」が付いた例(それぞれ(ⅰ)(ⅱ))が見られる。
　(ⅰ)委細併載官使解状、所詮者任院御庄例、可レ弁済別見米三斗之由、被レ下宣旨、　　　　　　(平安遺文2655・官宣旨案・久安4(1148)年10月29日)
　(ⅱ)博士、又参内して奏す。「大敵ほろびはて、御位長久なるべき事、余儀なし。されども、調伏の大行、その効のこりて、おそろし。所詮に、あまくだりたまふ七星をまつり、しやうかう殿に宝をつみ、一時にやきすてて、災難のうたがひをとゞむべし」と申ければ、　　　　　　　　(曽我物語・巻2・p.102)
　「は」が付いた例(多数)について西村(2000)は「現段階では「ハ」の有無による明確な差異を見いだすことができない」(p.548)としている。「に」が付いた例(僅か1例のみ)について鳴海(2014、2015)は「1例のみであり、存在が疑わしいが、やはり、副詞に「に」が付くものの多いことの影響かとも考えられる」(鳴海2014：64)としている。これらの先行研究に従って、助詞「は」「に」の有無による意味の差は特にないものと見做し、助詞の有無を特に区別せず扱う。

　b. 此故に身をすてゝ行じ、心をつくして修すべし、このことはり
　　は、聖道浄土ことば異なりといへども、<u>詮ずるところこれ一な</u>
　　り、　　　　　　　　　　　　　　　　　（一遍上人語録・p.103）

　現代語を分析対象とする森田(1989)には「所詮」と「詮ずる所」の両者
についての言及が見られる。そこでは両者は共通して「詮ずる」の表す
「事の真相を明らかにしようといろいろ調べること」という意味を持つ
としたうえで、「詮ずる所」は「「そのように種々調べ考えた結果として
行き着くところは」の意で、「結局のところ」「結局は」である。(略)「い
ろいろと考えたとしても、結局……となる」という結論を後の部分で
示すときに用いる」(p.589)とする。これに比べて「所詮」については、
「しょせんこっちに勝ちめはない」「いかに抵抗しても、しょせんこっ
ちの負けだ」などの例を挙げ、「後に続く部分が否定か否定的な内容と
なるのが普通」(同)と述べている。このような現代語における「所詮」の
訓読と音読による相違は、「所詮」がどのように否定的意味を表すよう
になったのか、という通時的な意味変化の様相を明らかにすることに
よって説明できる問題であろうと予想される。
　また、前掲の(3)のように中世の「所詮」には動詞述語文が後接する
例が見られ、主に名詞述語文と共起する現代語の用法とは異なった特
徴を見せる。この点については、「所詮」と共起する述語形式にも注目
して考察する。

2.「しょせん」の出自

　『漢語大詞典』によると、「所詮」は「仏教語。所解的義理」(p.354)であり、「詮」は「詳尽解釈、道理、事物的規律」(p.185)という意を持つ。実際、中国文献において「所詮」は、古くから仏典に多くの例が見られ、(5a)(5b)(5c)のように「大乗の経典によって表されること」という意の名詞として用いられている。さらに仏典の例には(5c)のように仏教語の「能詮7)」(例内の波線部分)と対を成して用いられている例が多い。これに対して、漢籍には名詞として使用される「所詮」が清の小学書(次の(5d))や歴史書に僅か2例しか見られない8)。

(5) a. 経方者。即十二部教也。薬草即教所詮八万法門也。

　　　　　　(大正新脩大蔵経1718・妙法蓮華経文句・巻9下・p.135)

　　 b. 菩薩蔵者。大乗所詮之教也。

　　　　　　(大正新脩大蔵経2154・開元釋教録・巻11・p.582)

---

7)　『佛教語大辞典』によると、「能詮」は「言い表わすもの。経典に説かれる意義内容を表わす文句をいう。表わされる理である所詮に対す」(下巻・p.1086)という仏教語として説明されている。

8)　中国文献に見られる例について具体的に見ると、まず、仏典には5977例見られ、本文中に述べた通り「経典に記されている内容」を表す名詞用法の例である。これに対して、漢籍には6例見られ、本文中に挙げた例(5d)と次の(ⅰ)の2例は名詞用法の例である。

　　(ⅰ)当レ知。是禅不レ依二一切経法一。所詮不レ依二一切修証一。所得不レ依二一切見聞一。所解不レ依二一切門路一。　　　　　　　　　　(西天目祖山志・巻6)

　　残りの4例は『西谿梵隠志』『大昭慶律寺志』『龍興祥符戒壇寺志』『清史稿』にそれぞれ1例ずつ見られるが、いずれも「所詮」単独の名詞用法の例ではない。例えば、次の(ⅱ)の「詮」は後ろの「釋」と同様「解釈する」という意の動詞として用いられている。

　　(ⅱ)不揣愚蒙。略依二先師之詁一。用達二作者之意一。凡所二詮釋一。将下以レ通二其隠滞一。取中供吟諷上。　　　　　　　　　　　　　　(清史稿・列伝・巻508)

c. 原夫能詮之教喩レ図書レ也。所詮之理喩レ訓第レ也。

（大正新脩大蔵経2061・宋高僧伝・巻7・p.753）

d. 今既奉レ敕校定。考二案其事一。必以二経籍一為レ宗。理義所詮。
則以二景純一為レ主。　　　　　　　（重栞宋本爾雅注疏・巻11）

『佛教語大辞典』(1975)の「所詮」の記述を見ると、「①経文の文句に
よってあらわされることわり。あらわされた事がら。能詮の対」「②究
極。最後の目的。究極とするところ」（上巻・p.685）とある。このよう
に「所詮」は、仏教の経典によって説き明かされる内容や真理を表す仏
教出自の漢語である。上記の漢語「所詮」の原義に留意しつつ、次節で
は日本文献での「所詮」の使用実態について考察する。

3. 時代別の使用実態

3.1 中古以前

上代・中古に見られる「所詮」の例を考察する。この時期の和文体資
料には「所詮」の例が見られず、漢文体資料に少数例が確認できる。後
述するように、「所詮」の例が多く見られるのは、中世（主に12C以降）
になってからである。

まず、次の(6)は仏教関連の漢文資料の例であるが、中国文献に見
られた例と同様に「経典によって説き明かされる内容」を表す名詞用法
の例と見られる[9]。

─────────────

9) 次の例は『日本国語大辞典(第2版)』に初出例として挙げられている例である。「教

(6) 如レ此経論所詮無量教義等。悉摂₌文殊一嵯字真言₋尽。

(秘密曼荼羅十住心論・巻7・p.375)

　(6)は、「此くの如く経論の所詮の無量の教義等は、悉く文殊の一の嵯字の真言に摂し尽す」ということで、「所詮」は経論の表す内容を意味する。

　次に挙げる(7)は日本漢文の例である[10]。

(7) 仏語雖レ無₌二三₋。諸機所レ詮。法蔵既有₌八万₋

(散位正六位上菅原朝臣亨茂対・延喜8(908)年8月14日・本朝文粋・巻3)

　(7)は、「釈迦の教えはただ一つではあるけれども、衆生の機縁[素質やきっかけ]に差異があることによって[釈迦の教えを]説いた内容、即ち経典が既に八万に及ぶ」ということである。西村(2000)はこの例を、上記の『佛教語大辞典』の記述の②の「究極、最後の目的とするところ」の意味から派生した「つまるところ」という副詞用法の初出例として捉えている。しかし、この例における「所詮」は後続の「仏の説いた教え、またはその経典」を意味する「法蔵」との意味関係から捉えると、「つま

は能詮に当たり、理は所詮たり、若し本より所詮の三の理なしと言はば、能詮の三の経もまたなかるべきなり」のように、「所詮」は仏教語の「能詮」と対を成して用いられている。
　(例)教当₌能詮₋。理為₌所詮₋。若言₌本無₌所詮三理₋者。能詮三教亦応レ無也

(大正新脩大蔵経 2187・法華義疏・巻1・p.71)

10) 東京大学史料編纂所の「平安遺文フルテキストデータベース」を検索し、『平安遺文』所収の10例、『新訂増補国史大系』所収の6例、『真継文書』と『高山寺文書』に1例ずつからなる計18例である。なお、奈良時代の『大日本古文書』(編年文書)には「所詮」の例が見出せない。

るところ」のような意味の副詞用法ではなく、前掲の(6)と同様、「経典によって説き明かされる内容」という意味の名詞用法としても十分解釈できるものと考えられる。

なお、仏典の訓点資料における「所詮」の例は、今回調査した範囲に限り、興福寺本大慈恩寺三蔵法師伝古点(延久・承暦(1069-1077)頃)に「此ノ経ノ所詮ノ無分別ノ慧」(巻7・p.145)のように1例のみ見られる。それ以前の平安時代の訓点資料には「所詮」の例は見出せなかったが、漢語の「詮」については、「アラハス」[11]「ツフサニス」[12]の訓が記されている。この訓は、上記の『漢語大詞典』の「詮」の記述と同様である。

以上のように、中古以前は副詞として用いられる例が見当たらず、副詞用法の初出例は後述する中世前期の変体漢文資料に見られはじめる。なお、名詞用法の例は中世以降においても引き続き見られるが、本論の主たる目的である副詞「所詮」の意味変化を考察するため、次節からは名詞用法については用例数の言及に留め、副詞用法の例を中心に考察を進めていく。

3.2 中世

中世以降の例を見るに当たって、本節以降においては、意味以外に、読みの問題に注目したい。これまで挙げた上代・中古における「所詮」は読みの不明なものであったが、鎌倉後期(建治2(1276)年)の読みを

---

11) 高僧伝巻13・1巻・康和2(1100)年・興福寺(『訓点語彙集成』和訓載録文献一覧、p.290)
12) 大般若経音義・3帖・弘安9(1286)年・天理図書館(『訓点語彙集成』和訓載録文献一覧、p.313)

見ると、「所詮」を「詮スルトコロ」と読み下されている。

(8)　仏⌐語二⌐三無(し)と雖(も)・諸⌐機(の)詮スル所・法⌐蔵既に八⌐
　　　万有(り)。　　　　　　(久遠寺本本朝文粋・建治2(1276)年写、＝(7))

　このことから中世前期においては「所詮」が訓読して使われていたと
見られる。以下ではこのような読みに注目して中世における「所詮」の
使用実態を詳しく考察する。

　まず、中世の古記録・古文書における「所詮」の用例数を表1に資料
別・読み別に示す。読み別とは、仮名書き、もしくは音訓読に関する
符号・ルビによって訓読・音読の別が判断できる例をそれぞれ「訓読」
「音読」の列に、読みの不明な例(漢字表記の例)を「読み不明」の列に記
した。

表1　中世における「所詮」の用例分布①

	訓読	音読	読み不明
玉葉			50
吾妻鏡			17
岡屋関白記			4
民経記			64
経俊卿記			19
後愚昧記			22
看聞日記			99
建内記		1	245
薩戒記			26
上井覚兼日記			1
平安遺文			18
鎌倉遺文	94	1	1937
百舌往来		1	
大日本古文書（家わけ文書）	23	6	1844
入来院家文書			13
台明寺文書			6
鹿王院文書			44
信長文書			24
中世法制史料	64		57

　表1を見ると、中世の古記録・古文書では読みの不明な例が圧倒的に多い。また、読みの分かる例のうち、訓読の例(117例)が音読の例(9例)より多く用いられている。以下では、このような用例分布を踏まえ、その意味を考察する。

　中世において「しょせん」は次の(9)のように変体漢文資料(主に12C以降)において多用されている(中山1986・1995、西村2000)。

(9) a. 就中於レ講経免レ者、器量之僧徒等、可レ令レ領掌レ之処、何非器
　　　　之道俗、可レ領レ彼料免レ哉、所詮於レ不法之給主レ者、為レ社家
　　　　之沙汰、被レ改レ替之、於レ年々犯用之所当レ者、責レ渡于社

家ヲ、可レ被レ致二其勤一之矣

　　（平安遺文3535・肥前国留守所下文案・嘉応2(1170)年3月10日）

b. 武士之中抽ニ群不当之輩候者、早可レ令二召下一候也。可レ被レ処二

　刑輩事欝存候。子細者先度次第令二申候畢。其許否者所詮可レ随

　二御計一候。　　　　　　　　　（吾妻鏡・文治2(1186)年3月16日）

c. 逐上啓、池上之外、猶可レ渡二橋之所定一候歟、尋二奉行出納一、今

　間可下令二下知一給上候、所詮、任レ例可レ致二沙汰一之

　由、可下令二下知一給上候、　（民経記・寛喜3(1231)年5月日未詳）

d. 廿七日、僧正又来臨、先日承之趣、伝二達内府一了、就二其有一令

　レ申旨、所詮訪申之上者、可レ用二御説一之条勿論

　　　　　　　　　　　　　　（後愚昧記・応安3(1370)年3月27日）

e. 室町殿還御有無未二慥説一、於二左衛門督一者已被レ疵帰亭云々、所

　詮大事若出来欤、無二心元一云々、

　　　　　　　　　　　　　　　（建内記・嘉吉元(1441)年6月24日）

f. 在庁官人等寄二事於左右一、擬レ致二今案之妨一、所詮只仰二聖断

　一許也、仍以披陳如レ件、

　　　　　（鎌倉遺文674・東大寺三綱等陳状・建久4(1193)年6月日未詳）

g. 高野山衆徒訴申備後国大田庄事、所詮領家進止庄務乃貢勤否之

　條、即可レ被レ触二沙汰一候歟、

　（高野山宝簡集・巻9・p.124・将軍源実朝書状・建保6(1218)年12月28日）

　（9a）は「とりわけ講経のための年貢免除においては、有能な僧たちが
受け取るべきなのに、どうして無能な僧侶と俗人が不当に免税（免田）
を受け取ってよいものか。結局のところ不法な給主は社家の処置と

し、これを改め、毎年不当に受け取った免税分は社家に渡し、納入させるべきである」、(9b)は「年貢を横領して刑罰を受けるべき連中について既に詳しく伝え終えたが、結局のところ彼らを許すか否かは法皇の命令に従うつもりだ」、(9c)は「橋を掛けても良いという命令をしてほしいのだが、要はこの件に関しても前例に従って措置すべきことを命令してほしい」、(9d)は、「[自家の説と相違があるがあなたの所を訪れて意見をもらったからには、結論としてあなたの意見を用いるのは当然のことだ」、(9e)は、「室町殿が帰還されたかどうかまだ確かな説がなく、左衛門督は既に傷を負って帰宅したということで、つまり大変なことが起こったのだろうか、心配なことだ」、(9f)は「在庁官人等が様々な理由で、[公田の押領を止めようとする]今回の案の施行を妨げようとするが、結局のところ法皇の決断を仰ぐのみである」、(9g)は「高野山の衆徒が訴えた備後国の大田庄について、結論として領家の支配や庄務の年貢の納入に関する処置を指示すべきである」という内容である。(9)のいずれの「所詮」も「結局、つまり、要するに」の意味に取ることができ、事情や経緯を説明した前文脈について結論的な内容を示す箇所で用いられている。

　ここでの「結局、つまり」などという意味は、「所詮」を構成する漢語「詮」の「説き明かす、詳しく表す」という意味を基盤にして、当該事態について究極のところまで考え抜いた最終的な判断結果を表すように転じたものと見られる。これと関連して、『日本語学研究事典』(p.149)や大石(1984)は、中国伝来の漢語が日本の資料に取り入れられる際には一般に体言の資格を持ち、それが和語との融合、接辞や活用語尾を加えて動詞・形容(動)詞を作り出すなどといった方法で漢語の日本語

化[13])が進むとしている。漢語「所詮」の場合は、日本に伝わった当初は仏教用語として名詞用法で使われたが、仏教的内容から離れた日本文献(変体漢文資料)に使われるようになり、その使用環境に応じて、本来の名詞用法の他に、「あれこれの事情・経緯についての結論として述べる」ことを表す「結局、つまり」のような副詞用法に変容して用いられるようになったと推測される[14])。

　また、中世においては上記のように読みが不明な漢字表記の例が大部分であるが、読みが確かな例においては次の(10)のような訓読の例(117例)が音読の例(9例、後掲の例(11))より多く用いられている。

(10) a. 決定心ヲスナワチ深心トナツク、ソノ信心ヲ具シヌレハ、決定シテ往生スルナリ、詮スルトコロハ、タヽトニモカクニモ、念仏シテ往生ストイフ事ヲウタカハヌヲ、深心トハナツケテ候ナリ、

　　　　　　　　（鎌倉遺文1460・源空書状・元久元(1204)年3月14日)
　　 b. 所領ハをやのこゝろニまかすへきよしみ得て候、せむするところ、故明政入道かゆつりにまかせて、政親か濫妨をとゝめて、光蓮一向に進退領掌すへきよし、御下文を申賜らむとおもひ候、

　　　　　　　　（鎌倉遺文5217・尼光蓮申文案・嘉禎4(1238)年3月12日)

---

13) 漢語の日本語化について、佐藤(1971)は「漢語の一般化」「漢語が日常実用の語として用いられる」(p.205)、中山(1986、1995)は「日常(語)化」(p.182)と説明している。
14) このような「所詮」の用法は、同時代において名詞的にも副詞的にも用いられている仏教由来の漢語「畢竟」に似ている。「畢竟」は仏教語として名詞的には「究極、至極」などの意を持ち、副詞的には最終的な結論を述べる意味で「所詮」と同様に「結局、つまり」のような意で用いられていた。

c. 又真阿弥陀仏浄意にゆつりたひ候御ふミともに、こまかに候
へハ、かさねてしさい申すにおよひ候はす、たゝ<u>せんし候</u>
<u>所</u>、この所の一大事ハ、不断念仏にて候に、あまりにむえ
んの御身にハ、御心さしは候とも、心くるしき御事にてこ
そ候へとも、

　　　　(鎌倉遺文7470・僧浄意譲状案・建長4(1252)年8月20日)

d. 此事百姓等先度陳状案令┐進覧┌之候、子細見┐于状┌候歟、庄
官等一切無レ所レ誤候、<u>所詮候</u>、忩企┐参洛┌、可┐明申┌候
也、

　　　　(東寺百合文書と函51・庄官等請文・永仁5(1297)年2月29日)

このように、中世における大部分の例は読み不明の「所詮」の例かそ
れを訓読した例である。また、意味の面でもこれまで挙げた例と同
様、「結局、つまり、要するに」のような意である。
　音読の例は僅かに9例見られるのみである。

(11) a. 政┐所有アルノ┌申旨ムネ┐之間、<u>所-詮ショセン停┐止自由沙-汰シノ┌</u>、

　　　　(鎌倉遺文51289・安芸伊都岐島社政所下文写・仁治3(1242)年正月26日)

b. 戯論の品(将棋、囲碁等)をやめて無言の得を勧めるという内容で、
正月の遊びが列挙されている場面頭レ引、膝┐挟、腕レ押、指レ引、
骨レ抓等、是(レ)┐最(モ)雖┐不(ル)レ難振舞┌、猶貴┐力攉┌肝体也。
<u>所-詮ショセン無言之行、可レ有┐御興行┌</u>。　　(百舌往来・巻上・p.11)

c. いまのさほう、ひてもといかうあくたうのふるまいなるうえ
ハ、けんみちの御さたあるへし、<u>しよせん</u>このくわん、神

りよにかなふ物ならハ、御かくらよくりうのちやうほんに
をいては、神りよとして御ちはつあるへし、

　　　(石清水文書175・比丘尼聖通願文・永和5(1379)年正月25日)
　d. かやうに愚意をのこさす申入候うへは、しよせん御大事を身
　　　のたいかうと存、自然とあうしうにおほせ候するしさい候
　　　時ハ、

　　　(島津家文書329・島津久豊外一名連署起請文・応永7(1400)年4月8日)
　e. [正遷宮施行に関する] 正文ハふけ [武家] へつかはし候、あん
　　　もん[案文]うつしてまいらせ候、しよせんこの事ハ上さまにハ
　　　しろしめし候はしく候、　　　(建内記・文安4(1447)年11月13日)

　(11a)は漢字表記の「所詮」を「ショセン」と音読しているのが見て取れ
る。しかし(11a)は鎌倉時代の文書ではあるが、その加点の時期は特定
できず、室町期以降である可能性も考えられる[15]。この(11a)を除け
ば、残りは中世後期(14C後期以降)の例である。(11b)の往来物『百舌往
来』(国立国会図書館蔵本、現在『異制庭訓往来』と呼ばれる)は延文・
慶安(1358-1372)年間の成立とされるが、書写と訓点の時期については
室町中期以降と推定されるものである。仮名書きの例(11c)(11d)(11e)
を含め、(11)のいずれの例においても、意味の面では前述した例と相
違は見られず、前文脈で取り上げられた事柄について「結論を述べれ
ば、要するに」といった意味で用いられている。

---

15)　小林(1959)が指摘するように「室町時代も中期以降の訓読資料には、連体形に「ノ」
　　をつけて読む例を見る」(p.62)ことからも、例(11a)の「之間」の訓点は中世前期では
　　なく、後期以降付けられた可能性が高い。

　また、上記の仮名書きの例(11c)(11d)(11e)に関連して言えるのは、漢語由来の語が日本語化する過程において漢字表記の傍ら、仮名表記の例が散見されるという点である[16]。これは、意味の面では漢語の持つ原義や構文的特徴から離れ、和語として受容され、和語特有の使われ方で用いられているということである。「所詮」の場合は、日本に受容されてから副詞用法が発生し、「経典によって解き明かされた内容」という意味から「結局、つまり」という結論的な内容を述べるという意味へ展開したことが窺える。

　次に中世の和文資料における「所詮」を考察する。まず、各資料に見られた「所詮」の用例数を表2に示す。

---

16) 例えば、漢語由来の副詞「せっかく(折角)」(第５章参照)も和語特有の意味が成立するにつれ、仮名表記の例が増加する傾向が見られる。

表2 中世における「所詮」の用例分布②

			訓読		音読		読み不明		その他
			会話・心内文	地の文・手紙	会話・心内文	地の文・手紙	会話・心内文	地の文・手紙	名詞用法
中世前期	歌合	六百番歌合						1	
	歌論	毎月抄						1	
	史論	愚管抄		1					
	説話	宇治拾遺物語	1						
	軍記物	保元物語					4		
		覚一本平家物語	4						1
	仏教関連	桐尾明恵上人遺訓							1
		敷英抄		1					
		親鸞消息		11					
		道範消息						2	
		正法眼蔵随聞記		1				3	1
		立正安国論					2		
		開目抄	1	5					3
		日蓮消息						1	
		沙石集							5
		一遍上人語録		1				4	3
		一言芳談						3	
		真言内証義							1
	日記	とはずがたり		1					
計（63）			6	21	0	0	6	15	15
中世後期	軍記物	曾我物語					5	1	
		土井本太平記	17	1			4		
		義経記	5	1			4		
		謡曲			8		8		
		幸若舞曲			3		1		
	能楽論	風姿花伝			3				
	歌論	正徹物語							1
		連理秘抄					2	3	
		吾妻問答						2	
	御伽草子	御曹子島渡					1	1	
		嵯源氏草紙					1	1	
		二十四孝					1		
		猫のさうし					1		
		あきみち					1		
		三人法師					1		
		秋夜長物語					1		
	抄物	論語抄						1	
		中華若木詩抄						3	
		湯山聯句抄					1		
	キリシタン	天草版平家物語			3				
		エソポのハブラス			6	1			
		どちりなきりしたん			1	1			
		こんてむつすむん地		1		9			
	狂言	虎明本狂言			2		4		
		狂言六義			5		1		
計（112）			22	3	28	11	35	12	1

　表2から、中世の古記録・古文書と同様に、読みの不明な漢字表記の例が大部分であること、また訓読の例(13C前期以降)が音読(14C後期以降)の例より早く出現することが確認できる。また、中世前期においては仏教的な教訓や逸話を綴った説話類や軍記物に多用されていることも分かる。さらに、中世後期になると、音読の例が訓読の例より

多く使われていることが見て取れる。以下ではこのような用例分布を
踏まえ、その意味を考察する。

　まず、次の例は中世前期の例である。

(12) a. [為義降参の事]「…降人にいづるにも及ばず、又出家遁世とし
　　　　て乞食沙門の身となるべきにてもなし、さのみ又かくても
　　　　いつを限とも候はず、<u>所詮</u>為朝がはからひ申さむにつかせ
　　　　給へ、…」　　　　　　　　　　　　(保元物語17)・巻中・p.137)

　　 b. 又云「…かくのごとく領解するを三心の智慧といふなり、その
　　　　智慧といふは、<u>所詮</u>、自力我執の情量を捨うしなふ意なり」
　　　　　　　　　　　　　　　　　　　　　　(一遍上人語録・p.126)

　　 c. 乗願房云、「さすがに歳のよるしるしには、浄土もちかく、決
　　　　定往生しつべき事は、思ひしられて候也、<u>所詮</u>、真実に往生
　　　　を心ざし候はんには、念仏は行住坐臥を論ぜぬとなれば、
　　　　たゞ一心に、ねても覚ても、たちゐ、おきふしにも、なむあ
　　　　みだ佛／＼と申て候は、決定往生のつとゝおぼえて候な
　　　　り、…」　　　　　　　　　　　　　　　(一言芳談・p.202)

　(12a)は、「降参することや出家して僧になることなどをしても、(こ

---

17)　金刀比羅本を底本とする『日本古典文学大系31』の本文を使用したが、その「所
　　詮」には「しょせん」と振り仮名が付いている。しかし、金刀比羅本は書写年代が
　　定かでなく、最古の書写年代の伝本(文保2(1318)年写)や金刀比羅本と同系統で
　　最も古い伝本(宝徳3(1451)年写)などとの関係から室町期前半頃に成立した可能
　　性も考えられる。このことから、本章では『保元物語』が成立したとされる中世
　　前期(1223年頃)の「所詮」の読みとして金刀比羅本の振り仮名を採用せず、読み
　　の不明な例と判断したため、振り仮名を付けないことにした。

の戦は)いつが終りということもないので、<u>最終的には</u>為朝の考えに
従ってほしい」ということである。この例においても「所詮」は中世前
期の古記録・古文書の例と同様、「結局のところ」という意味に読み取
れる。(12b)(12c)は鎌倉期の仏教書の例で、いずれも仏教の教義を説
いた内容の要点を述べる時に使われ、「結局、つまり、要するに」と
いった意味で解される。

　また、次の(13)のように訓読の仮名表記の例も軍記物や仏教書など
に散見されるが、意味は上記の(12)と同様である。

(13) a. 示云、当世学道スル人、多分法ヲ聞時、先好ク領解スル由ヲ
　　　　知ラレント思テ、答ノ言バノ好ラン様ヲ思フホドニ、聞ク
　　　　コトハ耳ヲ過ス也、<u>詮ズル処</u>道心ナク、吾我ヲ存ズル故
　　　　也、　　　　　　　　　　　　　　　　　（正法眼蔵随聞記・p.328）
　　 b. 僧正なく／＼御坊を出て、粟田口のほとり、一切経の別所へ
　　　　いらせ給ふ。山門には、<u>せんずる所</u>、我等が敵は西光父子
　　　　に過たる者なしとて、彼等親子が名字をかいて、根本中堂
　　　　におはします十二神将の内、金毘羅大将の左の御足の下に
　　　　ふませ奉り、　　　　　　　　　　（覚一本平家物語・巻2・p.143）
　　 c. 此故に身をすてゝ行じ、心をつくして修すべし、このことは
　　　　りは、聖道浄土ことば異なりといへども、<u>詮ずるところ</u>こ
　　　　れ一なり、　　　　　　　　　　　　　　（一遍上人語録・p.103）

　一方、中世前期において確実に音読したと見られる例は皆無ではな
く、院政期辞書『色葉字類抄』に1例見られる。次の(14)を見ると、「所

詮」単独の語形は載っていないが、「し」の部に「無」が付いた「无所詮」が
載っている。「无所詮」には「シヨセンナシ」という仮名が付されてお
り、音読したことが見て取れる。

(14) 无所詮^{シヨセンナシ}　　　　　（前田本色葉字類抄・巻下・85ウ2）

　この場合の「ショセンナシ」について、西村(2000)は「一語化したもの
であり「どうしようもない」という意味であって、「結局」「つまるとこ
ろ」「要するに」という意味ではない」と述べ、同時期(院政期〜鎌倉期)
の古文書の例と異質なものとして扱っている。「所詮」の意味変化を捉
える上で、上記の『色葉字類抄』の「ショセンナシ」の例をどう解釈する
かは大きな問題である。本書の立場としては「所詮無し」を一語化した
ものとして別扱いするのではなく、「所詮」に形容詞「無し」が後続した
ものとして同時代の資料における他の例と関連づけて分析することを
試みるが、詳細は4節で考察する。

　以上のような副詞用法の他に、次の(15)のように名詞用法の例も引き
続き見られる。(15)のa・bは、仏教の教えにおける「究極とするところ、
要点」のような意を表す。一方、(15c)は仏教的文脈から離れ、和歌に対
する注釈を述べたものであるが、この例での「所詮」は当該和歌が表現し
ようとする「究極のところ、核心」といった意味の他に、「(分かりにくく
歌うことによる)効果」のような意味にも解される。

(15) a. 小原ノ僧正、四十八日ノ間、往生要集ノ談義セサセ給ケリ。法
　　　　然房ノ上人、春乗房ノ上人ナムド聴衆ニテ、小原上人坐ニ列

リテ、如法ニ菩提ノ為ノ談義ニテゾアリケル。四十八日終
テ、人々退散シケルニ、法然房、春乗房両上人斗、ハシ近ク
ヰテ、法然房被申ケルハ、「此程ノ談義ノ<u>所詮</u>、イカバ御心エ
候」ト被問ケレバ、　　　　　　　　　（沙石集・巻4・p.193）

b. 或は小智有る者の深法の片端を聞て即未得已証の思を成し、精
進修行する事無く、善悪平等の見を起す、大なる誤り也。此故
に得聞法、専ら精進して三摩地現前するを為<u>所詮</u>。

（真言内証義・p.229）

c. 「「ゆふしでも我になびかぬ露ぞちるたがねぎごとの末の秋風」の
歌について] さては人はあはじと祈るやらんといふ心を「たがね
ぎごとの末の秋風ぞ」といひたる心也。ねぎ事はいのる事也。
これを人の難ぜばたれか「『我に逢はじと人や祈りし』と詠めか
し。六借敷かくいひての<u>所詮</u>は」といふべきか、

（正徹物語・巻上・p.174）

　次に、中世後期の用例を検討する。まず、『日葡辞書』の記述を取り
上げる。次の(16)のように「所詮」の訓読と音読の両方が載っているこ
とから、中世後期は「所詮」には2つの読み方があったことが分かる。
ただし、意味の面では、どちらの読みにも使用初期からの主な意味で
ある「遂に、結局」が記述されており、現代語で音読の「所詮」が持つ否
定的意味は記載されていない（例文は載っていない）。

(16) a. Xenzurutocoroua. センズルトコロワ(詮ずる所は)すなわち, 道
理の結論においては,または, 結局は.　（邦訳日葡辞書・p.754）

b. Xoxen. ショセン(所詮)遂に，または，結局.　　　（同・p.796）

　用例について見れば、中世前期に引き続き、後期においても漢字表記の例が最も多く見られる。一方で、訓読の例は中世後期の口語体資料である狂言や抄物においては見当たらず、前期の軍記物に続いて『土井本太平記』『義経記』にそれぞれ18例と6例、キリシタン資料に1例の25例が見られる。後者のキリシタン資料の1例は当時の口語を反映しているとされる資料ではなく、文章語的性格が強いとされる『こんてむつすむん地』から採集した例である点に注意が必要である。

(17) a. [堀口美濃守の貞満が山門から還幸しようとする後醍醐天皇へ]「…
　　　　しかれども今洛中数箇度の戦ひに、朝敵勢ひ盛りにして、官軍
　　　　頻りに利を失ひ候こと、まつたく戦ひの咎にあらず、ただ帝徳
　　　　の欠くるところに候か、よつて御方に参る勢の少なき故にて候
　　　　はずや、せんするところ、当家累年の忠義を捨てられて、京都
　　　　へ臨幸成るべきにて候はば、ただ義貞を始めとして、当家の氏
　　　　族五十余人を御前へ召し出だされ、頭を刎ねて伍子胥が罪に比
　　　　し、胸を裂きて比干が刑に処せられ候べし」

　　　　　　　　　　　　　　　（土井本太平記・巻17・1258行）

　　b. 弁慶思ひけるは、人の重宝は千揃へて持つぞ。奥州の秀衡は
　　　　名馬千疋、鎧千領、松浦の太夫は胡□千腰、弓千張、斯様に
　　　　重宝を揃へて持つに、われ／＼は代りのなければ、買いて持
　　　　つべき様なし。詮ずる所、夜に入りて、京中に佇みて、人の
　　　　帯きたる太刀千振取て、我が重宝にせばやと思ひ、夜な／

　　　＼人の太刀を奪ひ取る。　　　　　　　　　　　　（義経記・p.119）

　　c. 何とてはやく人をしんするぞ□人よりそうきやうせられ、あん

　　　じよ[天使なりとおもはるゝとも、せんする所われらは人なれ

　　　ば、よはくもろきものなり。

　　　　　　　　　　　　　　　　　　　（こんてむつすすむん地・巻3・p.351）

　　上記の訓読の例に比べて、次のように中世後期には仮名書きの音読
の例が多く用いられている。

　(18) a. 別武「やさしく申すものかな。つよき弓の所望か、よはき弓の

　　　　所望か」百合若「同じくはつよき弓所望にて候」別武「安き程の

　　　　事」とて筑紫にきこふるつよ弓を、十ちやうそろへまいらせ

　　　　けれは、二三ちやうをしならへ、はら／＼と引きおつて百合

　　　　若「いづれも弓かよはくして、ことをかきぬ」と仰せけり。別

　　　　武是を見て「きやつはくせ者かな。しよせん右大臣のあそば

　　　　したるかねの弓箭をいさせて見よ」

　　　　　　　　　　　　　　　　　　　（謡曲・百合若大臣・p.284）

　　b. 大名「すまふの者もあまたあれども、はう／＼へやつてたれも

　　　　なひ、すまふは見たし、あひてはなし、しよせん身共がとら

　　　　ふが、あひてにせうがとふてこひ」

　　　　　　　　　　　　　　　　　　　（虎明本・かずまふ・p.211）

　　また、中世後期の使用実態について注目すべき点は、次の(19)のよ
うに現在のような「結局のところ、当該事態は仕方ないことだ」という

否定的意味が読み取れる「所詮」の例が見られ始めるという点である。さらに構文的な面においても前期に比べると、文法的否定形式の「ない」を伴っている例や語彙的否定形式（「無益、無用」などのマイナス的意味を表す語）と共起した例が増えている。

(19) a. [左近尉→子方の花若]「何と左近の尉は情なき者と仰せ候ふか。まづ御心を静めて聞しめされ候へ。人の御留守などと申すは、五十日百日、乃至一年半年をこそ御留守とは申せ、既に十箇年の余、扶持し申したる左近の尉が情なき者にて候ふか。所詮ことば多き者は品少なしにて候ふ程に、花若殿御出あつて鳥御追ひなくば、この家をあけて何方へも御出で候へ」

（謡曲・鳥追舟・p.311）

b. 重ねて狼、「汝はなぜに雑言するぞ」と大きに怒つたれば、羊の言ふは、「我はさらに悪口を申さぬ。ただ咎のない謂を申すばかりぢや」と、その時、狼「所詮、問答は無益ぢや。何であらうともままよ。是非におのれをば、わが夕食にせうずる」と言うた、

（エソポのハブラス・p.444）

c. [京中の猫を繋ぐ紐を解き放せとの沙汰について各地の鼠共が談合する場面]其中に分別顔する鼠、進み出て申すやう、「所詮此体ならば、命と中違ひのほかは有べからず、いかゞしてか此度の命、のびなん」と、いろ／＼評定したりけり、

（猫のさうし・p.304）

d. 魯国の柴老は、父に後れ、その歎きやむ事なし、喪に入て、血の涙を流し、泣く事三年となり、其後笑といへ共、歯を現す事なし。か

の柴苙といふ者はたゝの涙おも流さす□、血の涙を流し三年まてさへ泣いたるそや、<u>所詮</u>、下手の<u>長談議</u>は<u>無用</u>の物□、其上、此中万お肝入で、定而施主のおくたびれでもあらうず、とかく廻句申さう、

(狂言六義・啼尼・p.672)

3.3 近世以降

　表3は近世資料における「所詮」の用例数を資料別・読み別に示したものである18)。「その他」の「判断不能」は後続文が省略されて判断できない例である。

表3 近世における「所詮」の用例分布

			訓読		音読		読み不明		その他	
			会話・心内文	地の文・手紙	会話・心内文	地の文・手紙	会話・心内文	地の文・手紙	名詞用法	判断不能
近世前期上方語		仮名草子	4		7		10		1	
		浮世草子		4		1	7	1		
	浄瑠璃	世話物		1			3			
		時代物		1			16	4		
		歌舞伎			8	2				
		噺本	2		6	1	5	2	1	
		その他(歌学・俳諧・心学)		1			3			
		計(92)	6	7	21	4	44	8	2	0
近世後期上方語	浄瑠璃	世話物					3			
		時代物					11	1		
		歌舞伎					7			1
		噺本			4		6			
		談義本					3	1		
		読本					1			
		洒落本					2			
		計(40)	0	0	4	0	33	2	0	1
近世後期江戸語		歌舞伎					9			1
		噺本			9	2	5		1	
		読本					4			1
		黄表紙本			1		3			
		洒落本			5	2	6		1	
		滑稽本			1		4			
		人情本					6	1		1
		計(63)	0	0	16		37	1	2	3

---

18) 因みに近世期の文書においては「醍醐寺文書」(1例)、「大徳寺文書」(1例)、「高野山文書(又続宝簡集)」(5例)、「毛利家文書」(1例)、「井伊家史料」(7例)に読みの不明な例のみが計15例(内訳：名詞用法1例、副詞用法10例、「所詮無し」4例)見られる。

　まず、訓読の場合は「詮」の表す「説き明かす」という意味を保ったままの例が近世前期において少数見られるが、近世後期の例は今回の調査範囲では見出せなかった。

(20) a. 茶屋の亭主「侍程の人、料足なくは、[餅を]くふましきにてこそあらめん、とかくわやく也、いさ板倉殿へゆけ」と、町の年寄をつれたち、所司代へ出る。茶屋、右の趣を申せは、此事如何にと尋問るゝに、侍も陳ずへきやうなし。伊賀守、双方を聞て、「<u>詮する処</u>、是は八十疋の料足さへとれは、茶屋もいひ分あるましきか」と問はる。

（〔上・噺〕醒睡笑・巻4・p.119）

　　b. [おさんと茂兵衛を捕まえている代官の役人へ]お玉の伯父「われらはだいぎやうじいしゆんがげぢよ、玉と申者のうけ人すなわち伯父、あかまつばいりうと申もの、此たびおさん茂兵衛かけおちの事ゆめ／＼両人の不義はなく、此の玉がよしなきことばを聞ちがへしつとの心あまつて、聞ちがひのあやまりにておもはず不義のきよめいをとる事、<u>せんずる所</u>玉めが口からなすわざとが人は一人、すなはち玉が首うつて参るからは、両人の命御たすけ下さるべし」

（〔上・浄〕大経師昔暦・p.563）

　これに対して、音読の例は中世後期に引き続き多用されている。その中でも、近世以降の全体的な傾向として、現在の使われ方と同様の名詞述語文や文法的・語彙的否定形式と共起した例が増加しているこ

とが注意される。

(21) a. 爰に藤内弟藤八、今年十六になれるが、兄やみやみと討れたるを無
　　　 念に思ひ詰、<u>所詮</u>敵は半之丞、年来の心底翻したる侍畜生、今は
　　　 欠込て一太刀恨みん。　（〔上・浮〕武道伝来記・巻3・p.479）
　　 b. ある時、蟒山道に出て、人をくわんと思ひ、まちいける。そ
　　　 れをしらずして、一人の若き男通りけるを、何ンのくもなく
　　　 ぐつとのミて、まひとりものミたき事と思ふ折ふし、うつく
　　　 しき女、通りける。是ハいよ／＼うまさふなやつと、又ぐつ
　　　 とのミける。腹の中にて、男と女とはなしするをきけバ、前
　　　 かたのなしミの客と女郎と、ひとつに呑れたる也。<u>しよせ</u>
　　　 <u>ん</u>、もとのせかいへ出てそハれぬからハとて、腹の中にて心
　　　 中して死ける。　　　　　　　（〔上・噺〕軽口大黒柱・p.49）
　　 c. [内会のめくり [素人の賭博] に行って負けてから]きおひ辰→仲
　　　 間の同吉「…モウそふなると、あわふてや二の割[めくり札の不
　　　 正手段カ]が出たくなるから、<u>しよせん</u>おいらにやァめくりはそ
　　　 んだと見きつて、一ぱへ呑せてくれろと、てら銭をうけつこさ
　　　 [寺銭として積んだ金を借り受ける意カ]」
　　　　　　　　　　　　　　　　（〔江・洒〕卯地臭意・p.345）
　　 d. おのし[御主]が子なら、男だとも女ともいヘバいゝが、鬼子だ
　　　 ともいわれると、外聞がわるい。ハテ、おに子なら見世物に
　　　 出して銭もふけをするわい。なにさ、<u>しよせん</u>辻八卦、言事
　　　 があたる物しやァねへ。　（〔江・噺〕無事志有意・p.199）

　表4は中・近世の和文資料の「所詮」が共起する述語の種類別に用例数の推移を示したものである。括弧内は文法的・語彙的否定形式を伴う用例数を指す((文法的否定形式を伴う例数／語彙的否定形式を伴う例数)の順で示してある)。

表4 副詞「所詮」の後続文における述語形式の推移

	訓読				音読				読み不明			
	名詞	形容動詞	形容詞	動詞	名詞	形容動詞	形容詞	動詞	名詞	形容動詞	形容詞	動詞
中世前期	3 (1/-)	−	2	22 (1/2)	−	−	−	−	5	1	−	15 (-/1)
中世後期	4	−	1	20 (-/2)	4 (-/2)	2	3 (-/1)	30 (2/-)	7 (-/1)	2	3	35 (4/1)
近世前期上方語	3	−	−	10	3	−	−	21 (5/4)	6 (1/4)	1 (-/1)	4 (1/1)	40 (9/12)
近世後期上方語	−	−	−	−	−	−	−	4 (3/0)	5 (-/3)	−	4 (-/2)	26 (20/4)
近世後期江戸語	−	−	−	−	4 (-/1)	4 (-/4)	3 (-/3)	10 (9/-)	2 (1/1)	1 (-/1)	5 (-/4)	30 (24/5)

　表4から明らかなように、「所詮」は中世後期以降、読みの不明な例と音読の例において否定の「ない」を伴った文法的否定形式の例や、好ましくない内容を表す語彙的否定形式の例が増えていく。このことから読みの不明な例も構文上、音読の例に類似した振る舞いをすることが見て取れる。ただし、中世後期と近世前期における音読の「所詮」には、現代語における「所詮」のような否定的意味を持たず、訓読の例と同様に「結局、つまり、要するに」のような意味に解される例が依然として多く見られる。また、近世前期までの「所詮」は動詞述語と共起した例が多く、構文の面においても現代語の用法と振る舞いを異にしている例が散見される。しかし、いずれにせよ、近世に入ると、動詞述語文自体の例は散見するものの、語彙的・文法的否定形式と共起した動詞述語文の例が増加傾向にあり、意味的・構文的な面において現代語の用法と同様の解釈ができる例が見られることは注目すべきである。

　時代は下るが、参考までに近代初頭の辞書『和英語林集成』の記述を

確認しておく。

(22) a. SENZURU-TOKORO センズルトコロ 所詮 adv. In fine, the sum
of it, the upshot of the matter, conclusion. Syn. HIKKYō, TSUMARI.
(3版・1886年)

b. SHOSEN シヨセン 所詮 adv. In the end, at last, after all, by all
means. Syn. HIKKYō, TSUMARI, TOTEMO. (同上)

まず、(22a)の訓読の「詮ずる所」は副詞としての使用初期の意味である「In the end, at last, after all」(「結局、つまり」など)が記されている[19]。これに対して、音読の「所詮」については、(22b)のように、訓読の例と同様の「In the end, at last, after all」(「結局、つまり」など)の記載に加えて、多くの場合否定形式と共起して使われている副詞「とても(TOTEMO)」も記載されている[20]。このような記載内容からも、中世後期以降見られ始めた訓読と音読の例における意味の相違が確認できる。

なお、近世から現在までの用例においては「所詮」の名詞としての使用例はごく僅かしか確認できず、副詞としての使用例が大部分を占める。

---

19) この他の幕末明治期の洋学資料(S.R. ブラウン『Colloquial Japanese』とアーネスト・サトウ『KUAIWAHEN』)には「所詮」の例が見られなかった。一方、明治期の雑誌『太陽』には音読の例と見られる「所詮」が105例(内訳(文語/口語)：1895年(38/8)、1901年(8/13)、1909年(6/15)、1917年(2/6)、1925年(0/9))、「詮ずる所」が18例(内訳：1895年(5/0)、1901年(6/0)、1909年(1/2)、1917年(0/4)、1925年(0/0))見られた。

20) このような記載内容は今回調査することのできた8版(1906年)にも同様に引き継がれている。

4. 史的変遷のまとめ

　本章では、漢語(仏教語)出自の「しょせん」が、どのようにして現在のような当該事態に対する話し手の否定的評価を表す副詞となったのか、訓読「せんずるところ」と音読「しょせん」の例に注目して、その成立過程と意味変化の様相を考察した。

　「しょせん」は、「仏教の経典によって説き明かされる内容、究極のところ」という意味の漢語「所詮」を語源とし、中世前期に「あれこれの事情・経緯についての結論として述べる」ことを表す「結局、つまり」のような副詞用法へ変容して用いられはじめた。中世後期以降、音読の「しょせん」に文法的否定形式や語彙的否定形式と共起する例が増え、単独の副詞用法で「どうしようもない、仕方がない」の意味で用いられるようになった。本節ではそのような変化が生じた背景について考える。

　結論を先に述べれば、音読の「しょせん」において否定的意味を表すようになった契機として、「所詮」における漢語「詮」の使われ方との関連を指摘する。まず、中・近世の和文資料における「詮」の用例数を次の表5に示す。

表5 中・近世における「詮」の用例分布

	典型的名詞	詮無し	詮有り		その他	合計
中世前期	43	48	4	2	1 (詮な)	98
中世後期	12	57	1	1	―	71
近世前期上方語	4	85	―		1 (詮するに)	90
近世後期上方語	1	12	―		―	13
近世後期江戸語	0	15	―		―	15

＊「詮有り」に関しては、左側の用例数は反語表現として使われる場合を意味する。

　以下では、表5に示した用例分布をやや詳しく見ていく。漢語「詮」
は中世以降の日本文献において、主に名詞として用いられる。

(23) a. 問云、「この二の体、いづれかよみやすく、又秀哥をも得つべ
　　　　き」答云、「中古の体は学びやすくして、然も秀歌は難かるべ
　　　　し。詞古りて風情ばかりを<u>詮</u>とすべき故也。今の体は習ひ難
　　　　くて、能心得つればよみ安し。其様珍しきにより、姿と心と
　　　　に亘りて興有るべき故也」　　　　　　　　　　（無名抄・p.85）
　　　b. 天竺・唐土ノコトヲコヽニテ口キキタル説経師ノ申ニナレバ、
　　　　カノ国々ノコトバニテハナケレドモ、道理ノ<u>詮</u>ノタガハヌホド
　　　　ノコトハ、ゲニ／＼トイフヲコソハ正説トハ申コトナレバ、サ
　　　　コソ申サレケメ。　　　　　　　　　　　　　（愚管抄・p.166）

　(23)の「詮」は、名詞用法の「所詮」と同様に「究極、肝要、要点」の意
味で用いられている。中世の和文資料における名詞用法の「詮」は全用
例(169例)中55例(約33％)見られる。
　また、「詮」には、次の(24)のように「詮無し」といった表現で用いら
れている例(全169例中105例(約62％))が見られる(例内の「無し」は点線
で表示)。

(24) a.「我を見まほしくおぼさば、心を発して仏道をねがひ給へ。此
　　　　の世にては、縦ひ思ふばかりそひ奉りたりとも、いつまでか
　　　　見奉らむ。我も人もおくれ先立つならひ遁れがたければ、<u>せ</u>
　　　　<u>んなく</u>侍るべし」とつれなく答へて、　（発心集・巻7・p.210）

b. 九国のともがら大略具すべき由申けるを、「身の咎をちんじ申
　　さむ為に参候。大勢引ぐしては、為朝こそ九国の大勢を催て
　　上なれ。謀叛を発さんとずるかなんど、讒言をかうむりて<u>詮</u>
　　<u>なし</u>。心ざしあらん人々は、をつて上べし。」とて、只一人
　　ぞのぼりける。　　　　　　　　　　　　（保元物語・巻上・p.87）

c. 一切衆生のためならで、世をめぐりての<u>詮もなし</u>

　　　　　　　　　　　　　　　　　　　　（一遍上人語録・p.91）

d. <u>せんなき</u>ことをのみおもふころ、いかでかかゝらずもがなとお
　　もへど、かひなき心うくて、　　　（建礼門院右京大夫集・p.451）

e. 義貞「これは曩祖八幡殿、後三ねんのいくさのとき、願書を添
　　へて、篭められし御旗なり、奇特の重宝といひなから、中黒
　　の旗にあらざれば、当家の用に<u>せんなし</u>」とのたまひけるを、

　　　　　　　　　　　　　　　　　　（土井本太平記・巻14・49行）

　この「詮無し」は(24c)の「詮も無し」のように助詞「も」を伴って使われ
る例も見られることから「詮」の名詞用法に相当するものであるが、
「詮(も)無し」全体で形容詞的表現と見做せるため、(23)のような典型
的な名詞用法の例と区別して扱う。因みに次の(25)のような反語表現
として使われる「詮有り」の例(全169例中8例(約5％))が見られ、その内
反語表現は8例中5例)は、(24)の「詮無し」と同様の意味を表すものと見
做せる(例内の「無し」と「有り」は点線で表示)。

(25) a. げにいかにおそろしき物なれども、哥によみつれば、優にきゝ
　　　なさるゝたぐひぞ侍る。それにもとよりやさしき花よ月よな

　　　どやうの物を、おそろしげによめらんは、何の詮か侍らん、

　　　　　　　　　　　　　　　　　　　　　　　　　（毎月抄・p.128）

　b.　身のゆく末も思ひやられ、君の御名残のほどもかなしければ、
　　　泣々後をかへりみて涙にくれ、足にまかせて落行ば、中有にま
　　　よふ罪人もおもひしられてあはれ也。院も此有さまにては、兵
　　　共ありとも何の詮かはあるべきとおぼしめされつれ共、

　　　　　　　　　　　　　　　　　　　　　　（保元物語・巻中・p.122）

　　上記の(24)(25)のような「詮無し」や「詮有り」の反語表現で使われるこ
とによって、「詮」は元来の意味（「究極、肝要、要点」）ではなく、「効
果、価値、甲斐」といった意味に解されるようになった。それは、当該
の事柄について「究極、肝要、要点が存在しない」という意味から「価値
や使い道がない」「大したことない」といった意味に解されるようにな
り、そこから「どうしようもない、仕方がない」の否定的意味に転じて
使われるようになったと考えられる。「詮無し」のような語法と否定的
意味に傾く変化は、中古の和文資料において同じく「どうしようもな
い、仕方がない」の意味を持つ「せむかたなし」「せむすべなし」「すべな
し」「ずちなし」「わりなし」などの表現にも見られる21)。このように、

---

21)　因みに『日葡辞書』の記述を参照すると、次の(i)のように「詮」の名詞用法の掲
　　載も見られるが、「主要、要点」や「結末、結局」のように仏教語由来の意味と同
　　様である。また、(ii)の「詮無い」は「どうしようもない」の否定的意味ではな
　　く、字義通りの意味が載っているのみであるが、その理由についてはなお考え
　　たい。
　　(i) Xen, セン(専・詮)Moppara(専ら)に同じ. 必要なこと. ¶Core xende gozaru.(これ専
　　　でござる)これが重要なことである, など. ¶Xenuo toru tocoroua.(詮を取るところ
　　　は)主要なことを要約すると, または, 主なところを締めくくると. ▶次条.
　　　† Xen, セン(詮)Xoxen(所詮)に同じ. 結末, 結局　　　（邦訳日葡辞書・p.749）

漢語「詮」は中古和文における「せむかたなし」などの形容詞的表現に倣って、中世以降「どうしようもない、仕方がない」の意味を表す「詮無し」の表現で使われたと見られる。また、この「詮無し」の例と同時期に「所詮無し」の例も用いられている[22]。ただし、中世の和文資料において「所詮無し」は、「所詮」の全用例(前掲の表2の中世前期の63例と後期の112例の合計175例)中僅かに5例(約3％)見られるに過ぎず、上記の「詮無し」の例に比べると非常に少ない。その代わりに「所詮」の大部分の例は3節で述べた通り、副詞用法の例(前掲の表2の全175例から「その他」の16例を除いた159例(約94％))で用いられている。

(26) a. 人トバ「ヒジリナラズ、非分ノ要事云人トカナ」ト、無_所詮_思フトモ、我ハ捨_名聞_、一分ノ人ノ利益トナラバ、真実ノ道ニ可_相応_也、　　　　　　　　　(正法眼蔵随聞記・巻2・p.352)

　　 b. 重盛「たとひ五経の説を詳にして、衆病をいやすと云共、豈先世の業病を治せむや、もしかの医術によって存命せば、本朝の

(ii)† Xennai. センナイ(せんない)例, Xennai coto.(せんない事)あまりあらわでもないし，明らかでもない事.　　　　　　　　　　　　　(同・p.751)

22) 因みに、「詮無し」相当の反語表現として使われる「詮有り」があるように、「所詮無し」相当の反語表現として使われる「所詮有り」の例も1例見られる。
　(ⅰ)若近代の学生の云ふ様なるが実の仏法ならば、諸道の中に悪き者は、仏法にてぞ有ん、只思に心得ざる人を友としては、何の所詮かあらん。
　　　　　　　　　　　　　　　　　　　　(栂尾明恵上人遺訓・p.62)
　なお、中世以降の変体漢文資料にも「詮無し」「所詮無し」の形容詞的表現の例が見られる。
　(ii)a. 漏_故左府御祈_之間、宗清年来一向之御祈似_無_詮、
　　　　　　(鎌倉遺文3361・田中宗清願文・元仁2(1225)年3月日未詳)
　　 b. 百姓等任_申請之旨_、致_沙汰_之処、近年預所令_在国_、所当公事等、依_致_厳密之沙汰_、無_所詮_。
　　　　　　(鎌倉遺文20806・若狭太良荘預所申状案・正安3(1301)年6月日未詳)

　　医道なきに似たり、医術効験なくむば、面謁所詮なし」

　　　　　　　　　　（覚一本平家物語・巻3・医師問答・p.244）

　c. 弟子ノ児ノ中ニ、朝夕心ヲスマシテ、和歌ヲノミ詠ズルアリ
　　ケリ、「児共ハ、学問ナムドスルコソ、サアルベキ事ナレ、
　　コノ児、歌ヲノミスキテ、所詮ナキ物ナリ。アレ体ノ物ア
　　レバ、余ノ児共モ見マナビテ、不用ナルニ、明日里へ返ヤ
　　ルベシ」ト、　　　　　　　　　　（沙石集・巻5・p.220）

　これらの「所詮無し」の読みにおいては、訓読（「せんずるところなし」）
の可能性も排除できないが、「詮無し」の表現と並行して同時代の和文資
料で用いられていることから考えると、上掲の『色葉字類抄』で見たよう
に「しょせんなし」と音読された可能性が高いと推察される。なお、近世
の例では「しょせんなし」の音読の仮名書きの例が確認できる。

（27）ときにこのそう申けるハ、それにかくれゐたまふ御房是へ出ら
　　れ候といふ。一休さてハ見付られたりとおもひて、何のように
　　候やと申さるゝ。いや御ばうのゐんぎやうのゐんのむすびやう
　　のわるくて見ゆるぞ、是へおハしませ、をしへ申さんといふ
　　時、一休こゝろあんどしてそばへより給ふ。こま／＼とをしへ
　　てさらは物見給へ、しょせんなきやつばらに、見せ申さじとぞ
　　んじ、　　　　　　　　　　（〔上・噺〕一休諸国物語・p.274）

　このように、「詮無し」と同様に「所詮」も中世以降「所詮無し」の表現
で使われることによって、それまでにはなかった「効果、価値」の意味

が名詞用法の「所詮」に加わり、それに伴い、「どうしようもない、仕方がない」の否定的意味を読み取る余地が生まれた[23]。ただし、中世前期の「所詮」においては「所詮無し」ではなく「所詮」単独の副詞用法で「どうしようもない、仕方がない」の意味で用いられていた確例が見出せないことから、現代語に見られるような否定的意味を表す副詞「所詮」が確立していたとは言い難いものと見られる。

　それが中世後期になると、「所詮」の副詞用法において構文的に好ましくない内容を表す語彙的否定形式の例や否定の「ない」を伴った文法的否定形式の例が増加する。一方、中世後期以降、「所詮」は主に副詞用法で用いられ、「所詮無し」や典型的な名詞用法の例はほとんど用いられなくなるが、これらと同様の意味は「詮」によって引き続き担われていった。特に、「詮無し」は前掲の(表5)に示した通り、近世の「詮」の全用例(118例)中112例(約95％)見られ、近世以降も「せんかたなし」とともに「どうしようもない、仕方がない」の意味を表す代表的な表現の一つとしても広く用いられている。このような変化のなかで、「所詮無し」や「詮無し」によって新たに生まれた否定的意味は中世後期以降、「所詮」単独の副詞用法においても見られ始め、現在のような用法に展開していったと見られる。

また、「所詮」の訓読(「せんずるところ」)と音読(「しょせん」)の2つの読みによる意味の区別は、中世後期の音読の例に否定的意味が発生したことによって成立するに至った。その背景には、前述したように、中

---

23) 「詮無し」と「所詮無い」が同じ意味を持った語であることは近世の辞書『俚言集覧』(p.478)の記述からも確認できる。
　(例)詮がない　所詮ガナイとも云、提灯の空に詮なし郭公[杉風]

古の和文資料における「～無し」を伴った形容詞的表現に倣って中世以降「詮無し」と「所詮無し」の語法が生まれたことによって、音読の「所詮」に中世前期までの訓読と同様の「結局、つまり、要するに」の意味に加えて、「どうしようもない、仕方がない」などのような否定的意味が生じたことである。以上の「所詮」の意味変化における否定的意味の形成には、中世以降盛んに行われたとされる漢語の日本語化の一端を見ることができる。

　なお、現在の用法と同様の音読の「所詮」は近世以降に増加する傾向が見られる。これに対して、訓読の例は中世後期以降も使用初期の意味（「結局、つまり、要するに」）を保ったまま用いられるが、漢字表記の例や音読の仮名書きの例に比べると用例数は激減し、現代語においては文章語にごく僅かに見られるのみである。

第4章　せいぜい

1. 先行研究と問題の所在

　現代語において副詞「せいぜい」は、「多く見積もってもそれぐらいの程度にすぎない」と当該文の特定の部分を限定的に述べる意味で用いられ、「たかが知れている」もしくは「たいしたことではない」という否定的なニュアンスを持つ(森田1989、安部2005など)。

(1) 野菜売場は、すでに主婦たちの夕食の準備で荒されていて、ほとんど品物が残っていない。せいぜいしおれかけたホウレンソウくらいで、「五十％ＯＦＦ」のシールが貼ってある。

（子どもの王様・2003年）

　一方、現代語における「せいぜい」の意味・用法を考察した先行研究によれば、「せいぜい」は(1)のような意味の他に、(2)のような「全力を尽くす様子」を表す様態的意味を持つという。

(2) a. 遊べるときに、セイゼイ遊んでおこう　　（森田1989：p.583）
　　 b. (商人が)せいぜい勉強させてもらいますよ。

（飛田・浅田1994：p.212）

　　c. たいしたおもてなしも出来ませんが、せいぜい楽しんでください。

　　　　　　　　　　　　　　　　　（グループ・ジャマシイ 1998：p.158）

　(1)は「たかだか、たかが」(以下「たかだか類」とする)に類似した意味で用いられ、(2)は、「できるだけ、できるかぎり、精一杯」(以下「できるだけ類」とする)に類似した意味で用いられている。構文的には、(1)は主に「くらい」のような程度表現と共起した名詞述語文で用いられるのに対して、(2)は意志や依頼のような事態の成立を望む表現と共起した動詞述語文で用いられるという特徴を持つ。

　このように現代語の分析では共通して現代語の「せいぜい」に「できるだけ類」と「たかだか類」に類似した意味が存在するとする。例えば、類義語との相似・相違の観点から「せいぜい」の意味を記述した森田(1989)は、「せいぜい」の意味について、「大いに努力を傾けるという点で「できるだけ」と共通する。(中略)「せいぜい」は、ある限界内での努力を尽くすことである。」(p.583)と述べる。しかし、一方では、「ある限界内での努力を表すところから、"どんなに努力してみてもその限度を超えない"という逆の見方も成り立つ。(中略)ある限界点があって、それ以上を希望し期待しても無理だとあきらめる意識から、最高に見積もってもその限界値、悪くすればそれ以下という行為の結果を見越した発想である」(pp.583-584)とも述べる。安部の一連の考察(2005、2006、2012)の中でも安部(2006)は、「せいぜい」の用法を「できるだけ類」と「たかだか類」の二つに分け、後者を、程度化された表現と共起する構文的特徴から「とりたて用法」としている[1]。

　しかし、現代語において「せいぜい」は、多くの場合(1)のようなマイナスの意味を表す「たかだか類」に類似した例で用いられ、(2)のようなマイナスの意味が読み取れない「できるだけ類」に類似した例はほとんど用いられない(安部2005、2006など)[2]。加えて、工藤(1977)や飛田・浅田(1994)も現代語の「せいぜい」が当該事態について「たいしたものではない」というマイナスの意味を表すとする。

　ところが、(3)のように明治期の例には、「できるだけ類」に類似した例(2a)(2b)のように意志表現と共起した例が散見され、(1)のような「たかだか類」に類似した例が中心的用法である現代語の使用実態と異なっている。

　(3)　お幾「最うお止しよ那様事ばかり言つて。お前さん今夜は何うかし

---

1) 安部(2012)は、安部(2006)の「とりたて用法」の程度化された表現と共起する構文的特徴について、「「X ハ Y 程度ダ」というように、ある物事について、程度性の側面から、どの程度かを述べる文(節)に共起する」(p.402)と定義し直している。また安部(2012)は、「せいぜい」の類似表現として「たかだか、たかが」(安部2005)の他に「多くても、ても、としても」を取り上げている。

2) 現代語の「せいぜい」が(1)の「たかだか類」のように否定的なニュアンスを表す語として用いられるという傾向は、向坂(2009)にも取り上げられた逸話からも窺える。それは、福田康夫元総理が北京オリンピック選手団に「せいぜい頑張ってください」と激励したことに対して批判的な意見が出された、というものである。福田康夫元総理は「せいぜい」を(2)の「できるだけ類」に類似した意味で相手を励まそうとしてこう言ったのであろうが、(1)の「たかだか類」の意味で読み取る人が多く、批判を呼んでしまった。
　加えて、インターネット上では、「大阪市内で、ある商品について売り手が「せいぜいお使いください」と言ったことに、ほかの地域では「ずいぶん投げやりな売り方だな」と感じる表現になるそうだ。ところが「せいぜいお使いください」と大阪で言えば、「ぜひお使いください。おすすめ品です」という意味になるし、また京都でも「せいぜいお気張りやす」とよく耳にするが、このときの「せいぜい」も「精一杯、頑張ってね。」という激励の意味になる」という投稿も見られる。このように、「せいぜい」の使われ方には地域の差もあるようである。
・http://detail.chiebukuro.yahoo.co.jp/qa/question_detail/q1212238757
・http://detail.chiebukuro.yahoo.co.jp/qa/question_detail/q1111296301

　て居るね」金公「はゝゝゝ。なにお前がそれほど気を揉むんなら、
　俺もまア<u>精々</u>聞合せて遣らう。まア注ぎねえ」と飲干した猪口を出
　す。　　　　　　　　　　　　　　　　　（『太陽』1901年・左巻）

　辞書の記述を除けば、通時的観点から明治期の用例を扱って「せい
ぜい」の意味・用法を考察した研究は管見の限り見当たらない。ただ
し、近代以前の用例は分析されていないものの、「せいぜい」の用法変
化を論じた先行研究は存する。向坂(2009)は1947年から2007年度ま
での国会会議録を用いて「せいぜい」の用法について考察し、「せいぜ
い」には上記の現代語の分析で指摘された「できるだけ類」と「たかだか
類」に似た用法の他に、(4)のように「せめて」に置き換えられる用法も
見られるとする。

(4) 九月始まるまでというと一ヵ月しかありませんね。それはもうちょっ
　　と長くしてもらわないと向こうの人の気持ちに合いませんよ。注文し
　　ておきます。<u>せいぜい</u>三ヵ月ぐらいやってください。
(向坂2009の例(22)、衆議院交通安全対策委員会・1978年5月31日)

　この「せめて」に類似した用法は、向坂(2009)の調査においても全用
例の約3%(809例中27例)しか占めておらず、ごく周辺的な用法であ
るといえる。
　本章では、「せいぜい」の副詞用法の見られはじめる時期から現代語
のような文型が揃う近代(明治期〜昭和初期(昭和20(1945)年))までの例
を調査し、「できるだけ類」と「たかだか類」それぞれに類似した用法の

消長を辿り、現代語のように「できるだけ類」の使用が限定的になった
時期とその要因を分析する。また、上記の(1)と(2)で確認したよう
に、「できるだけ類」に類似した例では意志や依頼のような事態の成立
を望む表現と共起し、「たかだか類」に類似した例では「くらい」のよう
な程度表現と共起する、という用法の間に構文的特徴の相違が見られ
る。以下、このような構文的特徴にも注目して「せいぜい」の用例を分
析する。加えて、近代資料に見られる「せいぜい」の意味・用法を記述
しつつ、向坂(2009)によって提案された「せめて」に類似した例が近代
までの例にどの程度存在するか、また他の用法とどのような関係にあ
るかについて検討する。

2. 「せいぜい」の出自

　「せいぜい」の各用法について考察する前に、その原義を確認する。「せ
いぜい3)」の出自について、『新語源辞典』(2008)には「明治以降、中世の
「精誠」の代わりに、「精々」が精一杯の意で使われるようになり、さら
に、「力を尽くしたとしても」の意にもなった」(p.492)とあり、漢語の「精
誠4)」が語源として挙げられている。次節では、この説を検討しつつ、「せ
いぜい」がいつから副詞として用いられはじめるのかを確認する。

---

3) 用例には「精誠、誠精、精々、せいせい」のように様々な形が見られる。便宜
上、「せいぜい」を全用例の総称とする。

4) 「精誠」は『漢語大詞典』(9巻p.226)に「①真誠」「②精神」を表す語とある。また、『時
代別国語大辞典室町時代編3』(pp.727-728)には「どんなに細かなところまでもおろ
そかにすることなく、真心をこめてつとめるさまであること。また、その心から
の誠意」とある。なお、『日本国語大辞典(第2版)』には「精誠」の初期の例として『菅
家文草』と『色葉字類抄』が掲載されている。

3. 時代別の使用実態

3.1 近世以前

　まず、近世以前の古文書・古記録で「精誠」は、(5)の「致┐精誠┌(精誠を致す)」「抽┐精誠┌(精誠を抽んづ)」「尽┐精誠┌(精誠を尽くす)」のように動詞述語の補語となる(典型的な)名詞として用いられている(古文書の231例、古記録の33例の全264例)[5]。意味は、漢語「精誠」の原義通り、真心・誠心の意を表す。

(5) a. 宮司常加┐教喩┌、令レ致┐精誠┌、

　　　　(平安遺文4549・宇佐八幡宮行事例定文・寛平1(889)年12月26日)

　　b. 投┐五体┌而叩レ地、厚地黙而不レ答、就┐廟門┌、抽┐精誠┌、

　　　　(鎌倉遺文2729・藤原道家願文案・承久3(1221)年3月9日)

　　c. 然則住侶各尽┐精誠┌、可レ奉┐祈┐願天下安穏国中泰平┌、

　　　　(鎌倉遺文8309・前摂政一条実経家政所下文案・正嘉2(1258)年10月日)

　　d. 殊致┐精誠┌請┐公家御慎┌、(中右記・天仁1(1108)年3月2日)

　また、名詞として用いられる例には、(6)のように仮名書きの例(古文書の8例、古記録の4例の全12例)も見られる。意味は(5)と同様に真心・誠心の意である。

---

5) 表記の面では「精誠」の他に「誠精」も見られるが、両者の間に意味・用法上の相違がないと見て同じものとして扱った。

(6) a. 御祈祷の<u>せいせい</u>をいたされ候へく候、

　　　　（三浦家文書44・良信了忍連署譲状・明徳4(1393)年6月1日）

　　b. 御祈祷事ハ<u>せいせい</u>おぬきいたし可申入候、

　　　　　　　　　　　（建内記・文安4(1447)年11月12日）

　なお、「精々」の漢字表記の例には動詞述語の補語となる名詞用法の例は見当たらないが、(7)のように「精々」が後続の名詞「沙汰」「御調」を連体修飾する例は見られる（古文書にのみ全31例）。意味の面では真心・誠心を込める様子、尽力の意を表すと解される。

(7) a. <u>精々</u>沙汰候之前者、定無二相違一運上候歟、

　　　　（鎌倉遺文20185・美濃大井荘荘民等申状案・正安元(1299)年8月6日）

　　b. 返々急度<u>精々</u>御調可レ為二肝要一候

　　　　　　（醍醐寺文書1746・足利義輝書状・永禄元(1558)年頃）

　一方、「せいぜい」が副詞として用いられる例は、近世後期(19C以降)から見られはじめる（古文書にのみ全13例）。

(8) a. 然之上者、私共より<u>精々</u>心を付、

　　　　　　　　　　（真珠庵文書609・文化6(1809)年8月日）

　　b. 右白水粕ニ而灯油製造相成候由ニ候間、捨りニ不二相成一様、<u>精々</u>可二心掛一候、

　　　　　　（井伊家史料101・京都町触・安政6(1859)年12月21日）

　(8)は、後続の(思考を含んだ)意志的行為を表す動詞述語(それぞれ「心を付」「心掛」)について「心・力を尽くして」という意味で解釈できる。この副詞用法の例で注目すべき特徴は、「精誠」表記や仮名書きの例は見当たらず、「精々」表記の例のみが見られる点である。近世後期の副詞用法の用例全13例のうち(8)に挙げた例の以外の11例を観察すると、「せいぜい」の後接語は「力ニ及」「多分ニ注文を出し」「申上」「退攘し」「厚く被仰付置」「心付」「気を付ケ」「申越」「申立」「心懸ケ」「仰」のような意志的動詞述語である。

　次に、近世以前の文学作品には(9)のように上記の(5)(6)と同様の名詞用法の例のみ見られる(「精誠」表記の全12例6))。副詞用法の例が多く見られるようになるのは、後述する明治以降である。

(9) a. しかるに、ひそかに一心の<u>精誠</u>を抽で、孤嶋の幽祠に詣、瑞籬
　　　の下に明恩を仰ぎ、　　　　　　(覚一本平家物語・巻5・p.369)

　　b. 十四五年ノ後、太子御基ニ詣テ、殊ニ<u>精誠</u>ヲ致テ祈誓シケリ。

　　　　　　　　　　　　　　　　　　　　　(沙石集・巻2・p.90)

　　c. 「…さらぬ外は此山より西へ越えさせ給ふな」と、<u>精誠</u>をつくし、
　　　祈誓し給ひけるこそ、十六のさかりにはおそろしき。

　　　　　　　　　　　　　　　　　　　　　(義経記・巻2・p.67)

　　d. 頼光御覧じ、先以某が病中を悲しみて、<u>精誠</u>を尽さるの段、

　　　　　　　　　　　　([上・浄]夏祭浪花鑑・1745年・p.200)

---

6)　内訳：中世の軍記物や仏教説話の9例(覚一本平家物語(1例)、十訓抄(1例)、沙
　石集(2例)、義経記(1例)、太平記(4例))、近世の浄瑠璃や仏教書の3例(頼光跡
　目論(1例)、夏祭浪花鑑(1例)、反故集(1例))

　なお、名詞用法の意味は『日葡辞書』の記載でも確認できる。

(10) Xeijei. せいぜい (精誠 精励,熱意と愛情,あるいは,厚情. 例,Xeijeiuo
　　 nuquinzuru,1, tcucusu,(精誠を抽んづる,または,尽す) ある物事に力を
　　 注ぐ,または,よく心遣いをし,励みつとめる,愛情をこめてする,など
(邦訳日葡辞書・pp.745-746)

　このように、近世までの例において副詞として用いられる「せいぜ
い」の初出例は近世後期の古文書に見られた。「精誠」は近世までのい
ずれの資料においても名詞でしか用いられず、副詞として用いられる
例が見当たらない。副詞用法の例には前述の「精々」表記の例が見られ
たのみであった。

　以上より、名詞用法には主に「精誠」が、副詞用法には専ら「精々」が
用いられているように、用法別の表記上の使い分けがあった。ただ
し、両者はそれぞれ真心・誠心(＝(5))やそれを込める様子、尽力の意
(＝(7)(8))を表し、意味の面では類似している。よって、副詞「せいぜ
い(精々)」の初期例の意味・用法は、名詞用法での「真心・誠心」の意か
ら、副詞用法では修飾対象の(思考を含んだ)意志的行為を表す動詞述
語と共起し、「心・力を尽くして」という様態的意味へ変化したと推察
される。このような意味は全力を尽くす様子を表す現代語の副詞「で
きるだけ類」に似ている。なお、表記の面では、副詞用法での「せいぜ
い」の漢字表記が「力(を出す)」の意を表す「精」を繰り返した「精々」とい
う表記になっている点が特徴的である7)。

───────────────
　7)「精々」のように同じ語を2回繰り返した畳字型(反復型)の副詞形成は「たかだか」

　次節では、近世までの使用実態を踏まえ、近代以降の副詞「せいぜい」の意味・用法を考察する。

3.2 近代以降

　近代(明治期から昭和初期まで)における「せいぜい」の副詞用法の例(全355例8))について、意味的、構文的特徴から、以下のように分類する。

　A　：修飾語として用いられる場合(以下、修飾用法)
　A1：後続の動詞(述語)を修飾し、その修飾内容が意志的事態である場合。「心・力を尽くして」「頑張って」という様態的意味を表す。
　A2：後続の名詞(述語)を修飾する場合。心・力を尽くすという様態的意味が薄れ、話し手の想定できる範囲での「上限」を表す。
　B　：述語として用いられる場合(以下、述語用法)

　A2と同様に、心・力を尽くすという様態的意味が薄れ、話し手の想定できる範囲内での「上限」の意味を表す。

　上記のいずれにも分類できない場合を「判断不能」として一括しておく。以下、各用法の詳細を考察していく。

　まず、修飾用法の例を取り上げる。(11)のように、前掲の(8)の近世後期の古文書に見られた様態副詞用法、即ちA1は近代の例にも引き

　「つくづく」「もろもろ」などにも見られる。
　8) 副詞用法の例には「せいぜい」「精々」の形の他に、「精々と」(5例)、「精々のところ」(5例)、「精々が」(4例)、「精々がところ」(1例)、「精々で」(1例)のような形も見られた。

続き確認できる。

【修飾用法のA1の例】

(11) a. 及バずながら御力となり<u>精々</u>御世話を致すつもり何は兎もあれ。　　　　　　　　　　　　　（巷説児手柏・初篇巻上・1879年）

b. 山田屋兼吉「別に何うといふ考へも無えが女の前尻の世話をして無理に利を得様とも思はねえ。<u>精々</u>骨を折て夫で御用が出来ザア天命だと諦める迄の事サ」（『太陽』1895年・涙の媒介）

c. お幾「最うお止しよ那様事ばかり言つて、お前さん今夜は何うかして居るね」金公「はゝゝゝ。なにお前がそれほど気を揉むんなら、俺もまア<u>精々</u>聞合せて遣らう。まア注ぎねえ」と飲干した猪口を出す。　　　　　　（『太陽』1901年・左巻）

d. その当時八校あつた高等学校の視察を余に頼まれたのである、そこで余が言つたのである、本当に視察するには一校に一個月、<u>精々</u>節約するも少なくも半箇月を要する。
　　　　　　（『太陽』1925年・ステファニック将軍を懐ふ）

e. 「今夜もお並ひでお出かけですかね。この分では秋のペナントはH村のものだといふ評判ですから、まあ<u>精々</u>練習して来て下さい」　　　　　　　　　　　　　（南風譜・1931年）

　(11)の「せいぜい」は、それぞれ「御世話を致す」「骨を折て」「聞合せて遣らう」「節約する」「練習して来て下さい」のような意志的行為を表す動詞述語を修飾し、心・力を尽くす様子を表す様態的意味で用いられ

ている。A1 は後続の行為を心・力を尽くして行うことを望む意志(＝11a と 11c)・依頼(＝11e)表現を伴う場合が多い。

　また、A1 の例には(11d)のように、当該文に対比される前文(以下、各例の点線部分)や修飾対象に程度表現(以下、各例の波線部分)と共起する例も見られる(A1 の用例全141 例中 47 例)。このような構文環境で使われる(11d)の「せいぜい」は(11)の他の例と同様、意志的行為を表す動詞述語を修飾し、「心・力を尽くして」「頑張って」という様態的意味に解釈できるが、当該文の程度表現で表すような、話し手のできる範囲内で心・力を尽くすという意味(「できる範囲でなんとか頑張って」)も読み取れる。

　一方、次の(12)と(13)は上記の A1 のように後続の動詞(述語)を修飾するのではなく、後続の名詞(述語)を修飾することから A2 に属する。(12)の「せいぜい」は動詞述語の補語となる名詞(句)を、(13)は名詞述語文を修飾している。A2 については、上記の A1 と異なり、名詞が表す無意志的事態(状態)を修飾し、心・力を尽くすという様態的意味が薄れている。また、A2 は基本的に対比される前文や程度表現と共起する特徴を持ち、話し手の想定できる範囲での「上限」を表す。

【修飾用法のA2の例】

(12) a. この車夫も矢張怠惰と衰運との気分にすつかりその一生を腐らさせて了つたやうな人達の一人であつた。自分の生れた土地からは一歩も出ず、精々五里十里のところを自分の生計のたつきのために駆け歩くだけで、あらくれた嬶と多い子供と拙い地酒との中に埋れたやうにして一生

を送つて来た。　　　（『太陽』1917 年・利根川ベリのある町）

b. 実子はめずらしい食欲をも覚えて、宿の茶碗に三つもかえる
　 ようになった。小さな茶碗でせいぜい二つぐらいしか進ま
　 なかったほど、日頃の彼女の食はそんなに細かった。

（嵐・1926 年）

c. 僕は日頃大雅の画を欲しいと思つている。しかしそれは大雅
　 でさへあれば、金を惜まないと云ふのではない。まあせい
　 ぜい五十円位の大雅を一幅得たいのである。

（文芸的な、余りに文芸的な・1927 年）

d. …子供は小さいときから甘いものを好まなかった。おやつに
　 はせいぜい塩煎餅ぐらいを望んだ。　　　（鮨・1939 年）

(13) a. 「…庄さんは悪い人間にや見えませんね。まだ精々三十三四
　　 でなかなか捨てたもんぢやありませんよ。…」

（おふさ・1909 年）

b. 晦日の早朝、お菊は急に息が詰まつて眼を白黒させ乍ら身悶
　 えをし始めた。お京はあわてて近所の医者を呼び迎へる
　 と、代診がやつて来て又注射をした。「もう精々一両日でせ
　 うよ」さう云つて代診は帰つて行つた。

（『太陽』1917 年・淋しけれども）

c. 「…夫では俊が一生一度のお願ひを申上げます」「オウ何で有
　 るの」前触は厳そかに手数が懸なけれども、精々美しい衣服
　 の所望でもあらうと思ひ設けた。

（『太陽』1925 年・息のぬぐみ）

　　d. 老けては見えますが、それは貧苦と労働のせゐで、本当は<u>精々</u>
　　　<u>五十四五</u>でせう。　　　　　　　　（銭形平次捕物控・1941 年）

　まず、(12)のいずれにも前の文脈に当該文と対比される内容が現れ
ている。そして、当該文には数量詞や分量を表す助詞(＝12b の「二つぐ
らい」、12c の「五十円位」)などの程度性にかかわる表現が現れるが、そ
れが前文と対比される部分に当たる。さらに、当該文より対比される
前文の程度が大きい。前文と当該文の対比部分を示せば、(12a)では「自
分の生れた土地」と「(自分の生まれた土地内の)五里十里のところ」、
(12b)では「宿の茶碗に三つ‥‥」と「小さい茶碗で二つぐらい‥‥」、(12c)
では「金を惜まない」と「五十円位」、(12d)では「甘いもの」と「塩煎餅ぐ
らい」である。

　また、(12)では当該文と対比される前文との意味関係は、テモ節の
ように逆接関係を表すと捉えられる[9]。(12a)は「[出たとしても]五里十
里のところである」、(12b)は「[食べたとしても] 茶碗で二つぐらいで
ある」、(12c)は「[お金を使ったとしても]五十円位である」、(12d)は「[お
やつとして食べたいとしても]塩煎餅ぐらいである」という内容に解釈
できる。

　なお、これらのなかで(12d)のように「望んだ。」のように肯定述語
をとる用例は現代語では用いられにくいようである。それは現代語の
「せいぜい」は「これぐらいに過ぎない」もしくは「たいしたことはない」
という意味を表し、(12b)のように当該文または前後文に語彙的・文法
的否定形式と共起して用いられる特徴を持つからである。そして、「せ

---

　9) 安部(2012)にも同様の指摘が見られる。

いぜい」の修飾対象は前文に比べて程度の面では低レベルであるが、
(12a)(12c)のように話し手の想定できる範囲内では最高限のものである
場合がある。

　次に、(13)は構文の面では(12)にも見られた程度表現と共起する特
徴を持つ。その程度表現が当該文と前文で対比的に明示されている例
(=13c)もあるが、明示されていない例(=13のa・b・d)が多い。ま
た、推量表現((13)の二重線部分)と共起して用いられる点で特徴的で
ある。さらに、(13)には上記の(12a)と同様に話し手の想定できる範囲
を示す表現、例えば(13c)のように例示を表す「でも」と共起した例が見
られる。

　このような構文的特徴を持つ「せいぜい」は、話し手の想定できる範
囲では当該文の程度表現のようなことになるだろう、という文脈で使
われる。(13a)は「[歳をとっていても]三十三四である」、(13b)は「[生
きたとしても] 長くて一両日だろう」、(13c)は「[一生一度のお願いだ
としても]美しい衣服の所望ぐらいのものだろう」、(13d)「[歳をとって
いても]五十四五だろう」と解釈できる。

　このようにA2の「せいぜい」は、A1のような心・力を尽くすという
様態的意味ではなく、前文と対比的に述べられる当該文とを逆接関係
に捉え、また当該文の程度表現が話し手の想定できる範囲であること
を表す。よって、A2には話し手の想定できる範囲を示す表現、例え
ば「せいぜい」の後に限定を表す「だけ」(=12a)や例示を表す「でも」(=
13c)と共起した例が見られる。

　以上、修飾用法の「せいぜい」の例を見てきた。近世以前から見られ
たA1と異なり、近代に入って見られはじめたA2では「せいぜい」が修

飾する程度表現は話し手の想定できる範囲内での最高限のものとはい
え、対比される前文の程度には及ばないためか、「たいしたことでは
ない」のような否定的ニュアンスが読み取れる例（＝13c）も見られる。
このような例は現代語の使われ方と同様の用法である。

　以下では「せいぜい」が述語として用いられる例（飛田・浅田 1994 の
「述語になる用法」に該当）を考察する。

【述語用法のBの例】

(14) a. 同じ歳の夏休は、矢張去年どおりに、向島の親の家で暮らし
　　　　た。その頃はまだ、書生が暑中に温泉や海浜へ行くという
　　　　ことはなかった。親を帰省するのが精々であった。

　　　　　　　　　　　　　　（ヰタ・セクスアリス・1909 年）

　　 b. 米国は非常に雄大なる計画を立てて七百余万噸を来年上半期ま
　　　　でに完成すると力んでをるがそれは恐らく理想に止まり、明一
　　　　簡年間の実現額三百万噸に上るが精々であらう。

　　　（『太陽』1917 年・千賀博士の日本の欧州戦乱に対する地立と連合国の現状）

　　 c. 彼女だけは、私に会へば挨拶をした。生憎フランス語はこつ
　　　　ちの英語ほど覚束ないので、こつちが「モーニング」と云へ
　　　　ば向ふは、「ボン・ジユール」と云ふのがせいぜいであつ
　　　　た。　　　　　　　　　　　　　　　（北支物情・1937 年）

　(14)のいずれも様態的意味を表さず、A2 と同様に、話し手の想定で
きる範囲内での「上限」の意味を表す。(14a)では「温泉や海辺へ行く」と
「親を帰省する」が対比的に述べられており、「[当時の書生が夏休みに

どこかに行くとしても]親を帰省するぐらいである」という内容に解釈
できる。(14b)では「七百余万噸…」と「…三百万噸」が対比的に述べら
れ、また前掲の(13)のa・b・dのように数量詞を含む程度表現と共
起しており、「多く見積もってもこれぐらい[…三百万噸だろう」とい
う内容に解釈できる。(14c)では当該文と前文が対比的に明示されてい
ない例で、「[フランス語を話すとしても]…「ボン・ジュール」と云うぐ
らいであった」という内容に解釈できる。なお、(14)で名詞述語として
文末に位置して用いられる「せいぜい」は、意味・用法の面で副詞「精一
杯」と類似している。

　以上、近代資料における「せいぜい」の用例を分析したが、上記のよ
うな使用実態を踏まえ、1節で取り上げた向坂(2009)の「せめて」に類
似した例について検討する。(15)は向坂(2009)が「せめて」に置き換え
られる例として取り上げた例である。

(15)　九月始まるまでというと一ヵ月しかありませんね。それはもう
　　　ちょっと長くしてもらわないと向こうの人の気持ちに合いませ
　　　よ。注文しておきます。せいぜい三ヵ月ぐらいやってください。
　　　(向坂2009の例(22)、衆議院交通安全対策委員会・1978年5月31日、=(4))

　向坂(2009)が(15)を「せめて」に置き換えられるとする理由は、一つ
は(15)が現代語の「せめて」の構文的特徴、すなわち、希望・命令・依
頼・意志などを表すモダリティ表現、数量詞や「ぐらい」などの程度化
された表現と共起する特徴を持っているからである。もう一つは、
(15)では前文の「一ヵ月」に比べて、当該文の「三ヵ月」が「高レベル」で

対比されているからである。後者については、現代語の「せいぜい」の修飾対象は、話し手の想定できる範囲内では最高限のものであるにしても、程度の面では前文に比べて当該文が「低レベル」でなければいけない。例えば、前掲の(12c)では前文と当該文が「金を惜まない」と「五十円位」で対比されており、前文に比べて当該文が「低レベル」である。(15)を含む向坂(2009)が「せめて」に置き換えられる例として論文中に引用した例(全2例)10)は確かに「せめて」に類似しているように見える。

　しかし、このような例は向坂(2009)の調査において全用例の約3%(809例中27例)しか見られないといい、また本書の調査では1例も見当たらなかった。また、向坂の挙げる2例も「せめて」でしか解釈できないことはなく、A1の「できるだけ類」で十分解釈可能であると考えられる。すなわち、(15)の「せいぜい」は「三ヵ月ぐらい」の名詞句を修飾しているのではなく、「三ヵ月ぐらいやってください」の依頼表現を伴った動詞述語全体を修飾しており、「心・力を尽くして」「頑張って」という様態的意味に解釈できる。

　次の表11)は、近代(明治期から昭和初期まで)における副詞「せいぜ

---

10)　(15)の他に、向坂(2009)が「せめて」に置き換えられる例として挙げている例を以下に示す。
　　　(例)それと、この際委員長並びに委員各位の御了解を得たいのは、民自党におきましては斎藤長老が特に肝入りで、三十回に個人演説を限ってしまうのははやり基本的人権に抵触する。むしろこれは憲法上から言っても無効にひとしい。だからこれはせいぜい五十回まで延ばせ。
　　　　　　　　(向坂2009の例(21)、衆議院地方行政委員会・昭和23年11月24日)
11)　他に、「明六雑誌コーパス」には「せいぜい」の例が見られなかった。文学作品の他には同時代の資料として「国定国語教科書(以下「国定」)」に5例見られた。なお、昭和20年～22年の「帝国議会会議録」(以下「帝国」)にはまとまった数の131例(開会日付不明の1例は除く)見られた。詳細は以下に示す。

い」の例(全355例)を刊行・収録年別、用法別の用例数を示したもので
ある。

表1 近代における「せいぜい」の使用実態

	年	修飾用法		述語用法	判断不能
		A1	A2	B	
巷説見手柏	1879	1	—	—	—
近世紀聞	1881	2	—	—	—
『国民之友』	1888	2	2	—	—
『女学世界』	1909	3	—	—	—
『婦人倶楽部』	1925	2	—	—	—
『太陽』	1895	2	—	—	—
	1901	4	—	—	—
	1909	—	4	—	1
	1917	—	2	1	—
	1925	4	3	—	—
『青空文庫(小説)』	1901–1910	6	1	1	—
	1911–1920	30	26	3	—
	1921–1930	34	39	6	—
	1931–1940	48	75	24	1
	1941–1945	3	23	—	—

* 『国民之友』の全4例はすべて文語の例、『女学世界』の3例と『婦人倶楽部』の2例の5例はすべて
口語の例、『太陽』の全23例中1例(1925年のA1)のみ文語の例である。

　上記の表から、明治20(1887)年頃まではA1の例のみ見られ、A2は
1880年代後半から、Bは1900年代以降から見られはじめることが分
かる。また、A1は明治期までは他の用法に比べて例数の割合が優勢
であったが、1910年代から1920年代まではA2の例数と大差なく用い

「国定」：全5例　→A1(4例)、B(1例)
「帝国」：全131例→A1(53例)、A2(70例)、B(8例)

られていた。さらに、A2・Bは1910年代以降、年代を追うほどに用
例数が増加していくことが見て取れる。

　参考までに、辞書の記述を確認しておく。『和英語林集成』を見る
と、「せいぜい」は初版(1867年)には掲載されておらず、再版(1872年)
と3版(1886年)に次のように記述されている。

(16) a. SEI-ZEI, セイゼイ,精精,adv.Again and again, over and over again,
　　　 repeatedly. ―*tanomimashita*, I have asked him again and again.
　　　 Syn. KUREKURE. 　　　　　　　　　　　　　　(再版・1872年)
　　 b. SEI-ZEI セイゼイ 精精 *adv.* Again and again, over and over again,
　　　 repeatedly,to the utmost, as far as possible: ―*hataraku*, to sell
　　　 as cheap as possible; ―*tanomimashita*, I have asked him again
　　　 and again. Syn. KUREKURE. 　　　　　　　　 (3版・1886年)

　(16)のように、再版・3版には共通して「Again and again, over and
over again, repeatedly」という「何度も、繰り返して」のような意味があ
るが、3版には再版になかった「to the utmost(最大限), as far as possible
(できる限り)」の意味が追加されている。さらに、類義表現として「く
れくれ(くれぐれ)」が記載されている。『和英語林集成』の「くれくれ(く
れぐれ)」の記述を見ると、(17)のように「Again and again, over and over
again, repeatedly」という「何度も、繰り返して」のような意味が記され
ている。

(17) KURE-GURE, クレグレ, 呉呉, *adv.* Over and over, again and again,

repeatedly. ―*mo o negai moshimasz*, excuse me for again and again asking you. Syn.KAYESZ-GAYESZ.　　　（初版～3版の共通部分）

　また、『言海』において「せいぜい」は、「せいぜい(副)精精カノ及ブタケ。竭力」(p.545)とあり、「できるだけ類」に類似した意味のみ記載されている。

　上記で取り上げた辞書での記述は、副詞「せいぜい」が、近世後期から明治10(1877)年代までは心・力を尽くす様子を表す例(A1)が見られ、話し手の想定できる範囲での「上限」を表す例(A2・B)は明治20(1887)年代以降見られはじめる、とする本章の調査結果と合致する。

4. 史的変遷のまとめ

　本章では、「せいぜい」の副詞用法の見られはじめる時期から現代語のような文型が揃う近代(明治期～昭和初期(昭和20(1945)年))までの例を対象に、「せいぜい」の使用実態と意味・用法の通時的変化について考察した。その結果を以下にまとめる。

　近世以前の用例では、主に意志的行為を表す動詞述語の補語となる(典型的な)名詞として用いられる例や後続の名詞を連体修飾する例が見られた。「せいぜい」が副詞として用いられる例は、近世後期(19C以降)から見られはじめるが、多く見られるようになるのは明治以降である。意味は、名詞用法での「真心・誠心」の意や連体修飾用法での「真心・誠心を込める様子、尽力」の意から、副詞用法では修飾対象の(思

考を含んだ)意志的行為を表す動詞述語を修飾し、「心・力を尽くして、頑張って」という様態的意味へ変化した。

　近世後期から見られた「心・力を尽くして、頑張って」という様態的意味を表す例(A1)は明治期に入っても引き続き見られた。これに対して、話し手の想定できる範囲での「上限」を表し、「たいしたことではない」という否定的ニュアンスが読み取れる例(A2・B)は明治20年代以降から見られはじめた。構文の面では、A1とは異なり、A2・Bは基本的に数量詞などを含む程度表現と共起する。また、「せいぜい」が用いられる当該文と対比される内容が前文に現れ、テモ節のような逆接的意味関係に解釈できる。さらに、A2には想定できる範囲を示す表現として限定を表す「だけ」や例示を表す「でも」と共起した例が見られる。

　このように、近代における「せいぜい」は三つ(A1・A2・B)の意味・用法で用いられていたが、現代語の「せいぜい」は、「上限」の意味を表し、「たいしたことではない」という否定的なニュアンスを伴うA2・Bの用法が主であり、近世以前から見られた、意志的動詞述語を後接したA1は近代以降周辺的な用法として僅かに見られるのみである[12]。この用法A1が近代以降衰退していく過程には、「心・力を尽くした様子」という様態的意味から話し手の価値判断・評価を表す意味への変化が見られる。このような変化には動作の様態を表す意味が薄れて、話し手が当該事態をどう思うかについて述べる意味への抽

---

12)　このような使用傾向から、A1に本来の用法にはなかった「たいしたことではない」という否定的ニュアンスが読み取れるという指摘がある。具体例については注2を参照されたい。

象化が確認できる。構文の面でも「せいぜい」の修飾内容の意志性の弱化が見られる。すなわち、「せいぜい」が意志動詞から無意志動詞、さらに状態性述語(主に名詞)とも共起できるようになり、使用範囲が拡張している。このような意味・統語的変化を辿る副詞類は「せいぜい」の他にも「せっかく」(第5章参照)「なまじ(っか)」(第8章参照)がある。

　最後に、冒頭に取り上げた先行研究で現代語の「せいぜい」は「できるだけ類」「たかだか類」「せめて」に類似した意味・用法を持つとしたが、本章での考察結果からは、A1は「できるだけ類」に、A2・Bは「たかだか類」にそれぞれ類似した例のみが見られた。また、向坂(2009)のいう「できるだけ類」と「たかだか類」を連続的に捉えられる「せめて」に類似した例は見当たらなかった。さらに、Bは意味の面では「たかだか類」に類似しているが、構文の面では名詞述語として働くことから「たかだか類」とは異なる。

第5章　せっかく

1. 先行研究と問題の所在

　現代語において副詞「せっかく」は、当該事態を価値のあるものと見なす話し手の肯定的な価値判断(プラスの評価)を表す。構文的には(1)のようにノダカラ節・ノニ節や連体節など、専ら複文の従属節に用いられ、(1A)のように単文では用いられにくい[1]、という制限を持つ(例文冒頭の「*」は非文であることを示す)。

　(1) a. 私は海と山が迫った、この細長い街がいっぺんで気に入りました。買い物を済ませると、<u>せっかく</u>来たのだから観光しようということになり、異人館などを見て回っているうちに午後になりました。　　　　　　　　　　(水曜の朝、午前三時・2005 年)
　　　 b. 長い沈黙のあとでいった。「でも…もう会ってもしかたがない」「そんなことはない。ただ<u>せっかく</u>君に助けてもらったの

---

1) ただし、次の(1B)のように、(1A)の各文末が「のだ」で結ばれると、より自然な文になるようである。
(1B)a. <u>せっかく</u>来たのだ。観光しよう…／b. <u>せっかく</u>君に助けてもらったのだ。私はそれをきちんといかせなかった／c. <u>せっかく</u>話がここまで進んだのだ。(その)話が潰れてしまいかねなかった。

に、私はそれをきちんといかせなかった」

(心では重すぎる・2003 年)

　　c. もしいなかったら、なんとかして三時までに見つけ出し、原
　　　 田に連絡を取らないと、<u>せっかく</u>ここまで進んだ話が潰れて
　　　 しまいかねなかった。　　　　　　　　　（綺羅星・1998 年）

(1A) a. *<u>せっかく</u>来た。観光しよう…

　　b. *<u>せっかく</u>君に助けてもらった。私はそれをきちんといかせ
　　　 なかった

　　c. *<u>せっかく</u>話がここまで進んだ。(その)話が潰れてしまいか
　　　 ねなかった。

　現代語における「せっかく」の意味・用法を考察した先行研究(渡辺
1980・2002、工藤 1982、蓮沼 1987・2012、小矢野 1997ab など)によ
れば、「せっかく」が使われる連用節と主節の間に成り立つ意味関係
は、順接関係と逆接関係の二通りに分けられ、それぞれ接続形式の「ノ
ダカラ」と「ノニ」と共起して現れる例が非常に多いという。また、蓮
沼(1987)では連体節に使われる「せっかく」の例についても、連体節と
その主節との意味関係を順接・逆接のいずれかの連用節に変換して捉
えた上で、連体節に現れる「せっかく」は、「逆接型の意味タイプに傾
く傾向が指摘できる」(p.211)と述べている[2]。

---

2) 例えば、「<u>せっかく</u>作ったケーキを一口も食べてくれない」は「<u>せっかく</u>ケーキを
　 作った<u>のに</u>、一口も食べてくれない」のような逆接関係の連用節のように捉えら
　 れる。また、蓮沼(1987)と小矢野(1997a)では「せっかくの名詞(句)」の形を取る例
　 においても順接・逆接の連用節に変換して捉えられている。

　ところが、時代を遡れば、近世の「せっかく」の例に単文で使われた例が見られ、従属節でのみ用いられるという現代語のような構文上の制限がない。

(2)　ある人→十二三なる子「<u>せつかく</u>ならへ、やがて、十月十三日に成ぞ、百はたごくいにつれてゆかふぞ、よくおほえて其時うたへ」　　（〔噺〕整版九行本昨日は今日の物語・1636年・p.168）

　さらに、近世の例には順接複文の主節が既に実現した事態である例も見られ、前掲(1a)のように主節が未実現の事態でない点で現代語と異なっている。

(3)　日のあるあひたを昼といひ、日のいりて後を夜といふは、いかさま子細あらんやとおもひ、われか<u>折角</u>思案し、ていど、しあてたハ[完璧に探り当てた]とかたる。
　　　　　　　　　　　　　　（〔噺〕醒睡笑・第4・1623年・p.91）

　また、意味の面でも近世期の「せっかく」は、現代語と異なり、後続する動詞((2)の「習ふ」、(3)の「思案す」)を修飾し、「力を尽くして、つとめて」という様態的意味で用いられていた。その一方で、近世後期上方語の(4)の「せっかく」は、後続の「御出あそばした」ことについて、「力を尽くして、つとめて」という様態的意味だけでなく、(尽力したことは)価値のあることだと肯定的に評価する意味にも読み取れ、現代語の「せっかく」と非常に近い。

(4) 侍女→銀子持の娘「御りやう人さま、御聞遊ハす通りの事、<u>せつ
　　かく</u>御出あそばしたもの、マア今日ハ近所の小川によふ似た人
　　なとお呼なされませぬか」

(〔上・噺〕立春噺大集・1776年・p.264)

　以上より、通時的に見て、「せっかく」には力・心を尽くす様態を表
す意味から肯定的評価を表す意味へという意味上の変化が見られると
ともに、主節での使用から複文の従属節専用へという構文上の変化も
見られることが想定できる。

　辞書の記述を除けば、通時的観点から「せっかく」の意味・用法を考
察した研究は見当たらないが、「せっかく」の史的変遷を記述しようと
するとき、現代語の分析の中で問題となるのが渡辺(1980・2002)の指
摘である。渡辺は、近世に珍しくなかった「せっかく習へ」のような用
法が、現代語にも「せっかくPせよ」といった形で残っていると述べ、
そのような例を古体と呼んでいる3)。さらに、近世の「せっかく習へ」
のような単文用法と、現代語の「せっかく」の連用節用法の間には、単
文用法(＝(2)、これを⓪とする)から、順接関係の連用節用法(＝(1a)、
これを①とする)が派生し、それから逆接関係の連用節用法(＝(1b)、
これを②とする)が派生して生まれた(⓪→①→②)、という派生プロセ
スを設定することができるとしている4)。しかし、その根拠は示され

---

3) ここでいう「近世に珍しくなかった「せっかく習へ」のような用法」は(2)を指す。
　このような例を小矢野(1997b)では「せっかく」の「旧用法」と呼んでいる。この旧
　用法の「せっかく」について蓮沼(2012)は次の例を挙げている。
　(例)(前略)私どもは安保条約を踏まえながら、この武器輸出三原則とどのように
　調整してこれに対応するか、いま<u>せっかく</u>検討中でございます。

(国会会議録・第96回国会・1982年)

ていない。また、仮に⓪→①へ派生したとしても、「せっかくPせよ」の単文を順接関係の従属節内に埋め込むことはどのようにして可能になったのだろうか、あるいは、①→②という順序ではなく、②→①の派生は考えられないのだろうか、という疑問が生じてくる。

　そこで本章では、副詞用法の見られはじめる中世後期から現代語のような文型が揃う近世までの実例を調査し、「せっかく」の用法間の派生関係を事実に即して検討する。加えて、「せっかく」が現れる構文の環境(主節に現れるか従属節内に現れるか)を調査し、従属節と主節の間に見られる意味関係にも注目して検討する[5]。

2.「せっかく」の出自

　「せっかく」は漢語「折角(角を折る)」に由来し、その語源については、『漢書』(82年頃)の「朱雲伝」や『後漢書』(5C頃)の「郭泰伝」の古事による説がある[6]。

---

4) これと関連して、蓮沼(1987)では順接用法から「否定的な事態の発生、存在により」(p.209)逆接用法が派生するとする渡辺(1980・2002)の派生プロセスに非常に近い捉え方をしている。一方、石神(1982)は渡辺とは正反対の捉え方で、逆接用法から順接用法への思考の展開(②→①という順序)について言及している。しかし、渡辺と同様に現代語共時態のみの分析で、その根拠が示されていない。

5) ただし、接続表現そのものの特徴やそれら同士(例えば、「ノダカラとカラとノデ」、「テモとノニ」)の相違については踏み込まない。

6) 『時代別国語大辞典室町時代編3』(1994)や語源辞典類(『暮らしのことば新語源辞典』(2008)、『新明解語源辞典』(2011))では、「せっかく」の語源として『漢書』の「朱雲伝」による説を採っている。

(5) a. 既論難。連柱二五鹿君一。故諸儒為之語曰「五鹿嶽嶽。朱雲折二其
　　　角一」　　　　　　　　（漢書・列伝・巻67・楊胡朱梅云伝第37）
　　b. 嘗於二陳梁間一行遇レ雨。巾一角墊。時人乃故折二巾一角一。以為
　　　二林宗巾一。　　　　　（後漢書・列伝・巻68・郭符許列伝第58）

　(5a)の「朱雲伝」による語源説は、「朱雲という人物が、それまで誰も
勝てなかった五鹿(地名)の人、充宗と論争して勝ったことを、人々が
よくぞ鹿の角を折ったとシャレて讃えた故事による」(『暮らしのこと
ば新語源辞典』(2008：495))というものである。この「折二其角一」は「な
かなか勝てない相手との論争に勝つこと」という意を持つ。一方、(5b)
の「郭泰伝」による語源説は、郭林宗が被っていた頭巾の角が雨に打た
れて折れてしまったところ、これを見た世の人々が真似て自らの頭巾
の角を折って被るようになった故事によるものである。この「折二巾一
角一」は「わざわざ」の意味に通じる。いずれの語源説においても「折角」
はある目的のために労力を費やすことのような意味に解される。
　なお、中国文献において「折角」の例は漢籍に15例、仏典に28例見
られ7)、それらは上記の「朱雲伝」の故事から派生した「雄弁である、
(人の意見を)論破する」といった意味で用いられる例や「郭泰伝」の故事
を引用した例、もしくは「(牛の)角を折る」のように字義通りの意味を
表す例である。

---

7)　具体的には漢籍では『南斉書』『周書』『隋書』『北史』『旧唐書』『旧五代史』『三国演義』
　　『金陵梵刹志』『西谿梵隠志』の1例ずつと『南史』『明史』の3例ずつの計15例が見
　　られる。仏典は『大正新脩大蔵経』DB(SAT2012年版)から得た計28例(仏典名省略)
　　である。

3. 時代別の使用実態

3.1 中世前期

　本節では、前節のような漢語由来の「せっかく(折角)[8]」が日本に伝わってどのように用いられたかについて考察する。

　次の(6a)(6b)は日本漢文の例、(6c)は院政期の古辞書の記述、(6d)は変体漢文の例である。

(6) a. 天皇喚二両人一。令レ論二経義一。氏主執レ礼. 種継争伝. 難罇往復.
　　　遂無二折角一。　　　　　　　　　(三代実録・仁和2(886)年5月28日)

　　b. 而当時毎日講二経教一者。挑灯之輩折レ角。終夜撃二論鼓一者。鑚
　　　光之類研レ牙。
　　　(東大寺文書(東南院文書)45 ・太政官牒・寛弘9(1012)年9月22日)

　　c. 折角 争論／セツカク
　　　　　　　　　　　(前田本色葉字類抄・巻下111 ウ・ 1177-1181 年)

　　d. 俄上洛也。可レ致二奔走一。今度折角也。
　　　　　　　　　　　　　　　　　(雑筆集[9]・3ウ・p.444)

　(6a)は論争を交わしたが、結局決着(勝負)が付かなかったことを、
(6c)は「争論」という義注から分かるように「論争・争論」のことを表し、

---

8) 表記の面では「折角」の他に「切角」「節角」も見られるが、これらの間に意味・用法上の相違がないと見て同じものとして扱った。

9) 「雑筆集」は『日本教科書大系 往来編2巻 古往来(2)』(講談社)の解題によると、「撰作時代は、控え目に考えても、鎌倉時代中期までさかのぼらせるべきであろう」(p.121)とされる。

いずれも『漢書』朱雲伝由来の「折角」の原義通りの意である。一方、(6b)は後の「研牙」(例文中の波線部分)と対を成しており、「折角」と「研牙」の両方とも連日終夜続く講会での論争に伴う並々ならぬ苦労や尽力の様子を比喩的に表現した動詞句と見られる。また、(6d)は(6a)(6b)(6c)のような論争の場面ではないが、上洛に伴う準備で大変な状態であることを表す述語として用いられ、意味の面では(6b)に近い。

　上記のように、「せっかく」の例は中世前期までは漢文体資料および和文資料にほとんど見られない。

3.2　中世後期

　「せっかく」が文献に多く見られるようになるのは、中世後期以降である。変体漢文資料と和文資料に分けて「折角」の例を見ていくと、まず、中世後期の古文書・古記録には中世前期に引き続き述語用法(7a)が見られる一方で、連用修飾用法(7b)や連体修飾用法(7c)が見られはじめる。

(7) a. [敵の城攻めで]彼城之体、<u>折角</u>と見得候、併二三ヶ月之中々兵粮
　　　なと尽候する様にハ無レ之由也、

　　　　　　　　　　　　　　(上井覚兼日記・天正11(1583)年9月7日)

　　b. 今又薬を召寄候て種々養性仕候(中略)いかやうにもと<u>折角</u>養性
　　　仕候、

　(実隆公記紙背文書・宗碩書状・享禄4(1531)年閏5月23日至28日裏)

　　c. 於二此方二<u>折角</u>之儀候て、為レ其瑾蔵主を進之候、孔方銭に事
　　　をかき候て、めいわくの事候間、弐貫文何方へも御調法候

て、借申度候、

　　　　(鹿王院文書710・塩瀬兼好書状・室町期 8 月 28 日)

　(7a)で「折角」は「彼城之体」について「大変な状態であること」を表
す。(7b)は後続の動作動詞「養性仕」を修飾し、「つとめて治療する」と
解され、力・心を尽くす様子を表す副詞として用いられている。(7c)
は「之」を伴って後続の名詞「儀」を連体修飾しているが、意味の面では
「(金銭的に)大変な状態であること」を表し、(7a)と同様に用いられて
いる。

　一方、和文資料においては連用修飾用法は見当たらず、連体修飾用
法(8a)(8b)や名詞(8c)として用いられる例のみである。連用修飾用法の
例は、後述する近世(17C 以降)に至って見られるようになる。

(8) a. 「をよそ、三日に三庭の申楽あらん時は、指寄の一日なんどは、
　　　手を貯いて、あいしらいて、三日の中に、殊に折角の日と覚し
　　　からん時、よき能の、得手に向きたらんを、眼睛を出してすべ
　　　し」　　　　　　　　　　　　　　　　　　　　(風姿花伝・p.398)
　　b. 獣カラルヽ時、折角ナトキ、不ㇾ択ㇾ音シテ、サマウシイ音ヲ
　　　シテナク　　　　　　　　(荘子抄・巻 1・72 オ 8 行・p.147)
　　c. Xeccacu. セッカク(折角)Tçunouo voru. (角を折る)難儀、また
　　　は、窮迫. ¶Nangui, xeccacuni vŏ. (難儀、折角に遭ふ)難儀な
　　　どに悩まされて、窮迫する.　　　　　　(邦訳日葡辞書・p.743)

(8a)(8b)はそれぞれ「日」「トキ」を修飾し、「能楽を演じる三日の中で特に大事な日」「獣が捕えられる時のような困り果てた時」の意味に解釈できる。(8c)は助詞「に」に接続し、後の動詞述語「遭ふ」の対象を表す補語となる名詞として用いられている。「難儀」と共に「困難、労苦」といった意味である。

このように、中世後期の「せっかく」は古記録・古文書においても和文資料においても、並々ならぬ苦労や尽力する様子、または大変な状態を表す語として用いられている。ただし、(8)以外には、中世後期の和文資料として一定量の大きさを持つ抄物[10]や狂言、キリシタン資料から例がほとんど見出せないため、この時期の使用実態を十分に把握することは難しい。次節では、中世までの使用実態を踏まえ、和文資料を中心に近世以降の副詞「せっかく」の意味・用法を考察する[11]。

3.3 近世前期

近世に入ると「せっかく」は、連用修飾用法で多用されるようになる。まず、(9)では、中世後期の変体漢文資料の(7b)と同様に、「せっかく」は後続の動作動詞(「習ふ」「勤む」)を修飾し、「力を尽くして、つ

---

10) この他、抄物には次のような連体修飾用法の例も見られた。
　（ⅰ）アマリニ、折角ナホドニ降ン┗胡ニト思ガ、口惜ト思テ、サラバ戦テ骨ヲサラサンナド案ズルヨ　　　　　　　　（古文真宝彦龍抄・87ウ12行・p.484)
　（ⅱ）窮賓ト云ハ其職ノ事ヲ欠テシカタモナウテ折角ガル客ヲ云ソ
　　　　　　　　　　　　　　　　　　　（四河入海・巻10の4・9オ・p.446)
　（ⅰ）は「折角ナ」の形を取りながら後の接続助詞「ホドニ」とともに「(戦いが)大変なので」のような意味を表す形容動詞の述語用法として捉えられる。(ⅱ)は「折角ガル客」が「窮賓」に対応するものと見られ、「困窮、貧窮」の意を表すと解釈できる。
11)「せっかく」の例は、中世に引き続き近世の文書にも79例(内訳：連用修飾用法の72例、連体修飾用法の6例、判断不能の1例)見られる。

とめて」という様態的意味を表す。

(9) a. ある人→「十二三なる子「せつかくならへ、やがて、十月十三日に
成ぞ、百はたごくいにつれてゆかふぞ、よくおほえて其時うた
へ」
（〔噺〕整版九行本昨日は今日の物語・1636年・p.168、＝(2)）
b. 其元万事御苦労の段、察入候、然れども、御奉公の義に候間、
折角御勤可有候、　　　　　　　（反故集・1671年・p.316）

さらに、(9)の「せっかく」は単文もしくは複文の主節に用いられ、「な
ら(習)へ」、「御勤可有候」といった、事態の成立を望む(＝願望系)命令・
当為表現12)と共起している点で特徴的である。関連して、前掲の(7b)
は「養性仕(治療する)」という動作を力・心を尽くして行おうとする意志
表現として捉えられる。このように、中世後期以降見られはじめた連
用修飾をする副詞用法の初期例は、願望系表現と共起した非従属節の
例である。
　また、実のところ、近世前期の連用修飾用法の例は、大部分が従属
節に現れている。まず、連用節に現れた例を見ると、(10)のようにテ
モ節、ニ節、テ節、連用中止節などに用いられている13)。

---

12) 他に意志・希求・依頼・勧誘表現がある。
13) 連用節の19例の内訳：テ節(7例)、テモ節(3例)、ニ節(3例)、連用中止節(2
例)、テカラ節(2例)、モノヲ節(1例)、ヲ節(1例)。

(10) a. <u>折角</u>目見へをしても［奉公の契約をするまで試験的に働いて
　　　　も］首尾せざれば［契約が成立しないと］、二十四匁九分
　　　　のそん銀、かなしき世渡りぞかし。

　　　　　　　　（〔浮〕好色一代女・巻1・1686年・p.512）

　　 b. 鍛冶屋とうふやに見せ明る比迄、<u>せつかく</u>ありきしに、是に
　　　　そなはらぬ風のあしきにや、ひとりもとふ男なくて、

　　　　　　　　（〔浮〕好色一代女・巻6・1686年・p.616）

　　 c. 兎角銀がかねをもふくる世なれば、<u>せつかく</u>かせぎて、皆人
　　　　のため［借金の利子を返すため］ぞかし。

　　　　　　　　（〔浮〕西鶴織留・巻1・1694年・p.324）

　　 d. 日のあるあひたを<u>昼</u>といひ、日のいりて後を夜といふは、い
　　　　かさま子細あらんやとおもひ、われか<u>折角</u>思案し、ていど、
　　　　しあてた［確かに探り当てた］ハとかたる。

　　　　　　　　（〔噺〕醒睡笑・第4・1623年・p.91、＝(3)）

　このなかでテモ節やニ節(現代語ではノニ節に引き継がれる)に現れ
る「せっかく」の例は現代語にも見られるが、テ節・連用中止節の例は
近世後期以降ほとんど用いられなくなる。主節との意味関係に注目す
ると、(10a)のテモ節は逆接関係を表すことが明らかだが、その他の接
続形式は、特に決まった意味関係を表すとは限らず、意味関係の把握
には従属節と主節の事態間の内容的な関係や文脈を捉える必要があ
る。(10a)〜(10c)はそれぞれ前件の「目見へをする」「(客探しでずっと)
ありく［歩く］」「かせぐ［稼ぐ］」のような苦労や尽力が、後件の「首
尾せざる」「…ひとりもとふ男なし」「皆人のため」のように台無しにな

る逆接関係が読み取れる。これに対して(10d)では、後件(「ていど、し
あてたハ」)が過去のテンス形式を取る「せっかくP、Qした」の文型
で、「努力して［理由を］考え出し、確かに探り当てた」という時間的
継起関係すなわち順接関係の例と解釈できる。このような例は近世を
通してきわめて少なく、今回の調査範囲ではこの1例見られたのみで
ある。

　この他、「せっかく」は連体節にも多く用いられている。

(11) a. 又は一歩小判を取出し四五年に折角延しけるかひなしと算用
　　　　してゐるも有、　　　（［浮］本朝二十不孝・1686年・p.137)
　　　b. 證文のない金子故、待ってとも言はれぬ義理、とあって折角
　　　　普請した家売らすも笑止。
　　　　　　　　　　（［浄］八百屋お七・1714-1717年頃・p.88)

　(11a)の「(四五年に)延しける」、(11b)の「(家を)普請した」のように
力・心を尽くしたことが、それぞれ「(その)かひなし」、「家を売らす」
という望ましくない結果になり、前件と後件との意味関係は上記の逆
接関係の連用節の場合と同様である(これを仮に「準逆接」と呼ぶ)。
　なお、「せっかくの名詞(句)(＝N)」の形を取る例も引き続き見られる
が、構文的には中世までの(8a)のように「せっかくのN」が後続の述語
(句)の補語として働くのではなく、「せっかくのN」全体で副詞節とし
て働く点で異なっている。

(12)「<u>せつかく</u>のお出でに、奥様は今朝より親里へ参られ、ゆるりと
　　逗留有る筈」（〔浄〕鑓の権三重帷子・巻上・1717 年・p.267)

　以上の近世前期(上方語)の和文資料に見られる「せっかく」の用例を
資料別・用法別にまとめたのが表1 である。

表1 近世前期(上方語)における「せっかく」の用例数

	連用修飾用法								連体修飾用法	判断不能
	主節		連用節			連体節				
	願望系	描写系	順接	逆接	保留	準順接	準逆接	保留		
仮名草子(1)						1				
噺本 (6)	2		1		1		2			
浮世草子(21)				8			12			1
浄瑠璃(5)				1			2	1	1	
歌舞伎(3)				2			1			
その他(8)	1			6			1			
計(44)	3	0	1	17	1	1	18	1	1	1

* 表内の「保留」は前件と後件との意味関係が定まらない例、「判断不能」は「せっかく」の後続部分
　が省略され用法の判断ができない例を指す。(以下の表2と表3も同様)

　表1 から、主節に現れる場合、願望系の動詞述語とのみ共起するこ
とが分かる。また、複文の従属節で用いられる場合、従属節と主節と
の意味関係は、力・心を尽くした前件に反する望ましくない状況を後
件で表す逆接関係の例が圧倒的多数を占める。

3.4 近世後期

　近世後期の注目すべき特徴は、主節で用いられる場合に前期から見
られた願望系の動詞述語に加え、(13)のように事態の成立そのものを
描写して述べる(＝描写系)動詞述語の例(「せっかくＰした」の文型)が
見られはじめる点である。

(13) a. おらが衣装ハ紙じやによつて、雨がふつたらハ四十八枚にな
　　　　らふと思ふて、雨乞を忘れて折角あんじた。そんならせま
　　　　いものをといふてくやんだ。

　　　　　　　　（〔上・噺〕軽口もらいゑくぼ・1771年・p.326）

　　 b. 侍女→銀子持の娘「御りやう人さま、御聞遊ハす通りの事、せ
　　　　つかく御出あそばしたもの。マア今日ハ近所の小川によふ似
　　　　た人なとお呼なされませぬか」

　　　　　　　　（〔上・噺〕立春噺大集・1776年・p.264、＝(4)）

　　 c. [客同士の会話淀車「手めへ食を喰ねへか」滝川「わつちやアい
　　　　や」淀車「せつかく大吉がおゐて往たぜへ」

　　　　　　　　（〔江・洒〕粋町甲閨・1778年・p.80）

　　 d. 丹次郎「あしたは留守だ」お長「留守でもよいわね。私の行のを
　　　　まつてお出ヨ。折角たのしみに思つていまはアネ。ヨヨ兄さ
　　　　ん宅にお出よ」

　　　　　　　　（〔江・人〕春色梅児誉美・1832-1833年・p.86）

　　 e. 佐五→清心「ア、モシ／＼清心様、折角あの様に言わつしゃる
　　　　もの。教月殿の志し［お布施を］受てお上げ被成ませ。…」

　　　　　　　　（〔江・伎〕小袖曽我薊色縫・1859年・p.314）

　そして、これらの例では、「せっかく」が使われた当該文と先行文も
しくは後続文の間の意味関係が、(13b)～(13e)のように描写系の単文
の前後に願望系表現(例中の点線部分)、例えば(13b)では「…お呼なさ
れませぬか」(勧誘)、(13c)では「手めへ食を喰ねへか」(提案)を伴った文
が続き、順接関係を見出させる点が注目される。つまり、(13b)～(13e)

は、形の上では単文構造で終止しているが、先行文もしくは後続文に現れる願望系表現の根拠(野田1995、前田2009)・動機となる事態を示す機能を持つといえる。なお、これら描写系述語と共起する例は、(13b)(13e)のように文末に形式名詞「もの」(例中の二重線部分)を伴う場合が多い。これらの例は後掲の(14c)のような近世末期以降の原因・理由を表すモノダカラ節につながっていくものと考えられる。また、これは現代語において、「せっかく」の順接関係の連用節に、準体助詞「の」を伴う接続助詞ノダカラ(蓮沼1987・2012)が多用されている点と関連があると考えられる14)。

　一方、近世後期に入っても「せっかく」は、近世前期から見られたテ節・テモ節などの連用節や連体節で多用される。加えて、後期には前期には見られなかった、「せっかく」の後件に願望系表現を持つ順接関係の例(14)が見られはじめる。

(14) a. 連衆→伊勢参りを躊躇している人「せつかく思ひたつたに、心にかけずまいらしやれ」

　　　　　　　　　　　　（〔上・噺〕口合恵宝袋・1755年・p.248)

　　b. 女房→客「せつかく〔酒のさかなに、いもを〕煮やしたから、あがりやし」　　　　（〔江・噺〕近目貫・1773年・p.201)

　　c. 与四郎→小万「成程、夫れもさうだナア、折角おめへがそれまでに言ツてくれるものだから、翌日にも限らねへが、序に往

---

14)「せっかく」の順接用法におけるモノダカラからノダカラへの流れは、佐藤(2009・2011)が指摘した近世上方語における「モノジャからノジャへの交替、モノデアロウからノデアロウへの交替」現象と並行している。

　　ツてきいて見やう」

　　（〔江・人〕春色恋廼染分解・3編39オ・1860-1865年・p.143）

　(14)は現代語に多く見られるノダカラ節を取る複文の例（「せっかくお母さんが作ってくれたんだから、残さず食べよう」）と連続するものである。意味の面では特に(14a)(14c)では力・心を尽くす様子を表す様態的意味ではなく、力・心を尽くしたことを価値のある好ましいことと思う話し手の肯定的評価を表すと解される。

　以上見てきた近世後期の和文資料に見られる「せっかく」の用例数を資料別・用法別にまとめたのが表2(上方語)と表3(江戸語)である。

表2 近世後期上方語における「せっかく」の用例数

| | 連用修飾用法 | | | | | | 連体修飾用法 |
| | 主節 | | 連用節 | | 連体節 | | |
	願望系	描写系	順接	逆接	準順接	準逆接	
噺本　(26)	1	5	2	14	1	3	
浄瑠璃　(6)		1	1			4	
歌舞伎　(4)		1		2		1	
洒落本　(11)		1		3		7	
滑稽本　(3)						2	1
計　(50)	1	8	3	19	1	17	1

表3 近世後期江戸語における「せっかく」の用例数

| | 連用修飾用法 | | | | | | | 連体修飾用法 | 判断不能 |
| | 主節 | | 連用節 | | | 連体節 | | | |
	願望系	描写系	順接	逆接	保留	準逆接	保留		
噺本　(29)			5	15	1	3	1	4	
歌舞伎　(30)		2	3	12		7		4	2
洒落本　(5)		1		3		1			
滑稽本　(26)	1	3	1	9		9		3	
人情本　(53)		4	8	19		13		9	
計　(143)	1	10	17	58	1	33	1	20	2

　表2と表3から、主節に現れる場合、願望系の動詞述語と共起する

例はごく僅かに見られ、大部分は描写系の動詞述語と共起する例であることが分かる。また、近世後期の「せっかく」においても、前期から見られる逆接関係やそれに準じる例の割合が順接関係やそれに準じる例より依然として優勢である。関連して、現代語の「せっかく」では逆接の従属節の例が順接の従属節の例より非常に多いという指摘があるが、歴史的にもこのような使用傾向を見せることが明らかになったといえる。しかし、後期以降、(14)のように後件に願望系述語が共起し、順接関係に解釈できる連用節が見られはじめ、近世を通して連用節の例における順接関係と逆接関係の例数の割合は、前期の1例対17例から、後期には上方語では3例対19例、江戸語では17例対58例と増加した[15]。

4. 史的変遷のまとめ

まず、意味面の変化についてまとめる。「せっかく」の意味変化で注目すべき点は、「せっかく」の修飾内容の意志性の有無に関する変化である。「せっかく」は中世後期から近世前期まで主に「養性仕(治療する)、習う、思案する、稼ぐ」などの(思考を含んだ)意志的行為を表す動詞述語と共起し、その行為に力・心を尽くした様子を表す様態的意味を表していた。しかし、次の(15)のように18C以降の資料から、(15a)「頼まれる」、(15b)「酔う」のような無意志的事態(状態・変化)を表

---

15) 現代語の使用分布の調査(小矢野 1997b、蓮沼 2012)によると、順接関係の例は全用例の約4割を占めるに至ったという。

す述語とも共起できるようになり、使用範囲が拡張している。

(15) a. 今の咄しの通りなれば、さりとは見限り果てた法師が所為、明日から師匠揚げて退ける」と、<u>折角</u>頼まれた座頭を、却而譏り出すこそおかしけれ、

　　　　　　　　　　　　　　（〔上・浮〕傾城禁短気・1711年・p.265）

　　b. 北八→弥二「それでも、ナニおればかりかぶるもんだ。いま／＼しい。<u>せつかく</u>酔た酒が、みんなさめてしまつた」

　　　　　（〔江・滑〕東海道中膝栗毛・3編上・1802-1809年・p.144）

　　表4は、「せっかく」の修飾内容が意志的事態か無意志的事態かの観点から近世資料に見られる「せっかく」(連用修飾用法)を調査した結果である。

表4「せっかく」の修飾内容における意志性の有無

	近世前期上方語			近世後期			
				上方語	江戸語	上方語	江戸語
	1600-1649	1650-1699	1700-1749	1750-1799		1800-1866	
意志的事態	3	17	20 (86.9%)	23 (74.1%)	21 (87.5%)	17 (89.4%)	85 (72.6%)
無意志的事態			3 (13.0%)	8 (25.8%)	3 (12.5%)	2 (10.5%)	32 (27.3%)
計	3	17	23	31	24	19	117

* 上掲の表1〜表3の近世期の全237例(前期上方語44例、後期上方語50例、後期江戸語143例の合計)から判断不能の3例を除外した234例を調査した。

　　表4から、近世の各時期において「せっかく」の修飾内容に意志的な事態が現れる例が約7〜8割を占めて多用されていることが分かる。一方、無意志的な事態が現れる割合も後期になると増える傾向にあることが確認できる。このように意志性の制約が緩むことから、近世を

通して副詞「せっかく」の使用初期の「力・心を尽くした様子」という様態的意味が弱化していったことが窺える。その過程で、「せっかく」は力・心を尽くしたことから含意される価値や意義のある、好ましいという評価を表すようになったと推察される。

　次に、構文面の変化についてまとめる。中世後期に副詞用法として用いられはじめる「せっかく」は、当初は主に願望系述語と共起する単文(主節)で用いられていた。近世になると、単文の例だけでなく複文の従属節の例も見られはじめる。近世前期は主に願望系述語を共起する単文の例((9a)「せっかくならへ」)と逆接の従属節の例((10a)「折角目見へをしても首尾せざれば…」)が見られる。ここで押さえておきたい点は、近世前期には描写系述語は単文では用いられないが、従属節内には用いられたことである。

　近世後期からは新たに描写系述語を共起する単文と順接の従属節(ただし、願望系述語を含む主節が来る)の例が見られる。前者の描写系述語を共起する単文の例((13b)「せっかく御出あそばしたもの。マア今日ハ近所の小川によふ似た人なとお呼なされませぬか」)は文末に形式名詞「もの」を伴う場合が多く、後続文と順接の因果関係にあり、意味の面では順接の従属節の例と連続するものと捉えられる。ここで注目したい点は、単文用法の後続文と従属節用法の主節のいずれにも願望系述語が現れることである。近世前期に僅かに1例見られた順接の従属節の例(主節は描写系)では、「力・心を尽くした前件と現に実現した後件」((10d)「…われか折角思案し、ていど、しあてたハ。」)が結びつけられていたが、これは現代語における「せっかく」の順接の従属節の例での「力・心を尽くすほどの価値ある前件とそれを実現しようと

する後件」(「せっかくここまで来たんだから、頂上まで登ろう。」)とい
う文型に即さないものであった。近世後期に順接の従属節の例(主節
は願望系)が成立したことで、現代語の使われ方と同様の「せっかく」
の主な文型が近世後期に揃ったことになる[16]。

　以上で述べた意味や構文上の変化は、「せっかく」を含む評価を表す
叙法副詞の成立に一定のパターンとして生じることが予想される。ま
た、その変化の内実は各語の固有の意味特徴によって異なったあり方
を見せよう。

　最後に、本章で見てきた近世期の使用実態から渡辺(1980・2002)の
派生プロセスを再考する。図は、近世期に見られる「せっかく」の用法
(単文と連用節のみ)とその展開を示したものである。

			中世後期	近世前期	近世後期	近代以降	渡辺 (1980・2002)
主節用法	願望系	「せっかくPしよう」					⓪
	描写系	「せっかくPした (もの)」					×
連用節の順接用法		「せっかくP、Qした」					×
連用節の順接用法		「せっかくP、Qしよう」					①
連用節の逆接用法		「せっかくP、Qでない」					②

* 図内の実線は現代語における中心的な用法、点線は近代以降ほとんど見られなくなった用法
を示す。なお、図内の「×」は渡辺(1980・2002)に指摘が見られない用法を意味する。

図1「せっかく」の主節・連用節用法間の展開

---

16) 現代語には周辺的用法として仮定条件節の例(「せっかく家を建てるなら、長く
　住める家を建てたい」)が見られるが、近世までの例には見られなかった。ただ
　し、近世後期にバ節、タラ節に使われた例が3例(それぞれ1例、2例)見られる
　が、これらは主節に既実現の事態が現れ、仮定条件を表さないものと判断し
　た。関連して、蓮沼(2012)の調査によれば、現代語において条件節((ノ)ナラ、タ
　ラ、バ、ト)の例は全798例中41例(約5.1％)で原因・理由節(ノダカラなど)に比
　べて圧倒的に少ないという。

　図から、現代語と同様の逆接用法は近世前期から用いられるのに対して、現代語と同様の順接用法(「せっかくP、Qしよう」)は、近世前期には見当たらず、近世後期になってはじめて出現したことが見て取れる。このように通時的観点から「せっかく」の用例を分析すると、1節で問題提起した渡辺(1980 ・ 2002)の派生プロセスの順番(⓪→①→②)は、歴史上の「せっかく」の使用実態の変遷を正確に捉えているとは言いがたい。渡辺氏の派生順はあくまで表現心理上の派生関係であって、歴史的な順序(⓪→②→①)とは別の物であるといえよう。

第6章　せめて

1. 先行研究と問題の所在

　現代語において副詞「せめて」[1]は、「これだけは実現させたい」という話し手の最小限の願望の気持ちを表す。構文的には、(1a)の「だけでも」、(1b)の「ぐらい」のような最低限(益岡・田窪1992、沼田2000)を表す助詞(以下、波線部分)と共起することが多く、また(1a)の「しておきたい」、(1b)の「行ってあげて下さい」のように事態の成立を望む希望・提案などの願望系表現[2](以下、点線部分)と共起する特徴を持つ(工藤1977・1982、渡辺2001など[3])。

---

1) 用例には「せめては、せめても」のような連用修飾用法の例の他に、「せめての、せめてもの」のような連体修飾用法の例も見られ、様々な形で用いられている。便宜上、「せめて」を全用例の総称とし、個々の形態を取り上げる場合はセメテのように片仮名で表示する。
2) 他に命令・依頼・意志・当為表現がある。
3) 「せめて」は、渡辺実の一連の研究のなかで「限定副詞(1957)」、「誘導副詞(1971)」、「評価の副詞(1996、2001)」に分類されている。工藤(1977)は、渡辺(1957)に従い、「せめて」を見積り方・評価を表す「限定副詞」に分類したが、その後の工藤(1982)は「せめて」が使われた文の述語が「希望のほか命令・依頼・意志や、当為(…ベキダ・…ナクテハナラナイ etc.)など、広義の願望(実現の期待)にほぼ限られる」という特徴から、文の叙述性にかかわる「叙法副詞」と捉えている。

(1) a. 不衛生な状態で、いつまで放置しなければならないか分からないことを考えると、<u>せめて</u>消毒だけでもしておきたい思いがある。
　　　　　　　　　　　　　　　　　　　　　　　　　　（鎖・2003年）

　　b. 将夫「分ってる。しかし、社長の仕事を放り出して、付きっきりでいるわけにはいかない」爽香「<u>せめて</u>週末ぐらいは、行ってあげて下さい。お願いです」将夫は肯いて、「分った、そうするよ。列車ならそうかからない」

　　　　　　　　　　　　　　　　　　　（利休鼠のララバイ・2001年）

　一方、時代を遡れば、副詞として使われはじめた当初(中古)の「せめて」には(思考を含む)意志的行為を表す動詞述語(「思ひしづめてのたまふ」「書かせ奉り給ふ」)を後接し、「つとめて、しいて」という様態的意味を表す例が見られる。また、このような例には、現代語のような最低限を表す助詞もしくは願望系表現と共起するという構文上の制限がない。

(2) a. 大臣久しうためらひたまひて、「…いくばくもはべるまじき老の末にうち棄てられたるがつらうもはべるかな」と、<u>せめて</u>思ひしづめてのたまふ気色いとわりなし。
　　　　　　　　　　　　　　　　　　　（源氏物語・葵・p.63）

　　b. 御返は、いとわりなく、つゝましげに思したるを、<u>せめて</u>書かせ奉り給ふ。　　　　　　　（夜の寝覚・巻3・p.197）

　以上より、通時的に見て、「せめて」には使用初期の「つとめて、し
いて」という様態を表す意味(＝例(2))から、話し手の最小限の願望の
気持ちを表す意味(＝例(1))へ変化したと見られる。

　辞書の記述を除けば、通時的観点から「せめて」の意味・用法を考察
した研究は、管見の限りでは井手(2003)が挙げられる程度である。井
手(2003)は、古代語から現代語までの「せめて」の意味および構文的特
徴をまとめた上で、(2)のような様態的意味は中古、(1)のような話し
手の最小限の願望の気持ちを表す意味は中世後期(室町時代)に現れた
と述べている。さらに院政期から中世後期にかけては「非常に、極度
に」の意の程度副詞用法も見られるという。これら井手(2003)が指摘す
る「せめて」の各時期における特徴については大体同意することができ
るものの、程度副詞用法の捉え方や適用範囲については疑問が残る。
なぜなら、井手が程度副詞用法(「非常に、極度に」の意)として挙げる
例の中には、様態副詞用法のうち「切実に、無性に」の意を表す例とも
取れるものがあるからである。

(3) a. なを今しばしは、聖の相をもたがへじと、せめての心ざしのあま
　　　　りに、あながちにおぼし忍びて過し給も、

　　　　　　　　　　　　　　　　　　　　(浜松中納言物語・巻4・p.366)

　　 b. ゆゑありてもてなしたまへりし心おきてを、人はさしも見知ら
　　　　ざりきかし、など思し出づ。せめてさうざうしき時は、かや
　　　　うにただおほかたに、うちほのめきたまふをりをりもあり。

　　　　　　　　　　　　　　　　　　　　　　　(源氏物語・幻・p.537)

　　 c. 故父殿のいみじうかなしうし給ひしかば、爰にても生したてん

と物し侍れど、かの母北方、一人くだるを<u>せめて</u>苦しがり
て、添へらるゝなめれば、えとゞめでなむ」との給へば、

(落窪物語・巻4・p.242)

例えば、井手は(3a)のような「せめての」が程度副詞用法の「せめて」
から派生し、「非常に、極度に」の意を表すと捉えているが、(3a)は心
的様子を表す「切実な、一途な」の意を表すとも解釈できる。これに関
連して、(3b)のように形容詞(「さうざうしき」)を修飾する例は、意味
の面では(3c)のような情意の心的内容を表す動詞述語(「苦しがりて」)
を修飾する例と変わらない。(3b)と(3c)いずれも心理的・感情的に切
迫した様子を表す「切実に、無性に」の意で解釈できる。本書では意味
の面では(3a)についても、井手のいう「非常に、極度に」の程度的意味
ではなく、(3b)と(3c)のような様態的意味(「切実に、無性に」の意)を表
す例の一つであると考える。

そこで本章では、副詞用法の見られはじめる中古から井手(2003)に
は詳細な記述が見られない近世以降の使用実態を実証的に記述すると
ともに、用例分析において「せめて」の程度的意味が近代までの例にど
の程度存在するかにも注目して検討する。なお、副詞用法の例にはセ
メテの他にセメテハ・セメテモの形の例も見られるが、これらはセメ
テと意味・用法上の相違がないと見てセメテと同様に扱う。また、以
下では連用修飾する副詞用法の例に限定して考察し、セメテノN・セ
メテモノNのような連体修飾用法やセメテに断定のナリが後接した述
語用法については必要に応じて言及するに留める。

2. 「せめて」の出自

　「せめて」の各用法の詳細を考察する前に、「せめて」の原義を確認し、これに基づいて副詞用法の初期例の意味について述べる。

　「せめて」は、『日本国語大辞典(第2版)』では「「動詞「せむ(迫)」「せめる(責)」の連用形に「て」が付いてできたもの。対象に間隔を置かず、さしせまって、逼迫(ひっぱく)して、の意から」(7巻p.1446)と説明されている。また、『時代別国語大辞典上代編』によれば、「せむ[責・迫」は「相手を追いつめて身動きのとれないようにする意」である(p.397)という。以下に動詞「せむ」の上代・中古初期の例を示す。

(4) a. ますらをの高円山に迫めたれば迫有者里に下り来るむざさびそこれ　　　　　　　　　　　　　　　　　　(万葉集1028・巻6・p.159)

　　 b. 荒熊の住むといふ山の師歯迫山責めて問ふとも[責而雖問]汝が名は告らじ　　　　　　　　　　　　　(万葉集2696・巻11・p.250)

(5) 辨宗受用于_其寺大修多、羅供錢卅貫_、不レ得_償納_、維那僧等、徴_錢而逼(辨宗、其の寺の大修多羅供の錢三十貫を受け用いて、償ひ納めること得不、維那の僧等、錢を徴りて逼む)

　　　　　　　　　　　　　　　　　　(日本霊異記・巻下・p.324)

　(4a)は「追い詰める」、(4b)は「責め立てる」、(5)は「催促する」の意で解釈でき、前掲の『時代別国語大辞典上代編』の意味記述の通りである。加えて、同辞典に、「せむ(責・迫)」に対する自動詞「せまる(急・

窮)」は「形容詞セバシ[せまい]と同源。セム(下二段)に対する自動詞」
(p.397)、また「せ(狭・迫)」は「形状言。狭いこと。形容詞サシの語幹と
同源。セク・セム等はこれから派生したものか」(p.396)と記載されて
いるように、動詞「せむ(責・迫)」の意味と狭いことを表す形容詞「せ
(狭・迫)」の意味の関連性が指摘されている。同様の指摘は『言海』や渡
辺(2001)にも見られる。『言海』(p.699)によれば、「せむ、せまる(迫・
逼)」は「狭ヲ活用」した自動詞、「せむ(責)」はその「せむ(迫・逼)」が転
じた他動詞であるという。渡辺(2001)も、「せむ(攻)」は形容詞の「せし
(狭)」を動詞にしたもので、このような語源から「相手の行動の自由範
囲を「狭く」すること」(p.80)を表すと述べている。いずれの記述も、「せ
む」「せまる」は対象との距離を狭めようと積極的に働きかける行為を
表す点で共通する。

　以上のような由来を持つ動詞「せむ」のテ形「せめて」が副詞として用
いられる例は、上代・中古初期には確例がなく、中古前期(10C以降)
から見られはじめる。次節でそれら副詞の例の詳細を考察する。

3. 時代別の使用実態

　本節では中古から近代までの「せめて」の副詞用法の例(全1674例(内
訳:中古155例、中世181例、近世485例、近代853例))を意味的特徴に
よって次の3つに分類し、各時代における出現傾向を記述する。

A：力・心を尽くす様態を表す「つとめて、しいて」の意

B：心理的・感情的に切迫した様態を表す「切実に、痛切に」の意

C：話し手の最小限の願望の気持ちを表す「これだけは実現してほしい」の意

　なお、井手(2003)のいう「非常に、極度に」の程度的意味を表す例は僅かに３例しか見当たらず、「その他」とする。上記のいずれにも分類できない例については「判断不能」として一括しておく4)。各意味の判定基準は、基本的に上記に示した意味解釈に基づくが、これに加えて「せめて」の修飾対象語句の構文的特徴にも注目して分析する。すなわち、Aは(思考を含む)意志的行為を表す動詞述語、Bは情意の心的内容を表す動詞や形容(動)詞述語など、無意志性の述語、Cは現代語のように最低限を表す助詞や願望系表現と共起するという構文上の特徴を有するものとする。

3.1 中古

　「せめて」の副詞用法の例は中古前期(10C以降)から見られはじめる。まず初めに現れたのは(6)に挙げる意味Aの例である。

---

4) 例えば、次の情意を表す形容詞の例はBの「たまらなく、無性に」の意にも、「その他」の「非常に、極めて」の意にも解釈でき、分類に迷う例である。このような例は判断不能の例とした。
　(例)せめておそろきもの、夜鳴る神、近き隣に盗人の入りたる。
　　　　　　　　　　　　　　　　　　　　　　　　　　(枕草子 246 ・ p.377)

【様態的意味Aの例 5)】

(6) a. 舟の行にまかせて海にたゞよひて、五百日といふ辰の時ばかり
　　に、海の中に、はつかに山見ゆ。船のうちをなむせめて見
　　る。　　　　　　　　　　　　　　　　　　　　　（竹取物語・p.38）

　b. 女、いとゞいみじきものおもひさへまさる心地して、はづかし
　　くいみじけれど、せめての給へば、「おやもあり、しるべき人
　　もある身ならば、かゝる所に、かりにても、ひとりはあり
　　や。ゝがてこのすみかにくちぬべきよりほかのゆくゑもなく
　　なん」といへば、　　　　　　　（宇津保物語・俊蔭・p.24）

　c. 大臣久しうためらひたまひて、「…いくばくもはべるまじき老
　　の末にうち棄てられたるがつらうもはべるかな」と、せめて思
　　ひしづめてのたまふ気色いとわりなし。

　　　　　　　　　　　　　　　　（源氏物語・葵・p.63、＝(2a)）

　d. 御返は、いとわりなく、つゝましげに思したるを、せめて書か
　　せ奉り給ふ。　　　　　（夜の寝覚・巻3・p.197、＝(2b)）

　(6)の「せめて」は意志的行為を表す動詞述語(それぞれ「見る」「の給へ」
「思ひしづめてのたまふ」「書かせ奉り給ふ」)を修飾し、「つとめて、し

---

5) 次例は「せめて」の後に「な〜そ」の禁止表現と共起した例が見られ、これまでの
例とは異なる点である。さらに「今宵は」を対比の意味を表す助詞「は」を伴っ
て、他の日ではなく「今宵」をとりたてて述べると捉えると、この例は現代語の
使われ方と同様の最も早い例となる。しかし、この例は同時代の使用実態から
考えると、大部分の例(＝(6))と同様の「しいて、無理に」の意にも解釈できるた
め、Aに分類した。
（例)院に八月十五夜せられけるに、「まゐりたまへ」とありければ、まゐりたまふ
に院にてはあふまじければ、「せめて今宵はなまゐりたまひそ」ととどめけ
り。　　　　　　　　　　　　　　　　　　　　　（大和物語・p.305）

いて、あえて、無理に」などの様態的意味Aに解釈できる。

　次に、(7)(8)の「せめて」は感情・情意の心的内容を表す動詞や形容詞を修飾し、心理的に切迫した様子を表す。「切実に、たまらなく、無性に」などの意に解釈できる例を上記のAと区別してBとするが、どちらも修飾対象の様子を詳しく表す様態副詞用法に属するものである。

【様態的意味Bの例[6)]】

(7) a. 故父殿のいみじうかなしうし給ひしかば、爰にても生したてん
　　と物し侍れど、かの母北方、一人くだるをせめて苦しがり
　　て、添へらるゝなめれば、えとゞめでなむ」との給へば、

　　　　　　　　　　　　　　　　（落窪物語・巻4・p.242、＝(3c)）

　　b. 「なを、たゞつねの御もてなしのままに、まぎらはしてを」と、
　　せめてわび給へば、けさはとく出給て、われもさすがにかたは
　　らいたければ、　　　　　　　　　（夜の寝覚・巻4・p.260）

(8) a. いとせめて恋しき時はうばたまの夜の衣を返してぞ着る

　　　　　　　　　　　　　　　　　　　　（古今和歌集554・p.222）

---

6) 様態的意味Bには形態的なバリエーションとして「せめてのN」の形の連体修飾
　用法も見られる。
　（ⅰ）なを今しばしは、聖の相をもたがへじと、せめての心ざしのあまりに、あ
　　ながちにおぼし忍びて過し給も、　（浜松中納言物語・巻4・p.366、＝(3a)）
　名詞句（＝N）には（ⅰ）の「心ざし」以外に中世の（ⅱ）のような「はかりこと」や「懇
　切、契、思ひ、罪のむくひ」などが見られる。
　（ⅱ）康頼入道、古郷の恋しきまゝに、せめてのはかりことに、千本の卒都婆を
　　作り、　　　　　　　　　　　　　（覚一本平家物語・巻2・p.202）
　これらの例はB「切実に、無性に」の様態的意味に通じる、熱意が強い様子を表
　す「切実な、一途な」の意に解釈できる。

b. ゆゑありてもてなしたまへりし心おきてを、人はさしも見知ら
ざりきかし、など思し出づ。せめてさうざうしき時は、かや
うにただおほかたに、うちほのめきたまふをりをりもあり。

(源氏物語・幻・p.537、＝(3b))

c. 「悔しく」と、思す折々もありなんかしと、せめてむつかしき折
は、一條の宮に隠れ居て、慰めける。 (狭衣物語・巻3・p.280)

このように中古の「せめて」はA「しいて、無理に」やB「切実に、た
まらなく、無性に」といった様態的意味を表すものとして解釈でき
る[7]。

他に、中古には(9)[8]のような程度的意味を表す例も見られる。

---

7) このような使われ方は同時期の、同様の語構成(動詞「しいる」の連用形に「て」が
付いた形)の副詞「しいて」にも見られる。
　（ i ）「いま殿上などにやおはしますらむ。いかでか聞えむ」などいひて入りぬる
　　　人あり。うへのきぬ着たる者の入りけるを、しひて呼びければ、あやしと
　　　思ひて来たりけり。　　　　　　　　　　　　　　　　　(大和物語・p.415)
　（ii）いとよう気色ばみてましを、言ふかひなきとぢめにて、をりあしう、いぶ
　　　せくて、あはれにもありしかな、と面影忘れがたうて、はらからの君たち
　　　よりも、強ひて悲しとおぼえたまひけり。　　　　(源氏物語・柏木・p.325)
　「しいて」も「せめて」と同様に、（ i ）のような「(困難や反対などを)押し切って物
　事を行う様子」を表す意が中心的な意味を占めるが、情意の形容詞を修飾する場
　合は、（ii）のような「無性に、むやみに」の意になる。
8) (9)はセメテハの形の初出例である。これに関連して、『日本古典文学大系 13』の
　解説(pp.333-336)によれば、『堤中納言物語』の「よしなしごと」篇は、成立が明ら
　かなものとされる「逢坂こえぬ権中納言」(1055 年頃)と同時代の成立であるとは
　考えにくく、諸説によりその成立が中古以降に下る疑いがあるとされる。この
　ことから、次例はセメテハの形の早い例であるが、中古の例とせず、判断不能
　の例としておく。
　(例)まづいるべきものどもよな。雲の上にひゞきのぼらむ料に、天の羽衣一、
　　　いとれうに侍。もとめて給へ。それならでは、たゞの袙・衾、せめてはな
　　　らば、布の破襖にても。　　　　　　　　(堤中納言物語・よしなしごと・p.427)

【「その他」の例】

(9) 「いと<u>せめて</u>は［若君と自分(中納言)との関係が］かけ離れ、情な
  くつらくもてなし給はゞいかゞせん。…」

(浜松中納言物語・巻1・p.212)

(9)の「せめて」は疎遠になることを表す変化動詞「かけ離れ」を修飾
し、「甚だしく」のように解釈でき、程度副詞用法に属する。
　表1は中古の「せめて」の資料別・用法別の用例数をまとめたもので
ある。

表1 中古における「せめて」の用例数

	A	B	その他	判断不能	合計
古今和歌集		1			1
竹取物語	1				1
大和物語	1				1
平中物語	1	1			2
蜻蛉日記	1	1			2
落窪物語	3	4			7
宇津保物語	11	4			15
枕草子	5			1	6
源氏物語	31	11			42
紫式部日記	1				1
堤中納言物語				3	3
夜の寝覚	22	9			31
浜松中納言物語	22	1	1		24
更級日記	1				1
狭衣物語	5	3			8
栄花物語	5	5			10
合計	110	40	1	4	155

　表1から、中古においては「かけ離れ」という変化動詞を修飾し、程度的意味を表す例(「その他」)は1例のみであり、原則的には様態的意味(A、B)を表す例しか見られないことが分かる。また話し手の最小限の願望の気持ち(C)を表す例は中古においては見当たらない。

3.2 中世

　中世前期(院政～鎌倉時代(1087年-1333年))に入っても、中古からの様態的意味を表す例は引き続き見られる。まず、(10)はAに当たる。

【様態的意味 A の例 9)】

(10) a. ことをいとめでたくひき給ひければ、いそぎわたらせ給て、ひとやあるともおぼしたらで、<u>せめて</u>[琴を]ひき給を、きこしめせば、　　　　　　　　　　　　　　　(大鏡・巻6・p.261)

　　 b. 其ノ男、検非違使ヲ見テ突居タル気色ノ怪カリケレバ、其レヲ搦テ奈良坂ニ将行テ、「己ハ犯シタル者ニコソ有メレ」ト云テ、只問問ケレバ、

---

9) 中世における様態的意味Aには「せめての事に」の形の例が見られる。
　(ⅰ)女房たち、やう／＼介錯し、薬など口にそゝき、養生しければ、わづかに目計もちあげ給けり。<u>せめての事に</u>、文をひらきてよまんとすれ共、目もくれ、心も心ならねば、　　　　　　　　(曽我物語・巻10・p.379)
　(ⅰ)の「せめて」は後続の形式名詞「こと」を連体修飾している。意味の面では「やっと」の意に解釈でき、当該事態を実現するために努力する意を表す点でAに近い。関連して、(ⅱ)の「せめての事なる」はセメテの形からすれば後続の「こと(事)」を連体修飾しているが、それ全体では分裂構文の述部で用いられている。この「せめての事なる」は主部の事態内容全体を修飾しており、用法上、叙法副詞用法に近いといえる。ただし、意味の面では(ⅰ)と同様に、「やっと(のことである)」の意で解釈できるため、本調査の分類基準からはAに属するとみなす。
　(ⅱ)南の門に出て、舟をそしとぞいそがせける。(中略)おなじううしなはるべくは、都ちかき此辺にてもあれかしと、の給ひけるぞ、<u>せめての事なる</u>」
　　　　　　　　　　　　　　　　　(覚一本平家物語・巻2・p.179)

男、「更二犯不仕ズ」ト諍ケルヲ、責テ問ケレバ、

(今昔物語集・巻29・p.153)

　(10)は中古で見られた後続の動詞の様態を表す例であるが、(10a)は前掲(6)の「しいて、あえて、無理に」の意ではなく、「無心に」の意で解釈できる。しかし、(6)と(10a)の「せめて」の意味の違いは後続の動詞の語彙内容による解釈の問題に過ぎず、いずれも対象を追い求める様子を表す。(10b)は「しいて、あえて、無理に」の意で解釈できるが、検非違使が怪しい男に問いただし、男が罪を犯していないと否定したにもかかわらず、しいて問いただすという文脈で現れることから、内容上「それでもなお」という意味が読み取れる。

　次に、(11)はBに当たる。(11)は心理的に切迫した様子を表す「切実に、無性に」の意で解釈できる。

【様態的意味 B の例 10)】

(11) a.「冥衆ハヲハシマサヌニコソ」ナド申ハ、セメテアサマシキ時
　　　 ウラミマイラセテ人ノイフコトグサ也。誠ニハ劫末マデモ
　　　 冥衆ノヲハシマサヌ世ハカタ時モアルマジキ。

(愚管抄・p.349)

　　 b. 今は昔、奈良の大安寺の別当なりける僧の女のもとに、蔵人

---

10)　中世における様態的意味Bには形態的なバリエーションとしてセメテが断定のナリを後接した述語用法の例も1例見られる。次例は「あまりにも切ない」のような意に解釈される。
　　(例)「今朝しも八幡へ参らずは、子共の寂後をも今一度惜てまし。悔しかりける物詣よ」との給ひけるこそせめてなれ。　　　(保元物語・巻下・p.159)

　　なりける人、忍びて通ふ程に、<u>せめて</u>思はしかりければ、

　　時々は<u>昼</u>もとまりけり。　　　　　（宇治拾遺物語・巻9・p.299）

　さて、中世において注目すべきは、(12)(13)に示すように、「これ以
上は無理と分かっていても、それでもなお、これだけは実現したい」
という話し手の最小限の願望の気持ちCを表す例が見られることであ
る。これらの例は「せめて」が修飾する述語の直前ではなく、名詞句と
述語の前に現れている点でこれまで見てきた様態的意味A、Bと構文面
でも異なっている。まず、(12)はCの典型例である。

【最小限の願望の意味Cの例11)】

(12) a. 「事欠けにたり。相構へて勤めよ。<u>せめて京ばかりをまれ</u>、事
　　　なきさまに計らひ勤めよ」　　　　（宇治拾遺物語・巻5・p.181）

　　b. これほどにこと／＼して、親におもはれて何にかはせん。<u>せ
　　　めて五日に、一度は見え給へ</u>」と有ければ、十郎涙をおさ
　　　へ、「うけたまけりぬ」とて、まかり立にけり。

　　　　　　　　　　　　　　　　　　　　（曽我物語・巻4・p.196）

　　c. 康頼入道あまりのせんかたなさに、千本の卒塔婆をつくって、

---

11) 中世に初めて見られる話し手の最小限の願望の気持ちCを表す例には形態的な
　バリエーションとして「セメテモノN」の形の名詞述語用法の例も見られる。
　（ⅰ）御約束変改ノ議ニハアラズ、<u>セメテモノ事ニテ有ケルヲ</u>、其由ヲバツヤ／
　　　＼トイハデ、偏ニ御変改ノ定ニ云ケル間ニ、　　　　（愚管抄・巻6・p.309）
　この形は次の（ⅱ）のように現代語においても用いられる文型で、「それでもな
　お、これだけでも」と願う意味合いが読み取れる。
　（ⅱ）黙って消えればわたしがとことんダメージを受けることがわかっているか
　　ら、そうすることが塁の<u>せめてもの</u>思いやりだったのかもしれない。
　　　　　　　　　　　　　　　　　　　（白い薔薇の淵まで・2001年）

　　仮名実名と二首の歌を書いて、もし故郷の方えゆられゆくこと
　　もあらうかと言うて流いた。その歌わ、(中略)と書いて、その
　　卒塔婆を浦に持って出て、<u>せめて一本なりとも都あたりえゆら</u>
　　<u>れゆけかし</u>と言うて、千本ながら海に入れたれば、そのうち一
　　本安芸の国の厳島渚に打ち上げたところで、

　　　　　　　　　　　　　　　　　　(天草版平家物語・巻3・p.393)

　　例えば、(12a)は、神馬を奉納する騎手として、最低限京都だけでも
無事に通ることができるよう取りはからって勤めなさい、と命令する
内容である。このように典型例(12)は、構文の面で波線で示した「だ
に、ばかり」などの限度の助詞、副助詞化して最低限度の一例を示す「
なりとも」(小田2015：417)、「一本」「五日に、一度」などの数量・頻度
を表す語を伴い12)、さらに点線で示した文末に願望系表現(命令)を
伴って用いられる特徴を持つ。これは、中世になってはじめて見られ
る用法(叙法副詞用法)である。また、このような構文的特徴を持つ典
型例はCと分類した全103例(表2参照)中68例(約66％)である。
　　一方、上記のような構文的特徴を揃えた典型例ではないが、(13)も
Cの例に当たる。

【最小限の願望の意味Cの例】

　　(13) a. 当はらの宮、愛子のみちをうけさせましますによつて、ぜひ

---

12) 中世前期(13C以降)から見られはじめた、最小限の範囲を示す意味は、『日葡辞
　　書』の記載からも見て取れる。
　　(例)Xemete. セメテ(せめて)少なくとも，あるいは，最小限.
　　　　　　　　　　　　　　　　　　　　　　　　(邦訳日葡辞書・p.749)

なく位ををしとられ給て、せめて廿年の御宝算をだにもた
もたせ給はず、わずかに十七年の春秋を送かねて、かやう
にかくれさせ給ふぞあさましき。　　（保元物語・巻上・p.56)
b. 后ハ王宮ニヲハスナレバ、今生ニテ再ビ相見ン事有ガタシ。
セメテ汝ヲダニ一目見タラバ、縦我命ヲ失フ共悲ム処ニアラ
ズト思キ。　　　　　　　　　　　（土井本太平記・巻32・p.219)

　(13a)は皇子を無理に即位させたが、在位任期として最小限の20年
の在位すらならない内に崩御した、という内容である。この例は期間
(広義の数量)を表す語（「廿年の御宝算」）や最低限を表す「だに」を伴っ
て、他の例と同様に最小限の意味を持つ。事態の不成立を表す否定文
で用いられているためか、願望の意味は直ちには読み取れないが[13]、
内容上、在任してほしいという話し手の気持ちが現れていると解釈で
きる。(13b)は事態の実現が容易でないという文脈で現れるため、「せ
めて」が用いられる文からは「それでもなお、これだけでも」の意味が
読み取れる。

　他に、(14)の「色ノ青カリケレバ」のような属性の形容詞と共起した
例は「非常に、極めて」などの意で解釈できる[14]。程度の甚だしさを表

---

13) 小田(2015)によれば、「「だに」が否定・反語に用いられると「ある事態が成立し得
　　る最小限度の事柄が起きていない」の意から、事態の成立の全否定が含意される」
　　(p.413)という。
14) 次例は、「せめて」の後に属性の形容詞「長い」を含む「長くとも」が現れているが、
　　この例は「無理に長生きすることも、他の事以上には思い申し上げなさらなかっ
　　た」という内容で「せめて」は「無理に」という様態的意味Aで用いられていると判
　　断し、程度的意味を表す例（「その他」）に分類していない。
　　(例)御心地もやう／＼おこたらせ給へば、嬉しくおぼしめさる。せめて長くと
　　　も、こと事よりは思申させ給はざりけり。　　　　（栄花物語・巻下・p.473)

す例は、本調査では中古の1例(＝(9))と中世の3例((14)と「宇治拾遺物語」「太平記」の1例ずつ)の4例しか見られない。

【「その他」の例】

(14) 其ノ人殿上人ニテ有ケルニ、責テ色ノ青カリケレバ、□欠字ノ殿上人皆此レヲ、青経ノ君トノ付ケルテ咲ヒケル。 　　　(今昔物語集・巻28・p.88)

　表2は中世の「せめて」の資料別・用法別の用例数をまとめたものである。

表2 中世における「せめて」の用例数

		A	B	C	その他	合計
中世前期	大鏡	4	2			6
	讃岐典侍日記	1	4			5
	今昔物語集	12	3		1	16
	式子内親王集	2	2			4
	新古今和歌集	1				1
	保元物語	1		3		4
	平治物語(半井本)			1		1
	平家物語(覚一本)	3		3		6
	愚管抄	2	1	4		7
	建礼門院右京大夫集			1		1
	栂尾明恵上人遺訓			2		2
	撰集抄	2	2	2		6
	宇治拾遺物語		3	1	1	5
	十訓抄		3			3
	古今著聞集			1		1
	沙石集	4		1		5
	とはずがたり	1		1		2
中世後期	太平記(土井本)	4	2	11	1	18
	曽我物語	2	1	6		9
	増鏡		1	4		5
	義経記	2	1	6		9
	謡曲	1		3		4
	正徹物語			1		1
	天草版平家物語		1	4		5
	どちりなきりしたん			8		8
	ばうちずもの授けやう	1				1
	おらしよの翻訳			1		1
	エソポのハブラス			2		2
	こんてむつすむん地	1		5		6
	天正狂言本			1		1
	虎明本狂言集	3		10		13
	狂言六義	1		8		9
	御伽草子			14		14
	合計	48	27	103	3	181

　表2から、中古からの様態的意味(A、B)を表す例は、中世前期にお
いても引き続き見られるものの、中古に比べると中世後期(太平記(土

井本)~)以降大幅に減少する様子が見て取れる。また、程度的意味を
表す例(その他)は中世を通して3例見られるのみであり、中世後期以
降は見られなくなる、史的に見れば局所的な用法である[15]。一方、中
世前期(13C以降)から現代語と同様の「これだけでも実現してほしい」
という話し手の最小限の願望の気持ちCを表す例が見られはじめ、中
世において最も多く用いられている。なお、このCは中世後期からは
安定して現れるようになる。

3.3 近世以降

　中世前期(13C以降)に見られはじめた「せめて」の話し手の最小限の
願望の気持ちを表す意味Cは、近世以降、中心的な用法になってい
く。一方、中世を通して減少した様態的意味を表す例は近世になると
A「しいて、無理に」の例は見当たらず、B「切実に、無性に」の例が僅か
に1例見られるのみである。以下に近世の例を示す。

---

15) 中世における程度的意味を表す例は、(14)と以下に示す「宇治拾遺物語」「太平記」
　の1例ずつの3例である。

　（ⅰ）これは<u>せめて</u>、ぞくじん[俗人(教養の低い人)]なれなれはいふにたらす、か
　　　のもんくはんそう正のふるまひを、つたへきくこそふしぎなれ、

　　　　　　　　　　　　　　　　　　　　　　　　（土井本太平記・巻12 ・739行）
　（ⅱ）歩めば、身を振り肩を振りてぞ歩きける。色の<u>せめて</u>青かりけれは、「青常
　　　の君」とぞ殿上の君達はつけて笑ひける。　　（宇治拾遺物語・巻11 ・p.331）
　まず、「太平記」の例（ⅰ）を見ると、「せめて」の後に名詞述語が現れた例であ
る。井手(2003)では南北朝時代の一時的な使用例で、程度副詞意味に多少の価値
観の混入した軽蔑の意の「せいぜい、たかが」の意を表すと説明されている。し
かし、本論では（ⅰ）を「これは至って教養の低い人間だから［無礼なことをする
のは］言うまでもないが」という内容と解釈し、「至って、甚だしく」のような程
度的意味を表す例と見なす。なお、可能性としては「しいて(言えば)」の意味に
も解釈できるかもしれない。次に「宇治拾遺物語」の（ⅱ）は例(14)の「今昔物語集」
と同文的な類話である。

　まず、(15)は心理的・感情的に切迫した様子を表すと捉えられ、「無性に」の意に解釈できる。

【様態的意味Bの例】

(15) a. 御身は是よりとう／＼帰り菩提をとうてたび給へと、鬼を欺く[鬼のような]景清も不覚の涙を流しける道理、<u>せめて</u>あはれなり。　　　　　　　　　（〔上・浄〕出世景清・1685年・p.42）

　次に、(16)は当該事態の実現にまつわる話し手の最小限の願望の気持ちを表すCの典型例である。

【最小限の願望の意味Cの例】

(16) a. ぼうふりむしのもんどうくに／＼のほうふりむし、京三でうのはしに会合して、此ひでりにて、われ／＼がすみかなし。いかゞせんといひけれバ、一つの老むしがいはく、だんこうもときによる。このひでりにてハ、なか／＼水にすまれずと云ときに、若むしがいはく、<u>せめて水へんになりともすミたし</u>といふ。

　　　　　　　　　　　（〔上・噺〕軽口蓬莱山・1733年・p.270）

b. 我心をせいしかねたるまくら一ツは中／＼になにゝたとへんかたもなふ、<u>せめて</u>しばしはわすれも<u>せめ</u>とそう／＼かくの御事＝候、　　　（〔上・洒〕異本郭中奇譚・1771年・p.325）

c. 馬士→権平「コレ権平さま、こうしてくだんせ、わしも途中じや、しよことがない。<u>せめて</u>、うちへいぬまで、まつてくだ

　　んせ。そのかはり、こゝで此ぬのこをわたすに」
　　　　　　（〔江・滑〕東海道中膝栗毛・5編下・1802-1809年・p.258)

　また、構文的には、現代語のような最低限や頻度などを表す助詞も
しくは願望系表現と共起するという特徴を持つ。すなわち、(16a)(16c)
は限度を表す助詞「なりとも」「まで」、(16b)は期間(広義の数量)を表す
語「しばし」を伴い、また(16a)の「すミたし」、(16b)の「わすれもせめ」、
(16c)の「まつてくだんせ」のように事態の成立を望む希望・意志・依頼
の願望系表現と共起している。
　さらに、(17)はお顔を拝もうとする願望系述語(意志)を伴い、話し
手の願望の気持ちを表すことからCに属する。

【最小限の願望の意味Cの例】

(17)　参内と聞し召、立出給ふ御台所。襖の下に戸浪を押隠し人目包
　　　も余所ながら、お顔をせめて拝ませんと心づかひは希世が手
　　　前、　　　　　　　（〔上・浄〕菅原伝授手習鑑・1746年・p.57)

　しかし、構文の面では(17)の「せめて」は様態的意味A、Bの例のように
動詞述語の直前に現れ、また最低限の助詞や数量・頻度表現を伴ってい
ないことからCの典型例ではない。Cに属する「せめて」は原則的に願望の
範囲が最低限であることを示す名詞句の前に現れるが、このような出現
位置からは外れている。なお、意味の面での可能性としては、(17)は拝
む行為に対して「切実な思いで、切実に」という様態的意味を表すとも解
釈でき、Bに非常に近い例であると考えられる。Cの例のうち、Bに近い

例はごく僅かであるが　103例中4例(約4％)見られ、どれも「せめて」の後に感情・情意の心的内容にまつわる動詞述語が現れる。

　表3は、近世の「せめて」の資料別・用法別の用例数をまとめたものである。

表3 近世における「せめて」の用例数

		A	B	C	判断不能	合計
前期上方語	仮名草子	1		16		17
	狂言			3		3
	浮世草子(評判記を含む)			137		137
	浄瑠璃		1	61		62
	噺本			57	1	58
	その他(随筆・法語・心学書)			7	1	8
後期上方語	浄瑠璃			31	1	32
	歌舞伎資料			5		5
	噺本			14		14
	洒落本			5		5
	読本			6		6
	その他(随筆)			1		1
後期江戸語	歌舞伎資料			12		12
	噺本			35		35
	洒落本(黄表紙を含む)			16		16
	読本			22		22
	滑稽本			23	1	24
	人情本			26	2	28
合計		1	1	477	6	485

　表3から、中世後期以降増加した、話し手の最小限の願望の気持ちを表すCの例は、近世期に一層増加し、「せめて」の例全体がCでの使用に偏る傾向を見せるようになることが分かる[16]。この使用傾向は後

16)　形態面では、用法Cの例はどの形態にも見られるものの、セメテの形が圧倒的に多い。セメテモの例では中世まで見られた連用修飾用法の例はほとんど見られず、連体修飾用法の例も僅かである。一方、セメテハは中古・中世に見られ

述する近代の使用実態(表4参照)からも確認でき、現代語に至るまで変わらない。また、中古から見られた様態的意味Bを表す例は前期上方語資料に僅か1例見られるのみであり、それも時代物の浄瑠璃『出世景清』の文語体の資料において用いられている。

　なお、近代になると、A「しいて、無理に」とB「切実に、無性に」の例は見当たらず、近世以降「せめて」の中心的な用法になった話し手の最小限の願望の気持ちを表すCのみ見られる。構文的には、近代の例の大部分が最低限や頻度などを表す助詞および願望系表現の両方と共起している。

【最小限の願望の意味Cの例】

(18) a. 重二郎→おいささん「元の様になれんでも、<u>責めて</u>元の身代の
　　　　半分に<u>でも</u>身上が直つたら、おいささん、お前と夫婦に<u>成り
　　　　ませう</u>」　　　　　　　　　　　　（英国孝子之伝・1885年・p.201)

　　 b. 「いえ、それも勿論強いて先生から、是非の御判断を伺わなく
　　　　てはならないと申す訳ではございません。ただ、私がこの年
　　　　になりますまで、始終頭を悩まさずにはいられなかった問題
　　　　でございますから、<u>せめて</u>その間の苦しみ<u>だけでも</u>先生のよ
　　　　うな方の御耳に入れて、多少にもせよ私自身の心やりに<u>致し
　　　　たいと思う</u>のでございます」　　　　　　　　（疑惑・1919年)

　表4は、近代の「せめて」の資料別・用法別の用例数をまとめたもの

　　た様態的用法Aが消え、近世には専ら用法Cの例しか見られないものの、用例
　数はセメテモに比べて多い。

である。

表4 近代における「せめて」の用例数

	年	C	その他	判断不能	合計
西洋道中膝栗毛	1870	1			1
春雨文庫	1876	1			1
英国孝子之伝	1885	1			1
『国民之友』	1887	8			8
	1888	14			14
『女学雑誌』	1894	1			1
『女学世界』	1909	1			1
『婦人倶楽部』	1925	1			1
『太陽』	1895	22	1	1	24
	1901	29			29
	1909	26			26
	1917	27			27
	1925	15			15
『青空文庫（小説）』	1901-1910	70		1	71
	1911-1920	100			100
	1921-1930	179		1	180
	1931-1940	314		6	320
	1941-1945	33			33
合計		842	1	9	853

* 文体的な面では、『国民の友』の全22例は文語体、『女学雑誌』『女学世界』『婦人倶楽部』の全3例は口語体の例である。『太陽』での文語体と口語体の用例数は、1895年は20例と4例、1901年は22例と7例、1909年は22例と4例、1917年は0例と27例、1925年は1例と14例である。

　表4から、近代資料に見られる「せめて」の例全体が専ら話し手の最小限の願望の気持ちを表すCで用いられていることが分かる。前述したように、このような使用傾向は現代語に至るまで変わらない。

4. 史的変遷のまとめ

　本章では、「せめて」の副詞用法が見られはじめる中古から現代語のような意味・用法が現れる中世までの例を中心に、その使用実態と意味・用法の通時的変化について記述した。その結果を以下にまとめる。

　中古の「せめて」は主に意志的行為を表す動詞述語を修飾し、「つとめて、しいて、あえて」と訳せるような様態的意味Aを表していた。加えて、中古には、情意を表す動詞述語や形容(動)詞述語を修飾する例も見られ、それらは「切実に、たまらなく、無性に」などの様態的意味Bを表していた。いずれにしても様態副詞用法であり、それらが中古の主な用法であった。その他の周辺的用法として変化動詞(「かけ離れる(＝疎遠になる)」)や属性形容詞(「青い」)という状態性述語を修飾する例が僅かに見られ、この場合には「非常に、極めて」などの程度的意味で用いられていた。「せめて」がこれらの意味を表す例は中世後期以降はほとんど見られなくなる。

　その一方で、中世前期(13C以降)に入ると、「これ以上は無理と分かっていても、それでもなお、これだけは実現したい」という話し手の最小限の願望の気持ちCを表す例が見られはじめ、後期には79％(表2において、太平記(土井本)から御伽草子の全106例中、Cは84例である)を占める、「せめて」の中心的用法になる[17]。これに伴い、

---

17) Cにおいて願望する範囲が最も厳しく狭まれた「最小限」になるのは、他の用法でもAの「無理に」、Bの「無性に、切実に」、その他の「きわめて、極度に」のように切迫した様子や程度の激しい、甚だしい様子を表す意味が現れることと関連しているように思われる。これに関連して、渡辺(2001)は語源的観点から「せめて」の最も自然な用法が「小の方向へと希望を狭めて行ってという用法だ」(p.80)とする。このように、「せめて」の語源と見られる「せむ」「せまる」が狭いこ

構文の面でも、中世から近世にかけて、最低限度を表す助詞(「だに、ばかり」や「なりとも」)や数量・頻度を表す語(「一本」「五日に、一度」)を伴う例、また事態の実現にまつわる願望系表現と共起する例が増加するという変化が確認された。近代になると、近世以降「せめて」の中心的な用法になった話し手の最小限の願望の気持ちを表すCで専ら用いられるようになり、現代語の用法に至っている。

　以上より、通時的に見て「せめて」は、後接の動詞述語の様態を表す副詞から最低限の事態の実現を願望する話し手の気持ちを表す叙法副詞へ中心的用法が変化していく様子が見られる。意味変化の筋道を考えると、「せめて」は「追い詰める、責め立てる」などの意味を持つ動詞「せむ」の連用形+テ形からできた語であることから、副詞として使われはじめた当初(中古)はA「つとめて、しいて」、B「切実に、無性に」という様態的意味で用いられていた。「せめて」の修飾対象を見ると、Aの例は意志的行為を表す動詞述語、Bの例は情意の心的内容を表す動詞や形容(動)詞述語など無意志性の述語のように異なっている。しかし、後続する述語の様態を外的に(物理的に)表すか内的(心理的に)表すかという違いはあるものの、意味の面では(外的にも内的にも)切迫する様子を表す点で共通している。ただし、B「切実に、無性に」は感情・情意を表す述語と共起して心的様子を表す点で話し手の感情や気持ちを表すCにも近い。このことから、Bは後続する述語の心的様子を詳しく表す点では様態的意味A、感情・情意の持つ心的内容を表す点では評価的意味Cに近い面を持つ。したがって、BはAからCへ意味が変化する過程

とを表す「せ」と同源であることが話し手の願望する事態の範囲を狭める(限定する)意味合いを派生させた可能性が考えられるが、更なる議論の余地がある。

において過渡的な例であり、Bを介してA→B→Cのように様態的意味か
ら評価的意味への変化を連続的に捉えることができる。

　なお、変化のパターンとして「せめて」の通時的変化に似た様相を見
せる語に「せいぜい」(第4章参照)がある。「せめて」は最小限の方向
へ、「せいぜい」は最大限の方向へ、という正反対の語彙的意味ではあ
るが、限定的意味を表す方向へ副詞化を辿る点では類似している。ま
た、「せめて」の他に、叙法副詞化する過程で一時的に程度的意味(特
に程度の甚だしさの意)の例が見られる語として「いっそ」(第1章参照)
が挙げられる。

第7章　どうせ

1. 先行研究と問題の所在

　現代語において、副詞「どうせ」は当該事態について望ましくないと思う話し手の否定的評価[1]を表し、(1)のように主節で使われる例もあれば、(2)のように従属節で使われる例もある。後者の従属節で使われる例は、主にカラ節もしくはナラ節で用いられる(小矢野 2000、渡辺 2001、今西 2002、呉 2010、蓮沼 2011 など)。以下、用例において接続形式は波線、それ以外の共起する諸形式(形式名詞や否定のナイなど)は点線で示す。

(1) a. 「谷川さんおかしいですよ」「なにが?」「そんな言い方ですよ」「綺麗ごとを並べ立てたって、どうせ信用しないだろう」「ま、いいですけどね」安部は言葉を濁した。　　　(兜町物語・1991年)

　　 b. 「そうそう、哲学堂だった。今日もそちらでいいんですか?」

---

1) 具体的には、「侮蔑または自嘲・好ましくないこと」(飛田・浅田 1994)、「見くびりのムード」(杉本 2000)、「たかをくくる・自分にとって嬉しくない・面白くない・歓迎できない事柄」(渡辺 2001)、「価値を低く見積もる・望ましくない」(菊地 2005)と指摘されている。著者はこれらの指摘にある意味特徴を合わせて「否定的評価」と呼ぶ。「どうせ」の持つ否定的評価の詳細な意味特徴(性質)については菊地(2005)が詳しい。

「いいよ。いいも悪いも、どうせそこしか帰る場所はないんだ」「帰るところがひとつに決まっているってのは、便利でいいです」と運転手は言う。　　　　　（アフターダーク・2004年）

(2) a. 青紫は、簡易炊事場に立つと、お湯を沸かし始める。「あ、あの、お構いなく」冴葉が言うと、青紫は、「どうせ自分も飲むから、気にしないで—」と応えた。「捜査の方は、順調なの？」青紫は、冴葉の正面に座ると、穏やかな調子で語り掛けてくる。　　　　　　　　　　　（紅玉の火蜥蜴・2004年）

b. 秋葉さんとも相談してあっちこっちに声をかけたら、こんなに集まっちゃったの」能勢夫人は笑いながら答えた。「逸郎がね、どうせ子どもを集めてやるなら何かイベントつきがいいって言って、今、タイムカプセルを埋めようとしているところ」　　　　　　　（れんげ野原のまんなかで・2005年）

　しかし、実際「どうせ」の例では(1)のように否定的評価が読み取れる場合もあるが、(2)のように否定的評価が読み取りにくい場合もある。「どうせ」の否定的評価の有無について、それが現れる構文的条件（「主節で使われるか、従属節ならカラ節で使われるかナラ節で使われるか」）に注目すると、(1)のように主節で使われた例に比べて、(2)のように従属節で使われる例において否定的評価が読み取りにくいように思われる。

　このような否定的評価の有無と構文的条件の関係は近現代語の「どうせ」の用例全体に適用できるだろうか。先行研究間では「どうせ」が

用いられる構文的条件と、否定的評価が読み取れるか否かという意味
上の特徴を捉える観点の相違が見られる。

　一つは「どうせ」が使われる構文的条件によって、否定的評価の意味
を表す場合と表さない場合の2つの用法に分けて考察する立場(小矢
野2000、今西2002)である[2]。もう一つは2つの用法に共通する意味
を認めた上で、その否定的評価を表す典型例の条件を設け、そこから
どの条件が欠けて否定的評価を表さない非典型的用法(＝周辺的用法)
になっていくのか、という観点から考察する立場(菊地2005、有田
2006)である。

　まず、前者の立場である小矢野(2000)は「どうせ」が「順接仮定条件づ
けを表す「～なら」の形の従属節に現れる場合は、その従属節が表す事
態にプラスなりマイナスなりの評価的意味が伴っているとは言えない」
(p.231)のに対して、「評価的な意味がもっとも強く現れるのは、「どう
せ」が順接確定条件づけを表す「～(のだ)から」の形の従属節に現れる場
合と、連文が根拠・理由づけの関係で結ばれている場合である」(p.232)
と述べている。

　これに対して、今西(2002)は「どうせ」の構文パターンを「どうせP。」
「どうせPなら、Q。」「どうせPから、Q。」の3つに分類した上で、「どう
せP。」「どうせPなら、Q。」では、「話し手はPを望ましくない事柄、評
価に値しない事柄であると認識している」(p.11)のに対し、「どうせPか
ら、Q。」では、「Pが話し手にとって望ましくない事柄、評価に値しな
い事柄ではない場合がある」(同)とする。しかし、今西(2002)ではカラ

---

　2) 他に、「どうせ」に2つの意味(否定的評価の有りと無し)を認めるものとして工藤
　　(1982)、森田(1989)、『日本国語大辞典(第2版)』(2001)がある。

節において否定的評価の意味が読み取れない根拠については説明され
ていない。

　上記より、小矢野(2000)と今西(2002)は、カラ節とナラ節における
否定的評価の意味の有無に関して相反する主張を述べていることが分
かる。両者の主張に反する例は容易に見出すことができる。順接確定
条件節(カラ節)では、(3a)のように否定的評価の意味が読み取れる例
もあれば、前掲の(2b)と次の(3b)のように否定的評価の意味が読み取
れない例もある。また、順接仮定条件節(ナラ節)でも(3d)のように否
定的評価の意味が読み取れる例もあれば、前掲の(2a)と(3c)のように
否定的評価の意味が読み取れない例もある。つまり、(3a)と(3c)は今
西(2002)の主張に対する反例であり、(3b)と(3d)は小矢野(2000)の主張
に対する反例である。

(3) a. 本当に嫌いになったら、会いになんてこないものだ。男の家に
　　　おいてきた　自分の持ち物なんて、どうせたいしたものでもな
　　　いのだから、くれてやったらいいだろう。

　　　　　　　　　　　　　　(次の恋までのカウントダウン・1992年)
　　b. 寺島から横須賀まで、およそ五里の道のりだった。「それじゃ
　　　どうせついでだから、横須賀に寄らしてもらうかな」

　　　　　　　　　　　　　　　　　　　(大江戸犯科帖・2003年)
　　c.「あーあ、下関へ行って、獲れたてのふぐを食べたいねぇ」香苗
　　　がぽつんと言う。「いこ、いこ。飛行機で行けば日帰りが出来
　　　るわよ」「やーよ。どうせ行くならひと晩ゆっくりしたいわ。

　　　　　　　　　　　　　　　　　　　　(美食倶楽部・1989年)

　　d. いくら教師が子ども好きでも、大人に評価されないのは切ない
　　　　ものだ。この時、立派な者は「子どもの生き生きした顔こそわ
　　　　が生きがい」と悟りの境地に入り、だめな者は「<u>どうせ</u>誰も評価
　　　　してくれないのなら適当でいいや」となる。

(授業の復権・2004年)

　次に、「どうせ」の２つの意味に共通する意味的特徴を認めているも
のに菊地(2005)と有田(2006)がある。菊地(2005)は、「どうせ」がどのよ
うな文型に現れていても(典型的な用法でも非典型的な用法でも)、そ
れには「方針の策定や事態の展開の予想などをしようとするシミュレー
ションの中で、ある事柄がどうあっても＜動かない＞ことを述べる」
(p.429)という中心的な性質があると述べている。有田(2006)は、「どう
せ」の意味を話し手にとってその真偽が定まっている「主観的既定性」
とし、「どうせ」は「「どんな条件下においても」と同義であり、「どうせ
P」におけるPが、いかに動かし難い事態であるかを強調している」
(p.43)と述べている。両者は「どうせ」の表す中心的な意味特徴につい
ては明確に示しているが、構文的条件とのかかわりについては考察さ
れていない。本章では、菊地(2005)および有田(2006)の現代語に関する
捉え方に従うことにし、明治以降の「どうせ」の用例を対象に、その意
味・用法を記述するとともに、「どうせ」が使われる構文的条件と否定
的評価のかかわりについて考察する。
　一方、これまでの「どうせ」についての研究は、現代語を中心に、そ
の意味および構文上の特徴を考察したものが多く、辞書の記述を除け
ば、「どうせ」の副詞用法の成立と展開については十分に明らかとなっ

ていない。そこで本章では、「どうせ」について副詞用法が見られはじめると見られる近世期の使用実態と意味・用法の変化についても考察する。分析の際、近世期において「どうせ」の用法と似た表現として多用されている副詞「どうで」の用例も取り上げる。『言海』(1889-1891)の記述によれば、「どう-せ(副詞)何レニシテ。ツマリ。ドウデ。「―勝タレヌ」」、「どう-で(副詞)何レニストモ。ツマリ。ドウセ。「―出来ヌ」」のように、「どうせ」と「どうで」がほぼ同じ意味で使われていたことが知られる。そこで、近世という同時期に類似した意味を持つ両者の使用実態を調べ、その相似・相違についても検討することにする。

2.「どうせ」の出自

　本節では、「どうせ」の各用法の詳細を考察する前に「どうせ」と「どうで」の原義を確認し、これに基づいて副詞用法の初期例の意味について述べる。

　語構成の面で「どうせ」と「どうで」はどちらとも不定語の「どう」を含んでいる。不定語の「どう」が定着して発達するのは、中世末から近世初期にかけてとされる(柳田1978、荻野2003)。「どう」を含んだ「どうせ」と「どうで」の例は近世以降から確認できる。両者の語源は以下のように考えられている。

　まず、「どうせ」は『日本国語大辞典(第2版)』に「副詞「どう」に動詞「する」の命令形「せ」が付いてできたもの」(9巻p.989)とある[3]。しか

---

3) 次の辞書類にも同様の説明が見られる。「副詞「どう」に動詞「す」の命令形「せ」が

し、より厳密に言えば、「どうせ」は不定語の「どう」にサ変動詞の命令形の「せよ」(「せよ」の音変化した「せい」)が組み合わさった「どうせよ(どうせい)」から成ったものと見られる。今回の調査範囲では「どうせよ(どうせい)」の単独の例は見られなかったが、(4)のように「どうせい」が「かうせい」と対を成した反復形(「〜せい〜せい」)の例(1例のみ)は見られる。この例でのサ変動詞の命令形「せ」には行為実現を求める意味が読み取れる。

(4) ぼん様兄様、徳兵衛<u>どうせいかうせい</u>というたを彼奴がきつと覚えてゐる。　　　　　　（〔上・浄〕女殺油地獄・1721年・p.403）

「どうせ」単独の副詞用法の例は、(5)のように近世前期上方語資料(浮世草子)に見られはじめる。(5)は調査範囲での初出例である。

(5) かふ申せば異な物でござりますが、有様が、彼方がそれ程の全盛のお身でもなければ、お前ほどの福な旦那を取放してはと、欲でおつしやる共存じませふが、皆お客方から、明き日をお頼みなされて、お隙といふては微塵ない御盛のお身で、お前お一人にあのお心遣ひは、<u>どふせ</u>此世ばかりの終の縁ではござりませぬ。　　　　　　（〔上・浮〕傾城禁短気・1711年・p.344）

付いて成った語」(『角川古語大辞典』(1994：616))、「副詞「どう」に動詞「す」の命令形「せよ」の転である「せ」が付いたもの」(『大辞林(第3版)』(2006：1781))、「副詞「どう」＋動詞「す」の命令形「せよ」の音変化から」(『大辞泉』(1995：1878))。なお、『江戸語大辞典』(1974：695)には語構成に関する記述はないが、「どうするにせよの意」を表すとある。

　次に、「どうで」については、『江戸語大辞典』(1974)に「どうであれの略」
(p.696)とある。しかし、「どうであれ」の例は近世資料には見当たらない
ようである。北﨑(2014・2016)によれば、近世以前は「にもあれ」「にても
あれ」「でもあれ」のように「も」が付いた形式が用いられ、「にもあれ」「に
てもあれ」から「も」が脱落した「であれ」の成立は明治以降である。このこ
とから、「どうで」を「どうであれ」の略とする『江戸語大辞典』(1974)の記述
は歴史上の使用実態を正確に捉えているとは言いがたい。しかし、「どう
で」を「どうでもあれ」の略と考えるわけでもない。本章では「どうでも」を
「どうで」の語源と考えたい。その理由は、「どう＋で(「にて」の音変化)＋
も」に「あれ」が付いてできたと見られる「どうでもあれ」の例が近世期に見
いだせないことによる。ここで重要なことは、語源が「どうでも」と「どう
でもあれ」のいずれであっても、「どうで」は不定語「どう」と逆接仮定条件
を表す「でも」あるいは「でもあれ」が組み合わさってできたものであると
いうことである。

(6) a. 「此中ほうこうにやりますれ共、又しても帰りまするゆへ、ど
　　　ふでもかんにんが成ませぬ」といふを、

　　　　　　　　　　　　　　　（〔上・伎〕代々の御神楽・1698年・p.226)

　　b. 「…是娘にかまひ有ならばそれはさきとのつめひらき、此方に
　　　かまはぬこと、どふでも是はまはし物、近比わるいしかたと
　　　いへばヤア」

　　　　　（〔上・浄〕おなつ清重郎五十年忌歌念仏・1709年・p.459)

また、次の(7)のように「どうでも」も(4)と同様、「どうでもかうでも」
と反復形(「～でも～でも」)で用いられる例(1例のみ)が見られる。

(7) 山又山に山めぐり、ハヽハ面白い、<u>どうでもかうでも</u>吾妻殿を奥
　　へ連れてと引立つる。

　　　　　　　　（〔上・浄〕山崎与次兵衛寿の門松・1718年・p.30)

なお、「どうでもかうでも」から「も」が脱落した「どうでかうで」の例
も見られる。

(8) ぼんめがけふの清書ハよう出来た。さらバ見せて来ふと、ねんご
　　ろあひへくわいちうしてもて行、久しうおめにかゝりませぬ。
　　<u>どうでこうで</u>のあいさつで、ふところへ手をいれたれバ、

　　　　　　　　　　（〔上・噺〕軽口機嫌嚢・1728年・p.190)

このように、「どうでも」などの類型は「も」の付着した例と脱落した
例が同時期に見られ、このことから「どうで」の形は語源と見られる「ど
うでも」から付着の自由な「も」が脱落して成ったものと推察される。
　「どうで」単独の副詞用法の例は、次の(9)のように17C末期頃から見
られはじめる。(9)は調査範囲での初出例である。

(9) [女郎の身請けのことで相談話をしている侍同士(遊郭の客と大夫
　　の夫)]「むゝ然らば言で云ても済む事を、なぜ指を切たぞ」「され
　　ば心中をみせよと云ゆへ、<u>どうで</u>切指じやによつて切た」「むゝ

どうでも切指じやとは」

（〔上・伎〕けいせい浅間嶽・1698年・p.67）

　以上、語源の語構成に着目すると、副詞「どうせ」と「どうで」はそれ
ぞれ「どうせよ（どうせい）」と「どうでも」から、構成要素の一部が脱落
して形成された。では、両語が副詞として用いられはじめた当初の意
味について考察する。

　まず、「どうせよ（どうせい）」に含まれる命令形は行為実現の積極的
要求ではなく、放任の意を表し、そこから逆接仮定条件を表すように
なったという（小柳2015）。なぜなら、逆接仮定条件は、その行為が実
現してもしなくても、帰結に影響がないことを表すので、本質的に放
任的である（小柳2009）。次に、「どうでも」に含まれる「でも」は逆接仮
定条件を表す。このことから、「どうせ」と「どうで」の語源は、「どの
ような場合であっても」あるいは「いずれにしても」に近い意味（以下、
「どうせ」と「どうで」の「基本的意味」とする）を表す。

　関連して、「どうせ」と「どうで」の語源（「どうせよ（どうせい）」と「ど
うでも」）に近い意味を表す表現類は古代語から見られる。管見の限り
で抽出・収集できた例を以下に挙げる。

(10) ① か～かく～系 ： かにかくに、かもかくも、かにもかくにも　等
　　　② と～かく～系 ： とにかくに、とにかく、ともかくも、とも
　　　　　かく、とかく、とにもかくにも、ともあれかくもあれ・と
　　　　　まれかくまれ、とやかくや、とてもかくても、とてやかく
　　　　　てや　等

③ 不定語「いずれ、どう、なに」系 ： いずれにても、どうあっ
ても、どうかこうか、どうぞこうぞ、どうでもこうでも、
どうともこうとも、どうなりこうなり、どうにかこうにか、
どうにもこうにも、どうもこうも、どうやらこうやら、な
にもかも　等

　これらの表現の多くは、指示(副)詞や不定語が助詞「に」「も」や放任
を表す命令形を伴うものが、対を成す(反復する)構造を持つ。なお、
上記の表現類は、現代語にも「いずれにせよ／いずれにしても」「〜は
ともあれ」「とにかく」などの副詞成分として残っている。
　以上のような語構成上の特徴と副詞用法の初期例の意味を踏まえ、
次節では近世資料に見られる副詞「どうせ」と「どうで」の使用実態につ
いて考察する。

3. 時代別の使用実態

3.1 近世

3.1.1 「どうせ」と「どうで」の副詞用法

　本節では「どうせ」と「どうで」が修飾する後続事態の特徴に注目しな
がら、近世期におけるそれぞれの使用実態と意味・用法を考察する。
表1は近世資料に見られる副詞「どうせ」「どうで」の用例数をまとめた
ものである。

表1 近世における「どうせ」と「どうで」の用例数

		どうせ	どうで
前期上方語資料	浮世草子	1	1
	世話物浄瑠璃		9
	歌舞伎		2
	噺本		
後期上方語資料	世話物浄瑠璃		1
	歌舞伎		9
	噺本		3
	随筆		3
	芸談		1
	洒落本		42
後期江戸語資料	黄表紙		3
	歌舞伎		4
	噺本		6
	洒落本	2	6
	滑稽本	10	7
	人情本	20	34

　表1から、「どうせ」は後期江戸語資料に偏って用いられていること
が分かる。また、「どうせ」の例は1例しか見出せず、後期上方語資料
には例が見られなかった。これに対して、「どうで」は近世前期から多
く用いられ、後期にも前期に続いて上方語と江戸語の両資料に広く用
いられていることが確認できる(それぞれ100例と109例)。近世期に
おいては、「どうで」の方が「どうせ」より多用され、優勢であったと見
られる4)。

───────────────

4)　このことから、「どうせ」と「どうで」の間には地域による使用の偏りがあったこと
　が推察される。加えて、「どうせ」は近世期において広く使われていた「どうで」に
　取って代わって、近代以降は共通語として広く使われている。一方、「どうで」は
　明治・大正期にその例が数例見られるが、昭和期には例が見られなくなり、現在
　の東京語(共通語)では用いられていない。このような近代以降の「どうせ」「どう
　で」の消長についてはなお後考を期したい。

　2節で述べたように、「どうせ」と「どうで」が副詞として用いられた
当初は、その語源や上記の表現類と同様、「どのような場合であって
も」「いずれにしても」の意味で用いられ、否定的評価の意味を持たな
かった。副詞「どうせ」の場合は、語源「どうせよ(どうせい)」における
動詞「す(る)」の動作性という実質的な意味が稀薄になり、語源の語構
成要素である命令形「せよ(せい)」を含む句全体が逆接仮定条件を表す
ようになったことで、「どのような場合であっても(結局当該事態にな
る)」という意味で解釈される。次に「どうで」の場合も逆接仮定条件形
式を含む語源「どうでも」の影響から、「どうせ」と同様の意で解釈され
る。以下で、実例で見ていく。

　次の(11)は近世前期の上方語資料に見られる「どうせ」と「どうで」の
副詞用法の初期例である。

(11) a. かふ申せば異な物でござりますが、有様が、彼方がそれ程の
　　　　全盛のお身でもなければ、お前ほどの福な旦那を取放して
　　　　はと、欲でおつしやる共存じませふが、皆お客方から、明
　　　　き日をお頼みなされて、お隙といふては微塵ない御盛のお
　　　　身で、お前お一人にあのお心遣ひは、どふせ此世ばかりの
　　　　終の縁ではござりませぬ。
　　　（〔上・浮〕傾城禁短気・1711年・p.344、＝(5)、否定的評価なし）
　　 b. 問ひもせぬに三太郎「旦那様はたった今湯屋へ」といへば、紺
　　　　屋の妻「オヽ／＼どうで湯か茶か飲みにであろ」
　　　　　（〔上・浄〕心中重井筒・1707年・p.70、否定的評価なし）

　(11)のいずれの場合も、話し手は「どうせ」と「どうで」の後続事態について「いずれにしても、結局こうだ」と結論づける言い方をしており、そこから否定的評価の意味を読み取ることはできない。

　一方、近世後期になると、「どうせ」「どうで」のいずれにおいても、(12)〜(14)のaのように前期と同様の「いずれにしても」や「どっちみち」に相当する例も見られるが、(12)〜(14)のb・cのように、話し手にとって望ましくないこと、仕方ないことである、という否定的評価の意味を表す例が目立つ。

【「どうせ」の後期江戸語の例】

(12) a. 水うり「どうして汲おきの水がうられるものか」ばゞ「そしたら、
　　　　此のこり水ウどうしめさる」水うり「しれた事、ぶつこぼすのよ」
　　　　ばゞ「モイどうせぶつこぼす水だら、うらに二三盃のませてくれ
　　　　めさねへか、ちつぴ口イたゝいたので、のどつぴこがからびあ
　　　　がつたモシ」
　　（〔江・滑〕旧観帖・三編・1809-1810年・p.274、否定的評価なし）
　　 b. 遊女のくま「御存の通りわが儘ものだから、どふせ男の気に入
　　　　る事ちやァありませんは」
　　　　（〔江・人〕春告鳥・1836-1837年・p.508、否定的評価あり）
　　 c. 虚ろ「餅ノヲ焼いて、おつ食らうベイとさがしごとをせるだに、
　　　　何を呼ばるのだア、嗽噪しい」茶め「打つ捨つて置きねへ、どう
　　　　せ仕方のねへ奴らだから」
　　　　（〔江・滑〕七偏人・二編上・1857-1863年・p.110、否定的評価あり）

　(12a)は水売りに通りがかりの婆が「どっちみち捨てることになる売れ残りの水なら、少し飲ませてほしい」と言っている場面で、否定的評価の意味は現れていない。これに対して(12b)(12c)は話し手にとってどうすることもできない、仕方ないことだ、という諦めの気持ちが読み取れる。

【「どうで」の後期上方語の例】

(13) a. 遊女の惣嫁「そんなら見よぞいな、ちよつとはいりなんせんか」
　　　　客の太兵衛「どふでもどりによろそ」遊女の惣嫁「そんなら勝手
　　　　になんせ、こんやはお月さんがよふさへさしやつた、おまへ
　　　　けふの髪は高ふいゝなんしたの」
　　　　　（〔上・洒〕郭中奇譚(異本)・1769年・p.326、否定的評価なし）

　　b. ［女郎が花車に正月の衣装について話す場面］女郎「さいな、す
　　　　つきりわたしが、思ふやうにならぬわいな、わたしや、黒ち
　　　　りめんの、しろあげもやうに、しやうといへば、こちのお熊
　　　　さんが、そら色ちりめんの、無地がよかろと、いゝなんす、
　　　　どふで、おもふやうにならぬさかい、わたしやもふ、かまや
　　　　せん程に、どふなとなんせとうそばらが立たさかい、(後略)」
　　　　　（〔上・洒〕月花余情・1757年・p.112、否定的評価あり）

　　c. イヤ、夫ハ病による、或ハつき物か、外から身入等の病なれ
　　　　ハ、加持きとうでのく事も有ふが、五臓から損じて出る病
　　　　き、どうで治る道理がない。
　　　　　（〔上・噺〕慶山新製曲雑話・1800年・p.310、否定的評価あり）

　(13a)は「どっちみち」の意と解釈でき、否定的評価の意味を表さない。これに対して、(13b)(13c)はそれぞれ「おもふやうにならぬ」「治る道理がない」のように、語彙的に否定的な内容を表す述語と共起し、「仕方がない」のような否定的評価の意味に解釈できる。

【「どうで」の後期江戸語の例】

(14) a. 三昧「コレ、此人はや、おれが先へ来たものを」ながしの男「どっちでもいゝ、<u>どうで</u>一緒に帰る者だ」

　　　　（〔江・滑〕浮世風呂・1809-1813年・p.115、否定的評価なし）

　　 b. 文理「それじゃァ猶さらかへられねへ、わつさりと笑ひ顔を見せてくんな、≪とうるみごへにて、なみだふきながらいふ≫ほんに、<u>どふで</u>かぎりのねへ事だ、いればいる程おもひのたねだ、さあ／＼かへろふ」

　　　　（〔江・洒〕傾城買二筋道・1798年・p.460、否定的評価あり）

　　 c. 銭「今度のかゝァめは、死霊で取殺されるは明かだ、又変助も、行末がろくぢゃァねへのさ、人情にかけた事をして善事があるものか、<u>どうで</u>直すなをにゃァいくめへ」びん「今流行る合巻の絵ざうしに有さうな条だ」

　　　　（〔江・滑〕浮世床・1813年・p.312、否定的評価あり）

　(14a)は三助がお客の三昧に「（今流しているお撥さんは友人だから）どっちみち二人一緒に帰るでしょ」と言っている場面で、「どうで」は「どっちみち」のような意を表すが、否定的評価（例えば、「二人一緒に帰ることが仕方ない」などの意味）は読み取りにくい。これに対して、

(14b)(14c)は前後の文脈から「話し手にとってどうすることもできない、仕方ないことだ」という内容と解釈できる。

　表2は、上記のような「どうせ」「どうで」が否定的評価の意味を持つかどうかの観点から近世資料に見られる用例を調査した結果である。

表2　否定的評価の意味を表す用例数

	どうせ		どうで	
	否定的評価あり	否定的評価なし	否定的評価あり	否定的評価なし
前期上方語		1	13	15
後期上方語			52	20
後期江戸語	30	14	78	30

* 近世期の全255例(「どうせ」の46例、「どうで」の209例)から判断不能の2例
　(それぞれ1例ずつ)を除外した253例を調査した。

　表2からは、「どうせ」「どうで」のいずれも近世後期に至って否定的評価が読み取れる例の比重が大きくなることが分かる。

3.1.2　否定的評価の形成

　では、このような「どうせ」「どうで」の基本的意味(中立的意味)から否定的評価の意味はどのように生じたのだろうか。本章では、両者の語源やそれに類似した表現類との関連から、以下のような意味の展開を想定する。

　どのようなことがあっても結果的に動かせない事態は、場合によっては表現主体にとって不本意なものであることもある。そのようなケースを経て、「どうせ」と「どうで」には、「どうしようもない、どのようにもならない」といった諦めの気持ちを伴った否定的評価の意味

が生じるようになったのではないだろうか。

　つまり、基本的意味は、どのような場合であっても当該事態(P)の成立に影響せず、結局Pが成立するというものであるため、表現主体(話し手と書き手を含む)の意志や意図とは無関係に成立することを含意する。このように、「どうせ」「どうで」の基本的意味自体に、表現主体の意志や意図に反して事態が成立するという否定的評価の意味を生み出す素地が備わっていたのだと言えよう。

　意味の展開を上記のように推定することの妥当性は、構文の面での使用実態からも確かめられる。副詞用法の初期段階(近世前期)に比べると、時代が下るにつれ次の(15)(16)のような「どうせ」「どうで」の後続内容に当該事態の成立を確信する述べ方や語彙的否定を表す述語が現れる率が増加する。

【「どうせ」の例】

(15) a. 遊女のくま「御存の通りわが儘ものだから、どふせ男の気に入る事ちやァありませんは」

　　　　　　（［江・人］春告鳥・1836-1837年・p.508、=(12b)）

　　 b. 虚ろ「餅ノヲ焼いて、おつ食らうベイとさがしごとをせるだに、何を呼ばるのだア、嘸嘸しい」茶め「打つ捨つて置きねへ、どうせ仕方のねへ奴らだから」

　　　　　　（［江・滑］七偏人・二編上・1857-1863年・p.110、=(12c)）

【「どうで」の例】

(16) a. 何やら二人さしむかい、人にお隠しなさるゝはどふでろくな事ではあるまい。　　（［上・浄］伽羅先代萩・1785年・p.302）

b. 髪結の亀→清兵衛「(前略)梅花の露の玉の緒も、やがて消へ行有
　　明の、燈油も数募り、どう辛抱して見ても、<u>どうで</u>仕舞は心中
　　もの、御祈念と敬て申す」

（〔江・伎〕お染久松色読販・1813年・p.229）

　以下、副詞「どうせ」「どうで」の成立過程に見られた特徴を共有する事
例を取り上げ、「不定語＋α」の形が「反復形→単独形」「否定述語との共起
増加」という形態・構文上の特徴を獲得することの一般性を述べたい。
　まず、形態・構文上の変化にまつわる特徴を共有する事例として副
詞「どうも」の成立が挙げられる。「どうも」も「どうせ」「どうで」と同
様、不定語「どう」を含むもので、(17)のような反復形が語源であると
見られる。意味の面でも「どのようなものであっても」という意を表
し、「どうせ」「どうで」の基本的意味に近い。

(17) 其腕白さいぢわるで、<u>どふもかふも</u>成こつちやござりませぬ。
　　　　　　　　　　　（〔上・浄〕ひらかな盛衰記・1739年・p.145）

　一方、単独形「どうも」の用法について、川瀬(2014)によれば、本来
「不可能」(内実としては「非現実」)という意味であったという。これが
「話し手の期待通りでないことの生起」と関わることによって、近世後
期江戸語において「趨勢」「感覚的描写」などの意味が派生したと述べて
いる。さらに、近世後期において否定の形式と呼応する例が増加する
点でも、副詞「どうせ」「どうで」の共起条件と類似する。(18a)(18b)は
「不可能」の例、(18c)は話し手の望まない事態が生じてしまうという「

趨勢」の例である。

(18) a. 太夫姿にそなはつて、顔にあいきやう目のはりつよく、腰つ
きどうもいはれぬ能所あつて、

（〔上・浮〕好色一代男・1682年・巻7、（川瀬2014：135））

b. 「きのふ、お庭拝見にいたハい。ドウダ。とんだことよ。泉水
つき山、どふもかふもいへぬ。おく庭の亭で一盃したが、此
庭が又ドウモいへぬ」（〔上・噺〕仕形噺・1773年・p.292）

c. 時にこゝから、しづかにしていかふ。どふも人が見ると、み
んなが来て、あんまりそう／゛＼しくなる。

（〔江・洒〕遊子方言・1770年、（川瀬2014：137））

なお、(18b)では「どうもこうも」と「どうも」が全く同じ意味(言葉で
表現できないほどすばらしい)で用いられている。

次に、「どうせ」と「どうで」の形態・構文上の変化の過程や特徴と類
似する事例として副詞「なにも」の成立が挙げられる。

(19) a. 北の方聞え給ふ事、いとことわりなり。こゝには只何もかも
なたびそ。　　　　　　　　　　　　（落窪物語・p.212）

b. 何もそのやうにあんじることはない。いふて見たがよひ

（〔上・洒〕箱まくら・1822年、（川瀬2011：36））

「なにも」も「どうせ」「どうで」「どうも」と同様、不定語(「なに」)を含
むもので、(19a)のような反復形が語源であると見られる5)。意味の面

でも上記の「どうも」と同様、「どうせ」「どうで」の基本的意味に近い。また、川瀬は(19b)のように近世になると大多数が否定文で用いられるようになるとする。現代語のように否定との結びつきという強い制約を持つ叙法副詞としての用法は近世後期に成立したようである。

　上記のように、副詞「どうも」「なにも」は、語構成上「不定語＋α」の形であり、叙法副詞化の過程で「反復形→単独形」という形態上の変化や「否定述語との共起増加」という構文上の変化が見られる点で、「どうせ」「どうで」の叙法副詞化と並行的である。

　しかし、副詞「どうも」「なにも」は推定や非存在を表す(川瀬2014、2011)ことで事態の成立をどう認識するかを表す意味を持つのに対して、本章の考察対象である副詞「どうせ」「どうで」は成立した(と見なす)事態について否定的評価の意味を持つことから、意味の面では異なるといえる。その違いの源にはやはり、「どうせ」「どうで」が逆接仮定条件節と関連する形式であることがその意味範囲を定めている。

　他に、「どうも」「なにも」のように不定語を語構成要素に含まないが、「反復形→単独形」「否定述語との共起増加」という形態・構文的特徴で副詞「どうせ」「どうで」の成立に類似した変化を辿るものとして、「とてもかくても」から成立する「とても」が挙げられる。副詞「とても」

---

5) 川瀬(2011)によれば、「なにも」の初期(中古)の出現形(「なにもなにも」や「名詞もなにも」)は肯定文で用いられていたという。
　（ⅰ）雛の調度。蓮の浮葉のいとちひさきを、池よりとりあげたる。葵のいとちひさき。なにもなにも、ちひさきものはみなうつくし。
　　　　　　　　　　　　　　　　　　（枕草子・うつくしきもの、(川瀬2011：35)）
　（ⅱ）「心強く、この世に失せなむ」と、思ひ立ちしを。「をこがましうて、人に見つけられむよりは、鬼も何も、食ひうしなひてよ」と、言ひつゝ、つく／＼と、居たりしを、
　　　　　　　　　　　　　　　　　　　　　　　　（源氏物語・手習、同上）

は、『時代別国語大辞典室町時代編4』に「「とてもかくても」の略」(200
0：276-277)とある。その意味については、（ⅰ）「あれこれ言ったところ
で、結局のところはそこに帰するさま、そうでしかないさま」、（ⅱ）「
打消の言い方と呼応して、あれこれしたところで、結局のところはそ
の実現の可能性が皆無である意」と記されている。

(20) a. 豊なるたづき求め顔に、ねぢけがましきに、ながらへ侍らば、
　　　　とてもかくても同じ事なるべけれども、

　　　　　　　　　　　　　　　　　　　　　（浜松中納言物語・p.300）

　　b. 日本国に、平家の庄園ならぬ所やある。とてものがれざらむ
　　　　物ゆへに、年来住なれたる所を人にみせむも恥がましかる
　　　　べし。　　　　　（覚一本平家物語・巻3・行隆之沙汰・p.253）

　以上、副詞「どうせ」「どうで」の変化の過程や特徴と類似する事例の
検討を通して、単なる個別の現象に見えるものが、実はある一定のま
とまりを持った表現類が辿る変化パターンに属する可能性があること
を示唆した。

3.2 近代以降

　冒頭で述べたように、「どうせ」における構文的条件と否定的評価の
かかわりについては、先行研究間に相反する主張が見られるなど、そ
の詳細は明らかにされていない。この点について明らかにすべく、本
節では通時的観点から「どうせ」の基本義を定義した2節および3.1節を
踏まえ、まず、現代語の「どうせ」の表す意味を次のように考える。な

お、「どうで」は明治・大正期にその例が数例見られるが、昭和期には例が見られなくなり、現在の東京語(共通語)では用いられていないため、近代以降は「どうせ」の例のみを取り上げる。

　基本的に「どうせ」は、主節に現れても従属節に現れても、当該事態(P)について「どのような場合であっても(同じ結果Pになる)」という意味を基本的意味として持つ[6]。また、従来「望ましくない、諦め・軽蔑などの気持ち、マイナスの評価的意味」などと記述されてきた否定的評価は、基本的意味に付随して生じると見なす。

　上記のように捉えた上で、明治以降の近代から現代までの「どうせ」の用例を対象に、主節で使われるか従属節(カラ節、ナラ節)で使われるか、また、従属節で使われる場合、順接確定条件節(カラ節)か順接仮定条件節(ナラ節)かという構文的条件における否定的評価の例の使用分布を調査する。

　まず、表3は、近現代語の「どうせ」の用例を六つの時期[7]に分け、「どうせ」が使われる構文的条件別に示したものである。

---

6) この「どうせ」の基本的意味について、現代語の分析でもさまざまな術語で記述されている。具体的には、「あれこれの詮議はどうあるにせよ、結局は」(板坂1970b)、「いずれにせよ結局はその前提通りに事が落ち着く」(森田1989)、「条件によらず必ず一定の結果になる」(飛田・浅田1994)、「「どうせ」の文で述べる出来事が不可避的に起こるという観点をつけ加える」(森本1994)、「「どうせ」を加えることによって、その文に「動かしようがないといった判断」が生じる」(小矢野2000)、「動かすことの出来ないもの」(渡辺2001)、「〈動かない〉こととして想定される」(菊地2005)、「事態の実現が定まっていて動かし難い」(有田2006)がある。現代語の分析では「どうせ」の表す否定的評価がどのように実現されるかについては先行研究で相違が見られるものの、基本的意味については「いずれの場合においても結局は同じ結果になること、動かしがたいこと、不可避的に起こること」など、ほぼ共通した見解が示されている。

7) 六つの時代区分は、松村(1957)の五つの時期を参考・修正したものである。

表3 各構文的条件における「どうせ」の用例数

	主節	カラ節	ナラ節	その他	合計
明治前期	20	9	0	5	34
明治後期	68	49	21	16	154
大正期	25	24	11	8	68
昭和前期	17	21	13	4	55
昭和後期	72	47	45	34	198
平成以降	312	206	191	85	794

* 太線で囲った部分は、本節の主な考察対象を示す。「その他」は、カラニハ・以上・バ・タラ・テモ・タトコロデ・タッテ・ケレド・ガ・シからなる節、連用中止節、連体節、引用節、「判定不能」の例(「どうせ」の修飾対象の部分が省略され、構文的条件が判定できない例)である。

　表3からは、従属節で使われる例は「その他」に分類した節に比べると、カラ節とナラ節に偏っていることが分かる。また、カラ節は明治前期から見られるのに対して、ナラ節の例は明治後期以降見られはじめ、時代を下るにつれ増加していく。昭和後期からはカラ節とナラ節の用例数がほぼ同じである[8]。

　考察の前に調査対象および方法について以下で示しておく。

　まず、主節で使われる例は、単文構造をなしている例、複文構造の主節に現れている例を含む。次に、従属節で使われる例[9]は、用例の

	松村(1957)	本調査
明治前期	明治の初年から明治10年代の終りまで	幕末・開化期(1850年代)から明治10年代の終りまで
明治後期	明治20年代の初めから明治の末年まで	
大正期	大正の初年から大正12年9月の大震災まで	
昭和前期	大正12年9月の関東大震災後から昭和20年8月の終戦まで	
昭和後期	終戦後から今日(昭和30年代)まで	戦後から昭和の末年まで
平成以降		平成の初年以降～

8) 蓮沼(2011)の調査では、ナラ節の例(188例)がカラ節(150例)より多い。
9) 複文の従属節における節の種類やその意味機能については、日本語記述文法研究会編(2008)を参考にした。

大部分を占めるカラ節とナラ節を主な考察対象とし、それぞれに形式名詞(ノ(ダ)、モノ(ダ))が前接したノダカラ・モノダカラ、ノナラ・モノナラからなる節については、カラ節とナラ節に準じるものとして扱う。それらの間に存在する意味・用法上の相違については言及しない。ただし、カラ節内においては動詞述語文の場合、カラよりノダカラが続く例が多く(蓮沼2011[10])、また名詞述語文が現れるという共起傾向が見られる。また、仮定条件節のなかでもナラ節内に偏って用いられることも特徴的である[11]。このような共起特徴については、使用頻度はそれほど高くないが、カラ節とナラ節に類似した意味・用法を持つとされる、カラニハ・以上・トスレバ・ノダッタラからなる従属節の例と合わせて後述する。

　また、主節で使われる例のなかには前後文脈との意味関係から従属節(原因・理由節)として働くと解釈できる例が見られる。

(21) a. 哲也は稍渋り気味で、「だって、あの渋谷という人の家庭は、
　　　　噂に依ると、随分……ソノ……乱れてるというじゃないか?」

---

10) 蓮沼(2011)は「どうせ」とカラ節(カラとノダカラ)の共起状況に加え、ナラ節(ナラとノナラ)との共起状況も調査している。蓮沼はナラとノナラの間には「ノ」の有無による意味の違いはほとんど認められないことから、「(ノ)ナラ」とまとめて扱っている。調査結果によると、「どうせ」とカラ節の共起傾向(ノダカラとの共起例がカラとの共起例より多い)とは異なり、ナラ節においては「どうせ」とナラとの共起例(161例)がノナラとの共起例(27例)より多い。

11) 今西(2002)は「仮定条件節内での副詞「どうせ」の使用はナラ節に限られ、レバ節、タラ節では不可能である」(p.9)と述べる。加えて、「どうせ」がレバ節とタラ節で使用されている場合(今西2002の調査では条件節の100例中レバ節は5例、タラ節は1例、残りの94例はナラ節)でも、「「~のであれば」「~とすれば」「~のだったら」といったナラ節と同じような性質を持つ形式になっている」(同)とする。

と言切って窃と相手の面を覗うと、葉村は極めて平気な体で、「そう、そりゃどうせ腕一本で彼処まで仕上げて来た程の遣手だもの、素行は修まらんさ。それがどうしたンだ？」

(其面影・1906年)

b.　金龍「あら、そんなにおつしやつて下すつちや、困りますですね。こんなこと何でもないんですわ。こんなに酔つていらつしやる柳さんを、やつぱりお邸までお送りしなくちやならないんですから…どうせ序でなんですわ。」　　　(女人群像・1925年)

　例えば、(21a)は「そりゃどうせ腕一本で彼処まで仕上げて来た程の遣手だから、素行は修まらんさ」、(21b)は「どうせ(帰り道の)序でなんですから、柳さんをお邸までお送りするのは何でもないんですわ」のように解釈できる余地がある。このことから、「どうせ」の用例を構文上の位置によって主節で使われる例と従属節で使われる例に分類するが、(21)のような主節で使われる例においては、川端(1983)や小矢野(2000)が指摘するように、「どうせ」が使われる文だけではなく、連文的観点から前後文脈との意味関係を把握した上で、否定的評価が読み取れるか否かを判断する必要がある。

　なお、「その他」に分類したテモ・タトコロデ・タッテからなる節では、「どうせ」が従属節に現れているが(「どうせ～テモ節・タトコロデ節・タッテ節、主節」)、意味的には主節を修飾している(「～テモ節・タトコロデ節・タッテ節、どうせ主節」)と見られる例がある[12]。(22)につ

────────────────

12)　このような例については、小矢野(2000)にも同様の指摘が見られ、「従属節の内部に収まらないで、それを飛び越えて主節が表す事態を規定している。つま

いては主節で使われる例に準じるものとして扱い、必要に応じて言及
することにする。

(22) a. 女「…故郷を放れ知らない土地で草の肥しに成て果るも約束ご
　　　とだと諦めて居りますから何卒一所に死して」トかき口説か
　　　れて、男ハいとゞ声を曇らせ眼をしバたたき「常から知つ
　　　た。一徹な其方の気性。さうした了簡ならどうせ留ても止る
　　　めへ。いつその腐れ此処で二人が」　　　（春雨文庫・1876年）

　　b.「そうですなあ―すくなくとも市村君の選挙が済むまで。実は
　　　ね、家内もああ言いますし、一旦は東京へ帰ろうかとも思い
　　　ましたよ。ナニ、これが普通の選挙の場合なら、黙って帰り
　　　ますサ。どうせ僕なぞが居たところで、大した応援も出来ま
　　　せんからねえ。…」　　　　　　　　　　（破戒・1906年）

　　c.「死ななくつたって、ひくひくしているよりは、いっそ一思い
　　　に、喉笛でも犬に食いつかれた方が、益しかも知れないわ
　　　ね。どうせこれじゃ、生きていたって、長い事はありゃせず
　　　さ」　　　　　　　　　　　　　　　　　（地獄変・1918年）

　次節では、主節で使われる例と従属節(主にカラ節とナラ節)で使わ
れる例の順に取り上げ、否定的評価の意味が読み取れるかどうか、ま
た、意味・用法上の特徴について考察する。

────────────
　り、現象的には複文の文頭にあるけれども、実質的には「～したって／したとこ
　ろで、どうせ」という構造として理解される」(p.229)と述べる。小矢野の指摘に
　はないが、テモ節にも同様のことが言える。

3.2.1 主節で使われる場合

　まず、主節で使われる例における構文的特徴としては、「どうせ」の後に(23a)や(23e)のように名詞や形容詞述語文が現れる例や(23c)(23f)(23g)のように動詞述語文でも文末にノダ、モノダなどの形式名詞で結ばれた例が多い。名詞や形容詞述語文、形式名詞で結ばれた文(以下、「形式名詞述語文」とする)は、話し手にとって当該の事態が確かなものであるという判断(井島2010、2012)を述べ、これらと共起する例が多いことは「どうせ」の基本的意味(「どのような場合であっても(同じ結果Pになる)」)に通じる特徴である。

(23) a. 弥次「常談言ツちやアいけねへ。何でおいらが知るもんか。手前の襟巻といふなアどんなんだ。どうせろくなもんじやア有るめへ」　　　　　　　　　　　(西洋道中膝栗毛・1870年)

　　b. 女「…故郷を放れ知らない土地で草の肥しに成て果るも約束ごとだと諦めて居りますから何卒一所に死して」トかき口説かれて、男ハいとゞ声を曇らせ眼をしバたたき「常から知つた。一徹な其方の気性。さうした了簡ならどうせ留ても止るめへ。いつその腐れ此処で二人が」　　　(春雨文庫・1876年)

　　c. 「どうせ冬まで寝しておくものだ」お島は心の奥底に淀んでいるような不安と恐怖を圧しつけるようにして言った。

　　　　　　　　　　　　　　　　　　　　　(あらくれ・1915年)

　　d. A「又今度にしたらいゝぢやないか。今日はつかれてゐるだらう。僕も今日は駄目だ。」B「疲れたらすぐやめるよ。どうせ……すぐやめるだらう。まゝよかつたらかゝしてくれ玉

へ。僕はかきたかつたのだから」　　　　（秋期大附録・1917年）

e. 八束「何と云はれようと構つた事か！どうせ取上げられる物は
無し、これが訴訟沙汰になつたつて、無くなるのはあなたの
地位、名誉だけなんだから。」　　　　　　（都へ・1917年）

f. 由之助「どうせ俺は意気地なしに見られ、また馬鹿者にされて
ゐるのだ。皆なは俺の價値といふものをきめてゐるのだ」
（悪人・1917年）

g. 夜通しお艶→礼三郎「どうせ新井で朝飯を上るのでせう。彼所
には志保樓といふ田舎には珍らしい気の利いた料理屋が有り
ますわ。御一緒に入らツしやらない……好いでせう……」
（悪獣性の女・1925年）

　次に、(23b)(23d)(23g)のように推量のダロウと共起した例も目立
つ。推量表現は当該事態が成立することを見込む。例えば、「彼は来
ないだろう」という文は、現実には彼が来るか来ないかの真偽は定
まっておらず、話し手の想像の中で彼が来ないことを真であると認識
する(三宅1995、2006)ものであるが、有田(2006)でも指摘されるよう
に、「どうせ」が使われる文(「どうせ彼は来ないだろう」)は、現実にお
いて事態の成立の有無が必ずしも保証されていない場合でも表現主体
(話し手と書き手を含む)の認識では当該事態が成立すると結論づけて
述べる表現である。このことから、名詞や形容詞述語文、形式名詞述
語文のように厳然とした事実として断定的に述べても、推量表現を
伴って話し手の想像の中の認識を述べても、表現の仕方の相違に過ぎ
ず、主節で使われる「どうせ」は基本的意味を表すと考えられる。

　また、文末に「に極っている」「に違いない」と共起した例も見られる (小矢野 2000、今西 2002)。これらの表現は当該事態の成立可能性が極めて高いと判断する話し手の確信を表す。

(24) a. 口嘴が乙に尖がって何だか天狗の啓し子の様だ。<u>どうせ</u>質の
　　　　いい奴でないには<u>極っている</u>。　　　(吾輩は猫である・1905年)
　　 b. 栄子はもともと父の妾だった。前身は何であったか知らない。
　　　　いつも濃い化粧をするところから見れば、<u>どうせ</u>何か水商売で
　　　　あった<u>に違いない</u>。　　　　　　　　　(青春の蹉跌・1968年)

　加えて、(25)のように「どうせ」が使われる前後の文脈に「仕方がない、どうしようもない」といった表現(二重線部分)が現れた例や「どうせ」の後に否定のナイを伴った例が散見される。これらの例は表現主体にとって望ましくない事態を表すと解釈できる。

(25) a. 「困ったって<u>仕方がない</u>、<u>どうせ</u>何時か困るんだもの。それよ
　　　　りか君は女房を貰わないのかい」　　　　(虞美人草・1907年)
　　 b. 「殺った数と殺られた数だけでいい。<u>どうせ</u>見たところで具体
　　　　的な操縦ができる訳でもなし。<u>どうしようもない</u>。…」
　　　　　　　　　　　　　　　　　　　　(メディアワークス・2005年)

　他に、(26)のようにタッテ節・テモ節に後接する文では、「どのような場合であっても(同じ結果Pになる)」という基本的意味が如実に現れていると見られる。この例は前掲の(22)と統語的には同じ構造を取っ

ていると解釈できる。

(26) a. 「あの、御願いで御座ますが」とお志保は呼留めて、「もし『懺悔録』という御本が御座ましたら、貸して頂く訳にはまいりますまいか。まあ、私なぞが拝見したって、どうせ解りはしますまいけれど」　　　　　　　　　　　　　　(破戒・1906年)

   b. それは老侯が自ら筆を執つて手紙を書かれぬのは周知の事実で俺の方から手紙をやつても、どうせ代筆の手紙しか寄越さぬのだと誰も思つていたのに、よくもこれ丈多くの手紙が寄つたことだ。

   (書翰の蒐集と研究並に大隈家書簡の渉猟・1925年)

　なお、(27)は動詞述語で終止する例で、現代語の用法からすればやや不自然な例である。前後の文脈から内容を補足すると、「それはどうせ［私(＝モデル)なんかには］よくは分かりませんわ」のように解釈できる。

(27) 画家「でもお前なんぞにはよくは分るまい」モデル「それはどうせよくは分りませんわ」画家「もう行くかい。」

   (家常茶飯・1909年)

3.2.2 従属節で使われる場合

　まず、カラ節・ナラ節内に見られる共起特徴について述べる。これらの例でも3.2.1節の主節で使われる例に見られた構文的特徴が確認

できる。具体的には、「どうせ」の後に名詞述語文やノダ、モノダを
伴った形式名詞述語文と共起した例が散見される。(28)はカラ節、(29)
はナラ節の例である。

(28) a. 女「さうしやう。而してお神さんも労れて居るからお駕籠を。
アレサどうせ私共が乗るんですから、宜しう御坐います。」

(塩原多助一代記・1885年)

b. ナオミの云うにはダンスと云えば日本の踊りも同じことでど
うせ贅沢なものだからそのくらい取るのは当り前だ。

(痴人の愛・1924-1925年)

c. 彼らはこれまで、自分たちが戦う指揮官の名もその素性も、
どうでもいいものと考えていたらしい。「にくったらしい
じゃないか。どうせ叩きつぶしてしまうものだから、知る理
由も必要もないってさ」　　　(デルフィニア戦記・2005年)

(29) a. 阿園「ドウ考へてもアンマリな、無理でかためて出て行けと、
言はぬばかりの今の言ひかた、ドウセ出される［離縁され
る］位なら、此方から自分で出る、外聞も世間も介意うもの
か」　　　　　　　　　　　　　　(細君・1889年)

b. 「どうせ御馳走になるのなら、ウイスキー・タサンに願いたい
ね」　　　　　　　　　　　　(痴人の愛・1924-1925年)

c. 「どうせひと月かふた月しかいのちがないものなら、この際、
思い切って手術を受けさせて見ようかと思います」

(招魂の賦・1998年)

　次に、原因・理由節では「どうせ」はカラ節内に集中して用いられるが、使用頻度はそれほど高くないが、カラニハ節・以上節の例も見られる。カラニハ節・以上節は、日本語記述文法研究会編(2008)によれば「従属節の事態を確かな事実として示し、そこから必然的に導き出されるものとして主節の事態を示す」(p.130)という。このような共起特徴からも「どうせ」の基本的意味との意味的関連が窺える。

(30) a.「それは私の絵でも同じ事です。どうせやり出したからには、
　　　　私も行ける所までは行き切りたいと思っています」

　　　　　　　　　　　　　　　　　　　　　　　　　(戯作三昧・1917年)

　　　b.「来るだろう。どうせ島田の代理だと名乗る以上は又来るに極っ
　　　　てるさ」　　　　　　　　　　　　　　　　　　(道草・1915年)

　仮定条件節においては、前掲の(29)のようにナラ節に集中して用いられ、バ節・タラ節内に使われた「どうせ」の例はほとんど見られない。「どうせ」がバ節で使われる場合は(31a)(31b)のようにトスレバ、ノデアレバの形、タラ節で使われる場合は(31c)のようにノダッタラの形を取る(今西2002)。これと関連して、ナラ節は他の仮定条件節と異なり、事実の描写そのものを表すのではなく、ある事態の成立が定まっていると話し手が判断したことを表し、トスレバ、ノデアレバ、ノダッタラからなる節は用法面でナラ節に近い(野田1997、有田2007、日本語記述文法研究会編2008)。

(31) a. どうせ逃れられない運命とすれば、おぶさつて来るものをいく

らでも引受けよう。　　（今西2002の例(41)、大凶の籤・1939年）

b. 震え上ったのは良庵ばかりではなかった。門弟たちはみな正視に耐えきれずに棺の前を離れた。それまで、どうせ助からないのであれば実験のためにも医者ならば切るべきだと密かに主張していた中川脩亭も、口を噤んでしまった。

（華岡青洲の妻・1967年）

c. 「……あんたがまだ若いから、おなじ働くにも環境が大切だといってるんだ。どうせ働くんだったら、暗い危険な環境よりも、明るい安全な環境の方がいいだろうじゃないか。…」

（忍ぶ川・1961年）

　また、カラ節・ナラ節においても3.2.1節の主節で使われる例と同様、否定のナイを伴った(31a)および(31b)や、(32)のように「〜に決まっている」や前後の文脈に否定的意味を表す「仕方ない、どうしようもない」と共起する例が多い。

(32) a. 作蔵「(略)己はどうせ安田の同類にされたから、知れゝば首は打斬れる様になつてるんだから仕方がねえ。」

（真景累ケ淵・1859年）

b. 自分達はその翌日の朝和歌山へ向けて立つ筈になっていた。どうせ一旦は此処へ引返して来なければならないのだから、岡田の金もその時で好いとは思ったが、性急の自分には紙入をそのまま懐中しているからが既に厭だった。

（行人・1912年）

　　c. 「来るだろう。どうせ島田の代理だと名乗る<u>以上は又来るに極ってるさ</u>」

　　　　　　　　　　　　　　　　　　　　（道草・1915年）

　　d. 「手だよ。一緒に行くから、もうつかまなくてもいいって。<u>どうせ俺ひとりで引き返そうにも、灯りもなしじゃどうしようもないしな</u>」　　（パメラパムラの不思議な一座・2004年）

　なお、昭和以降の現代語の例には(33)のように従属節の事態が省略され、「どうせ」の直後にカラ・ナラが付いた例が見られる。

(33) a. サブローがうつむいていると、裕次郎がそばに来て、「先生、もうあきらめたほうがいいですよ、今夜は。<u>どうせだから</u>陽気に行きましょう、陽気に。ホラ、オヤジのが始まりますよ」となぐさめてくれる。　　（たけしの新坊っちゃん・1986年）

　　b. 「… ［酒瓶を］資源回収に出してもいいんだけど、<u>どうせなら</u>一人一本瓶に手紙を入れて、この野原に埋めて、一年たったらまたみんなで掘り出そう、と」

　　　　　　　　　　　　　　（れんげ野原のまんなかで・2005年）

　　c. 「うちはそこの商店街の金物屋だよ。もちろん、お店でさおだけを買ってくれる人もたくさんいるんだけど、どっちにしろ自宅まで配送を頼まれるから、<u>どうせだったら</u>こっちから売ってまわってしまったほうが早いってことで出張販売してるんだよ」という答えが返ってきたそうである。

　　　　　　　　　　　　　　（さおだけ屋はなぜ潰れないのか？・2005年）

　これまで取り上げた従属節の例から考えると、(33a)は(28)から、(33b)は(29)から、(33c)は(31c)から従属節の事態が省略されてできたように見られる。このような形式は渡辺(2001)では「副用語から自用語化したもの」「圧縮表現」と呼ばれており、複文構造の従属節で使われる構文的特徴を持つ副詞類にしばしば見られる現象である。例えば、副詞「せっかく」にも「せっかくだから」「せっかくなら」といった派生形が見られる。

3.2.3 構文的条件と否定的評価のかかわり

　表4は主節、カラ節、ナラ節で使われた「どうせ」における否定的評価の分布を示したものである。表4において、斜線の左は否定的評価を伴う用例数、右は否定的評価を伴わない用例数である。

表4 構文的条件における否定的評価を表す用例数

時期区分	主節	カラ節	ナラ節
明治前期	15 ／5	8／1	0／0
明治後期	61 ／7	36 ／13	15 ／6
大正期	23 ／2	13 ／11	7／4
昭和前期	15／2	13／8	8／5
昭和後期	65／7	29／18	28／19
平成以降	298／14	118／88	102／89

　表4から、いずれの時期においても、主節で使われる「どうせ」は、否定的評価を伴わない場合より伴う場合が優勢であることが分かる。否定的評価が読み取れない例(=34b)はごく僅かしか見当たらない。

(34) a. 弥次「常談言ツちやアいけねへ。何でおいらが知るもんか。手前

の襟巻といふなアどんなんだ。どうせろくなもんじやア有るめ
へ」　（西洋道中膝栗毛・1870年、否定的評価あり、＝(23a)）

　b. 文吉「もう宅へ帰るか」又作「五拾円の金が入たから、直に帰ら
　　　う。エヽ寒かつた。一処に往かう。」文吉「君は大きな声で啜
　　　鳴るから困るじやアないか。僕は先へ往くョ。」又作「どうせ
　　　彼方へ帰るんだ。一処に往かう。」

　　　　　　　　　　　（英国孝子之伝・1885年、否定的評価なし）

　次に、表4から、カラ節とナラ節においても否定的評価を伴う場合
のほうが伴わない場合よりも多いことが分かる。しかし、主節で使わ
れる例に比べると、否定的評価を伴わない例の比率は高い。(35)はカ
ラ節の例、(36)はナラ節の例である。

(35) a. 「ぴん助やきしゃごが何を云ったって知らん顔をしておればい
　　　　いじやないか。どうせ下らんのだから。中学の生徒なんか構
　　　　う価値があるものか。…」

　　　　　　　　　　　　（吾輩は猫である・1905年、否定的評価あり）

　b. 女「さうしやう。而してお神さんも労れて居るからお駕籠を。
　　　アレサどうせ私共が乗るんですから、宜しう御坐います」

　　　　　　　　　　　　（塩原多助一代記・1885年、否定的評価なし）

(36) a. 阿園「ドウ考へてもアンマリな、無理でかためて出て行けと、
　　　　言はぬばかりの今の言ひかた、ドウセ出される［離縁され
　　　　る］位なら、此方から自分で出る、外聞も世間も介意うもの
　　　　か」　　　　　　（細君・1889年、否定的評価あり、＝(29a)）

b. あなたの手紙、―あなたから来た最後の手紙―を読んだ時、
私は悪い事をしたと思いました。それでその意味の返事を
出そうかと考えて、筆を執りかけましたが、一行も書かず
に已めました。<u>どうせ書くなら</u>、この手紙を書いて上げた
かったから、そうしてこの手紙を書くにはまだ時機が少し
早過ぎたから、已めにしたのです。

　　　　　　　　　　　　（こころ・1914年、否定的評価なし）

　カラ節の例で説明すると、(35a)では「どうせ」の後に「下らん」という
否定的表現が現れ、後続文にも「中学の生徒なんか構う価値があるも
のか」と見下している内容が来ることから、当該事態を望ましくない
と捉える否定的評価の意味が読み取れる。一方、(35b)ではいずれにし
ても「私共が［駕籠に］乗る」ことになっていることを表し、否定的評
価の意味は感じられない。

　否定的評価を伴わないナラ節の例(36b)について、菊地(2005)は、「ど
うせ」の典型的な用法では認められる「価値が低い・望ましくない・前
向きでない方策・投げやり」といった性質、即ち否定的評価が欠けて
いるとする。ナラ節の例だけでなく、(35b)のカラ節の例も、菊地
(2005)でいう典型的な用法から外れた非典型的・周辺的な用法に当て
はまる例といえよう。しかし、前述したように、否定的評価を伴わな
いカラ節とナラ節の例は近代以降から現在に至るまで一定数見られ、
本調査による使用実態から見れば必ずしも非典型的・周辺的な用法で
はない。

4. 史的変遷のまとめ

　本章では、副詞「どうせ」とその類義語「どうで」を取り上げ、まず近世の例を対象に、否定的評価が形成される過程で両者に共通して見られる変化の特徴を分析した(2節および3.1節)。次に、近現代の例を対象に、否定的評価と構文的条件のかかわり(3.2節)について考察した。その結果を以下にまとめる。

　「どうせ」は、不定語の「どう」にサ変動詞の命令形の「せよ」が組み合わさった「どうせよ」(および「せよ」の音変化「せい」を含む「どうせい」)から構成要素の一部が脱落して形成された。このような語源を持つ副詞「どうせ」は「どうせよ(どうせい)」における動詞「す(る)」の動作性という実質的な意味が稀薄になり、語源の語構成要素である命令形「せよ(せい)」を含む句全体が逆接仮定条件を表すようになったことで、「どうせ」単独形で副詞として用いられた当初(近世前期)は「どのような場合であっても(結局当該事態になる)」「どっちみち」という意味(基本的意味)を表すようになった。「どうで」の場合も逆接仮定条件形式を含む語源「どうでも」の影響から、「どうせ」と同様の意で解釈される。

　しかし、この基本的意味は、話し手の意志や意図に関係なく成り立つことを含意するため、事態が表現主体にとって不本意に捉えられることもある。このようなケースを経由して、「どうせ」は近世後期に当該事態の成立に対する否定的評価(「どうしようもない、仕方がない」)を表すようになった。また、語源から構成要素の一部が脱落して形成された点で「どうせ」の成立に類似した形態的変化を辿る語(「どうも」「なにも」など)にも目を向ければ、「不定語＋α」の形が「反復形→単独形」「否

定述語との共起増加」という形態・構文上の特徴を獲得することの一般性を指摘することができる。加えて、本章の考察を通して、評価的意味を表す叙法副詞への一つのパターンとして、話し手の意志や意図に関係なく当該事態が成り立つ場合、話し手の望まない事態であるという否定的評価の意味に展開しやすいことを確認した。

さらに、近現代語における否定的評価と構文的条件のかかわりについてまとめると、まず、当該の文で終止する主節で使われた「どうせ」は、基本的意味を確かな事実として断定的に(または推し量って)述べ、原則的に否定的評価を伴う。これに対して、従属節で使われた「どうせ」は従属節の事態だけでなく、主節の事態が表す内容(が否定的評価を表すか否か)にも影響される。従属節で使われる「どうせ」が否定的評価を表すか否かは、従来の「カラ節だから否定的評価を表し、ナラ節だから否定的評価を表さない」という捉え方ではなく、当該事態にどのような内容が現れるかによって決まってくると考えられる。

第8章　なまじ(っか)

1. 先行研究と問題の所在

　現代語において副詞「なまじ(っか)」は、当該事態を中途半端で好ましくないとみなす話し手の否定的評価を表す(板坂 1970a、森田 1989、蓮沼 1987、飛田・浅田 1994 など)。構文的には、(1)のようにカラ節・タメ(ニ)節など、主に因果関係を表す複文従属節で使われる(副詞用法の全 92 例中 84 例(約 91%)[1])という特徴を持つ[2]。

---

1) 現代日本語書き言葉均衡コーパス(BCCWJ)から得た現代語の全 108 例のうち、連体修飾用法の 16 例を除いた連用修飾用法(副詞用法)の全 92 例を調査した結果である。92 例の内訳は、複文従属節の 84 例、単文(主節)の 7 例、判断不能の 1 例である。接続助詞の種類とその数は以下の通りである。
　カラ…13 例、ダケ(ニ)…12 例、連体節…11 例、タメ(ニ)…10 例、条件のト…7 例、ヨリ…5 例、タラ・バ…4 例ずつ、ノデ・バカリニ・連用中止…3 例ずつ、テ・テモ・ナラ…2 例ずつ、テハ・引用のト・~分(ダケ(ニ)節に相当)…1 例ずつ
2) 現代語の分析では、「なまじ(っか)」のおおよその意味および構文的特徴が記述されている。例えば、飛田・浅田(1994)は「中途半端で徹底しない様子を表す。ややマイナスイメージの語」(p.403)、「一般には好ましい条件がかえって好ましくない結果を招く様子を表す」(pp.403-404)としている。後者の意味記述は(1a)(1b)のように原因・理由節で使われる例に対する解釈として述べられており、複文従属節で使われる「なまじ(っか)」の構文的特徴について言及されている。また、森田(1989)も「なまじ(っか)」は「条件と結果が「から/ので」で結ばれる順接関係にしか用いられない」(p.867)と構文的特徴について指摘している。

(1) a. 彼等はまだ自分の殻の中に閉じ籠もり冒険する事を拒んでいる。
誰かが引きずり出さなければならない。その責務を自分が果た
さなければならないと思った。強くなろうと思った。その為に
は彼等に同情は禁物であった。なまじ同情するから彼等は甘
え、殻から出るのを拒むのである。勝沼の顔は決意を物語るよ
うに輝き始めた。　　　　　　　　　　（怒りの北陸本線・2004年）

　　b. 「確かに、美人だし、歌唱力もありますがね。しかし、刑事さ
ん。今は、美人より、親しみのある顔のほうがいいんです。
それに、なまじ歌唱力があるために、それを鼻にかけて、
ちょっと気に食わないと、舞台をすっぽかして、われわれが
謝罪に走り廻ることが、たびたびでしたよ」

　　　　　　　　　　　　　　　　　　　　（山陰路殺人事件・1986年）

　一方、時代を遡れば、中世の「なまじ(っか)」は「無理に」「しぶしぶ」
という様態的意味で用いられていた。また、構文的には主節で使われ
ており、主に複文従属節で用いられるという現代語のような構文上の
制限がない。

(2) 昔、玄敏僧都と云ふ人有りけり。山階寺のやんごとなき智者なり
けれど世を厭ふ心深くして、更に寺の交はりをこのまず、三輪
河のほとりに僅かなる草の庵を結びてなん思ひ入つゝ住みけ
る。桓武の御時此事聞こしめして、強ちにめし出しければ、遁
るべき方なくてなまじひにまじはりけり。（発心集・巻1・p.11）

　以上より、通時的に見て、「なまじ(っか)」には「無理に」「しぶしぶ」という様態を表す意味(＝(2))から話し手の否定的評価を表す意味(＝(1))へという意味上の変化が見られるとともに、主節での使用から複文従属節での使用へという構文上の変化も見られることが想定できる。

　このような変化について、通時的観点から考察した先行研究は見当たらない。この現状を踏まえ、本章では「なまじ(っか)」の副詞用法が見られはじめる上代から現代語のような意味・用法が現れる中世を中心に、各時代の文献資料に見られる「なまじ(っか)」の使用実態を記述し、意味・用法の通時的変化を描くことを目的とする。具体的には、様態的意味を表す例から現代語と同様の話し手の否定的評価を表す例へ変化する意味の展開を記述するとともに、その過程に見られる複文従属節への構文上の変化についても考察する。

　前掲の(2)のような様態的意味を表す例の存在や予備調査を踏まえると、「なまじ(っか)」は意味の面で様態的意味が希薄になる変化を遂げていると想定できる。これに関連して、第5章の「せっかく」の史的変遷を論じた際に様態的意味の希薄化の傍証として、意志的事態だけでなく無意志的事態とも共起する例が増加する構文上の変化が見られると述べた。このようなことから、「なまじ(っか)」の場合にも修飾対象の意志性の有無を考慮して調査することにする。

　なお、用例分析において、副詞として用いられる「なまじひに」「なまじひ」「なまじ」「なまじか」「なまじっか」などは形態上の相違はあるものの、連用修飾する機能の面では相違がないと見て、「なまじ(っか)」と総称して扱う3)。よって、本章では形態上の変化については考察しな

――――――――――
3)　「なまじ(っか)」の形態上の変化について、『日本国語大辞典(第2版)』には「多く

いが、参考までに本調査における形態別の出現時期を見ると、「なまじ
ひに」は上代、「なまじひに」から「に」が脱落した「なまじひ(なまじい)」
は中世前期、「なまじひ(なまじい)」から「ひ(い)」が脱落した「なまじ」は
近世後期、「なまじっか(に)」は近代に現れはじめる。

　また、本章では「なまじ(っか)」の副詞用法の史的変遷を考察の中心
とするため、「なまじひなる N(＝名詞(句))」「なまじひの N」のような
連体修飾用法については必要に応じて言及するに留める4)。

　「なまじひ(なまじい)に」の形で用いられ、まれに「なまじひなる」「なまじひの」
も見られる。のちに「に」が脱落して、(中略)「なまじい(ひ)」、さらに「なまじ」ま
た「なまじか」「なまじっか」となる」(巻10・p.243)とある。「なまじっか」につい
ては、飛田・浅田(1994)によれば「ややくだけた表現で、日常会話中心に用いら
れる。「なまじ」と基本的には同じ意味であるが、「なまじ」より実感がこもって
おり、完了形とともに用いることが多い」(p.404)という。

4) 連体修飾用法は中世から見られはじめ、現代語にも少数ながら見られる。中世
　で全58例中10例、近世で全51例中4例、近代で全245例中29例、現代で全
　108例中16例見られる。下記の例はいずれも「中途半端な、いい加減な」の意に
　解釈できる。
　(ⅰ)纔に馬の口に付たる舎人男一人ぞありける。心のはやるまゝになまじひな
　　　る事はいひちらしつ、伴者は一人もなし、さればとて又とつてかへすべき
　　　にもあらず。　　　　　　　　　　　　　　　　(保元物語・巻中・p.102)
　(ⅱ)七吉「アヽ、ねえ、もう三月と言つても僅だから、疾く頼んで置きませう」
　　　母「上着は何にする積」七吉「然様さねえ。なまじつかの物よりやア、畝織を
　　　三つ紋に染めて貰はうぢやないか」
　　　　　　　　　　　　　　(〔江・人〕花暦封じ文・二編巻中・1866年・p.283)
　(ⅲ)「何と云つても青野の凧が一番立派ですね、あそこではなまじな塗り換へな
　　　んぞはしないで、毎年同じ意匠のまゝであげてゐるんだが−−」
　　　　　　　　　　　　　　　　　　　　　　　　　　(鱗雲・1927年)
　(ⅳ)「お国の高級中学に当る高等学校です、工業高校卒業者の中には、入社後の
　　　企業教育で、なまじの大学卒より優秀な者が、沢山おりますよ」
　　　　　　　　　　　　　　　　　　　　　　　　　　(大地の子・1991年)

2.「なまじ(っか)」の出自

　「なまじ(っか)」の各用法について考察する前に、その原義を確認し、これに基づいて副詞用法の初期例の意味について述べる。

　「なまじ(っか)」の語構成は、『日本国語大辞典(第2版)』によれば、「副詞「なま(生)」に動詞「しいる(強)」の連用形が付いたもの」(巻10・p.243)という。意味については、『時代別国語大辞典上代編』に「しいて。無理と知りつつ強引に。気が進まないのにつとめて」「不可能とわかっていることを無理に仕遂げようとするが、完成できないような状態をいう」(p.532)とある。このような意味は、「なまじ(っか)」の語構成要素(「なま(生)」と「しふ(強)」)が持つ意味、即ち「なま」の「形状言。生きていること。生なこと。また未熟な・中途半端な意」(『時代別国語大辞典上代編』p.532)、「しひて」の「無理に、強いて」(同 p.364)の意を反映している。

　以上のような由来を持つ「なまじ(っか)」は、上代から副詞として用いられはじめる。次節では、これら副詞の例について詳細を考察する。

3. 時代別の使用実態

　本節では上代から近代までの「なまじ(っか)」の副詞用法の例(全317例(内訳：上代・中古の5例、中世の48例、近世47例、近代216例))を対象に、各時代における出現傾向を記述する。

3.1 上代・中古

「なまじ(っか)」の副詞用法の例は、上代から見られはじめる。ただし、上代において明確に副詞用法と考えられる例は次の１例のみであった。

(3) 物思ふと人に見えじと<u>なまじひに</u>(奈麻強尓)常に思へりありそかねつる　　　　　　　　　　　　　　　(万葉集・巻4・613・p.321)

(3)は、物思いにふけっているのを人に見せないように平静なふりをする、という内容である。「なまじ(っか)」は後続する動詞述語「常に思へり」を修飾し、「しいて、つとめて、無理に」などの意味に解釈できる。このような様態的意味をＡとする。この意味Ａは、語構成要素(「なま(生)」と「しふ(強)」)の「しふ(強)」が持つ原義が反映された意味である。一方、構成要素の「なま」が持つ「中途半端な状態」の意味が反映された例は後述する中世から確認できる。

次に、中古資料に見られる(4)の「なまじ(っか)[5]」も(3)と同様、(思考を含む)意志的行為を表す動詞述語(「とまれる」「記」「詠」)を修飾し、当該事態を強引にもしくは無理をして行う様態的意味Ａを表している。このような例は、中古資料では４例観察された。

(4) a. ものおもひにをとろへにけるかほをかゝみのかけに見はへりて

---

5) 「なまじ(っか)」の漢字表記としては「懘」の他に、「俛」「愁」「整」「跟」などがある。訓点資料や古辞書類における「なまじ(っか)」の表記については佐藤(1959)が詳しい。

　　　なまししゐにとまれるかほをけさみれは鏡やつらき涙とまらす

　　　　　　　　　　　　　　　　　　　　(藤原為頼朝臣集・p.247)

　　b.　柏木「ことわりや。数ならぬ身にて、及びがたき[夫婦の]御仲ら
　　　　ひに[皇女＝女二宮を]なまじひにゆるされたてまつりてさぶら
　　　　ふしるしには、長く世にはべりて、かひなき身のほども、す
　　　　こし人と等しくなるけぢめをもや御覧ぜらるる、とこそ思う
　　　　たまへつれ…」など、かたみに泣きたまひて、

　　　　　　　　　　　　　　　　　　(源氏物語・若菜下・p.282)

　　c.　於戯、当時勝趣後代難レ伝。今依二教旨一、慗記二盛事一而已。

　　　　　　(関白左大臣頼通歌合・長元8(1035)年5月16日・p.155)

　　d.　今臨二暮年一又対二此花一、花貌雖レ同己為二老樹一、仍不レ堪二情感
　　　　一、慗詠二蕪詞一奉レ呈二別当阿闍梨に一、(大納言経信集・p.185)

　　なお、中古以前の古文書・古記録に見られる例(古文書：55例、古
記録：50例)はすべて意志的動詞述語(「歩」「請申」)を修飾し、「しい
て、つとめて、無理に」という様態的意味Aで用いられていた。

　(5)　a.　忝遂二維摩会之講師一、雖レ拙二学業一、慗歩二師跡一、

　　　　　　(東南院文書52・太政官状・長元6(1033)年2月20日)

　　　b.　十八日、丁酉、招二証空阿闍梨一、自二廿日一可レ奉二仕宮御修法
　　　　　之事懇切相談、再三辞退、然而強以相示、慗以請申、令レ啓二
　　　　　事由一、　　　　　(小右記・長保1(999)年11月18日)

　以上のように、上代・中古における「なまじ(っか)」は、意志的行為

を表す動詞述語を修飾し、「しいて、つとめて、無理に」という様態的
意味を表していた。次節では、中古までの使用実態を踏まえ、文学作
品(主に小説)に見られる中世以降の副詞「なまじ(っか)」の意味・用法
を考察する。

3.2 中世

　中世に入っても、上代・中古からの様態的意味Aを表す例は引き続
き見られる。

(6) a. 「我ハ、今日、清水ヘ参ジ、君ヲ相ヒ具シテ参ラムト思フ、何ニ」ト、別当、
　　　心ニ非スト云ヘドモ、僧心ニ不違ジト思フ故ニ、慗ニ可参キ由ヲ請テ、相ヒ具
　　　シテ参ヌ。　　　　　　　　　　　(今昔物語集・巻13第44・p.268)

　　b. 女、尚ヲ極テ大切ノ事也。只具シテ御セ」ト云ヘバ、男慗ニ具シテ行クニ、女、
　　　「糸喜シ」ト云テ行ケルガ　　　　　(今昔物語集・巻27第20・p.504)

　　c. 大納言にが／＼しうはづかしうおもひ給ひて、「一門をひきわ
　　　かれてのこりとゞま(ッ)たる事は、我身ながらいみじとはおも
　　　はねども、さすが身もすてがたう、命もをしければ、なまじ
　　　ゐにとゞまりにき」　　　　　(覚一本平家物語・巻10・p.287)

　　d. 昔、玄敏僧都と云ふ人有りけり。山階寺のやんごとなき智者な
　　　りけれど世を厭ふ心深くして、更に寺の交はりをこのまず、三
　　　輪河のほとりに僅かなる草の庵を結びてなん思ひ入りつゝ住み
　　　ける。桓武の御門の御時此事聞こしめして、強ちにめし出しけ
　　　れば、遁るべき方なくてなまじひにまじはりけり。

　　　　　　　　　　　　　　　　(発心集・第1・p.11、＝(2))

e. 松殿攝籙の御時、春日詣とかやに、秦兼国をかりにめされたり
けり。其比までは、府の役力なしとて、きらはざりけれども、
いと面目なき事なれば、びんをもかきあげず、いま／＼しげな
るかちぎにてまいりたりけり。殿下そのよしを聞召て、引つく
ろひてまいるべきよし仰くだされければ、<u>なまじひにびんかき</u>
あげて供奉しけり。　　　　　　　　(古今著聞集・巻16・p.409)

　(6)の「なまじ(っか)」は意志的行為を表す動詞述語(「参」「具シ」「とゞ
まり」「まじはり」「びんかきあげ」)を修飾し、「しいて、つとめて、無
理に」という様態的意味を表している。また、(6)は当該事態を強いら
れる文脈で用いられていることから、前掲の(3)～(5)では読み取れな
かった、「(そうしたくはないが)仕方なく、しぶしぶ」という意味でも
解釈できる。様態的意味Aから派生した「仕方なく、しぶしぶ」の意味
をA'とする。
　次に、(7)の「なまじ(っか)」は(3)～(6)と同様に動詞述語を修飾して
いるが、その修飾対象が「しそんじたる」「人に知られ」「あしまとひに
なり」のように無意志的事態である点で(3)～(6)と異なっている。

(7) a. 往生のそくはい[素懷をとげん事かなふべしともおぼえず、今生
　　も後生も、<u>なまじゐに</u>しそんじたる心ちにてありつるに、

　　　　　　　　　　　　　　　　(覚一本平家物語・巻1・p.106)

　　b. 能をつかんとする人、よくせざらんほどは、<u>なまじひに</u>人に知
　　られじ。うちうちよく習ひ得てさし出でたらんこそ、いと心に
　　くからめと常に言ふめれど、　　　　(徒然草・150段・p.215)

c. かうの九らう、すやま次郎に、二千よきをさしそへて、れんげ
わうゐんへむけられけり、すやまかうのにむかつていひける
は、「なにともなき、とりあつめせいにましはりて、いくさを
せは、<u>なましゐに</u>、あしまとひになりて、かけひきも、じざ
いなるまし、…」 　　　　　　　（土井本太平記・巻8・283行）

　(7a)は「往生をしたいという願いも叶いそうになく今生も後生もやり
損じてしまった」、(7b)は「芸を上手にやれないうちは人に知られたく
ない」、(7c)は「寄せ集め勢に交わって戦をしたら、邪魔になって進退
も思いのままになりそうにない」という内容である。(7)の「なまじ(っ
か)」はA「しいて、つとめて、無理に」やA'「仕方なく、しぶしぶ」の意
味ではなく、「中途半端に」の意に解釈できる。この不徹底な状態を表
す意味をBとする。この意味Bは、語構成要素(「なま(生)」と「しふ
(強)」)の「なま(生)」が持つ原義が反映された意味である。
　また、これまでの動詞述語を修飾する例とは異なり、(8)で「なまじ
(っか)」が修飾しているのは、名詞句「究竟の水練」に助詞「にて」と存在
動詞「あり」の尊敬動詞「おはす」の連用形が付いた一種のコピュラ(「で
ある」の尊敬表現「にておはす」)を伴った名詞述語「究竟の水練にてお
はし」である。その一方で、同例は無意志的事態と共起している点で
(7)と共通している。

(8) みな人はおもき鎧のうへに、おもき物をおうたりいだひたりして
いればこそしづめ、この人おやこ[宗盛とその子清宗]はさもし給
はぬうへ、<u>なまじゐに</u>究竟の水練[水泳の達者]にておはしけれ

　　ば、しづみもやり給はず、　　　（覚一本平家物語・巻11・p.339）

　(8)は「合戦で敗れた平家一門が海に身を投げて沈んでいく中、家督
の宗盛とその子清宗は水泳が達者であるために沈まない」という内容
である。普通なら望ましいとされる事態（「究竟の水練にておはし」）が
かえって困る状況（「しづみもやり給はず」）を引き起こしており、「なま
じ(っか)」には「そうでない方がいい」といった評価が読み取れる。この
ような意味をCとする。

　以上、副詞が表す意味をA・A'・B・Cとして分類した。以下
に、これらの意味をまとめておく。

```
A ：「しいて、つとめて、無理に」の意
A'：「しぶしぶ、いやいや」の意
B ：「中途半端に」の意
C ：「しない方がいい、すべきではない」の意
```

　中世後期には「なまじ(っか)」の修飾対象が意志的事態であっても、
Cの意味に解釈できる例が見られる。

(9) a. 中書王の副将軍脇屋右衛門佐、「いひかひなきものともか、<u>な
　　　ましゐに一ぢんにすゝみて、みかたのちからをうしなふこそ</u>
　　　いこんなれ、こゝをちらさては、かなふまし」とて、七千よき
　　　をひとてになして　　　　　　　（土井本太平記・巻14・711行）
　 b. 此扇ハ始終トモニ巫山ノ雨ノヤウニシテアルベキコト也。<u>ナマ
　　　シイニ召出シテ、ヤガテ棄テラルゝガ恨也</u>。

　　　　　　　　　　　　　　　　　　　　　（中華若木詩抄・p.59）

　(9)の「なまじ(っか)」は「一ぢんにすゝみ」「召出シ」のような意志的行
為を表す動詞述語を修飾し、「しいて、無理に」という様態的意味Aに
解釈できるが、単にAの意味ではなく、「しない方がいい、すべきで
はない」という話し手の否定的評価の意味Cにも解釈できる。構文的
にも(9)はテ節に現れ、後に好ましくない結果(それぞれ「みかたのちか
らをうしなふ」「ヤガテ棄テラルゝ」)が続く複文構造であり、中世前期
の(8)と同様の使われ方である。

　一方、(10)は無意志的事態(「弓馬の家に生れ」)を修飾し、Bの「中途
半端に」の意にも読み取れるが、単なるBの意味ではなく、「そうでな
い方がいい」という意味Cに解釈できる。

　(10) 主馬判官盛久「我なまじひに弓馬の家に生れ、世上にかくれなき
　　　 身とて」　　　　　　　　　　　　　　　　　(謡曲・盛久・p.399)

　上記の(9)(10)から、中世後期になると、「なまじ(っか)」は単にA・
A'・Bを表す例ではなく、例えばAを介するC(＝(9))、Bを介するC
(＝(10))のように最終的にはCの意味で解釈されることが特徴的であ
る。中世前期から見られはじめるCは、A・A'・Bが含意する、無理
に(または仕方なく)行った行為や中途半端な状態から派生する否定的
ニュアンスを基に生まれた意味であると見られる。ただし、A'を介し
てCを表す例は見当たらないが、A'はAに準ずる意味上のバリエー
ションであるため、意味の展開を想定する際はA・B・Cとあわせ
て扱うことにした。

　表1は中世の「なまじ(っか)」の資料別・用法別の用例数をまとめた

ものである。

表1　中世における「なまじ(っか)」の用例数

		A	A'	B	C	合計
中世前期	今昔物語集	2	7			9
	発心集		4			4
	平家物語（覚一本）		2	2	1	5
	愚管抄		1			1
	撰集抄	1				1
	十訓抄		2			2
	古今著聞集		3			3
	沙石集				2	2
	妻鏡				1	1
	徒然草			1		1
中世後期	太平記（土井本）	3		1	2	6
	曽我物語				4	4
	謡曲				1	1
	抄物	1		2	5	8
	合計	7	19	6	16	48

　表1から、中古以前からの様態的意味Aを表す例は、中世以降も引き続き見られるものの、他の意味に比べると減少する様子が見て取れる。中世になって見られはじめるA'は中世前期において最も多く用いられているが、中世後期以降は見られなくなる、史的に見れば局所的な用法である。一方、BとCは中世前期(13C以降)に見られはじめ、後述する近世(表2参照)にも引き続き見られる。なお、現代語と同様の「しない方がいい、すべきではない」という話し手の否定的評価を表すCは中世後期からは安定して現れている。

　以上、中世に見られる「なまじ(っか)」の意味について記述した。以下では構文的特徴について述べる。

　まず、「なまじ(っか)」は副詞用法の成立以降、共起する述語の種類

も増え、修飾範囲が拡大する傾向を見せる。具体的には、上代・中古には修飾対象が意志的事態に限定されていたが、中世になると意志的事態だけでなく、無意志的事態を修飾する例(=(7)(8)(10))も確認できるようになる(全48例中6例)。ただし、中世になっても意志的事態と共起した例は依然として多い(全48例中42例)。

　次に、「なまじ(っか)」は、副詞として使われた当初(上代・中古)は主に単文・主節で用いられていたが(全5例中4例)、中世になると複文従属節で使われる例が見られはじめる。実際のところ、中世の例の多くは従属節に現れている(前期:全29例中14例、後期:全19例中15例)。(11)は中世の用例に見られた連用節の接続助詞の種類とその数を示したものである。

(11) a. 中世前期(連用節:12例、連体節:2例)

　　　　テ:8例　連用中止:2例　ニ:1例　バ:1例

　　 b. 中世後期(連用節:12例、連体節:3例)

　　　　テ:7例　連用中止:1例　ニ:1例　バ:1例　トモ:1例　ホド
　　　　ニ:1例

　なお、Cの意味に解釈できる例は(8)〜(10)のように先行する従属節と後続する主節が因果関係を成している。(8)は、現代語における「なまじ(っか)」の意味と同様の「そうでない方がいい」といった意味Cを表し、構文的にも従属節に現れ、後続する事態と因果関係を成す複文構造で用いられていることから、意味および構文の面で現代語の使われ方と同様の最も早い例である。

3.3 近世以降

　中世前期に見られはじめた「なまじ(っか)」の「しない方がいい、す
べきではない」という話し手の否定的評価の意味Cは、近世以降、中
心的な用法になっていく。一方、様態的意味を表す例は、近世になる
と、A「しいて、つとめて、無理に」やA'「仕方なく、しぶしぶ」の例は
見当たらず、B「中途半端に」の例は僅かに1例であるが引き続き見ら
れる。以下に近世の例を示す。

　まず、(12)は「中途半端に」の意味に解釈できるBに当たる。

【B「中途半端に」の意】

(12) 昔、口のはた黄なる男、<u>なましゐにひらいかくもん[学問]</u>して、人
　　 をせゝりたかる者有。　　（〔上・噺〕私可多咄・1671年・p.266）

　次に、(13)は後続事態について「しない方がいい、すべきではない」
という意味を表すCに当たる。

【C「しない方がいい、すべきではない」の意】

(13) a. むかし、<u>なましゐにものしり</u>かほして、ある墓所の碑の銘見る
　　　 ものあり。その文に長谷河石見忠堅と云有けれハ、長谷の河
　　　 石見れハたゝかたしとよミたり。

　　　　　　　　　　　　　　　　（〔上・噺〕私可多咄・1671年・p.263）

　　 b.「…為朝は鬼が嶋に往来し、鬼はらはを将て帰れり。彼定めて
　　　 神変不測の癖者なるべし。<u>懃</u>に出あひて[彼(為朝)に]立ち向
　　　 かって、不覚をとるな」と罵りつゝ、

　　　　　　　　　　　　（〔江・読〕椿説弓張月・後篇巻2・1808年・p.287）

c. 佐介「ハアア、さア／＼小三さん、さア一つ。」と、云はれて
小三は詮方なく、床の間にある三味線手に取り、「なまじな
ま中惚れたが恨み、惚れざ苦労もせまいもの」

（〔江・人〕仮名文章娘節用・2編巻中・1831年・p.383）

d. 丹次郎「時にお米、おらア手めへにいつぞは云はふと思つてゐた
が、いや／＼何もかも世話になつて居ながら、いやらしい亭主
ぶつて、妬心もできすぎたとさげしみもしようし、なまじい言
出して、そんならどふとも勝手にしろと突出されても、立派に
は口のきけねへ身分だから、なりつたけと了簡して居たが、

（〔江・人〕春色辰巳園・初編巻3・1833-1835年・p.283）

　(13a)(13c)は「ものしりかほし」「惚れた」のように無意志的事態、
(13b)(13d)は「出あひ」「言出し」のように意志的事態と共起している。
ここで(13a)(13b)(13c)は「中途半端に」という不徹底した様子を表す意
味Bにも解釈できるが、単なるBの意味ではなく、最終的にBを介
して「(中途半端で)しない方がいい、すべきではない」という話し手の
評価Cを表していると見られる。
　表2は近世の「なまじ(っか)」の資料別・用法別の用例数をまとめた
ものである。

表2 近世における「なまじ(っか)」の用例数

		B	C	合計
前期上方語	浄瑠璃		2	2
	噺本	1	3	4
	その他（歌学書）		1	1
後期上方語	浄瑠璃		1	1
	談義本		1	1
後期江戸語	歌舞伎資料		1	1
	噺本		1	1
	読本		31	31
	滑稽本		1	1
	人情本		4	4
	合計	1	46	47

　表2から、B「中途半端に」の例は近世を通して前期に1例見られるのみであり、近世後期以降は見られなくなることが分かる[6]。中世後期以降増加した、C「しない方がいい、すべきではない」の例は、近世期に一層増加し、「なまじ(っか)」の例全体がCでの使用に偏る傾向を見せるようになる。この使用傾向は後述する近代の使用実態からも確認でき、現代語に至るまで変わらない。なお、資料面では擬古文の性格が強いとされる読本(『椿説弓張月』)に特に例が多く見られた(全31例)。

　続いて、次に構文的特徴について見ると、「なまじ(っか)」の修飾内容に無意志的事態が現れる率が中世に比べて高い。中世では無意志的事態と共起する例が全48例中6例(約13％)であるのに対して、近世

6) 連用修飾をする副詞用法の例ではB「中途半端に」の意味を表す例がほとんど見られなくなるが、Bは連体修飾用法の例で多用されている。具体例については注2を参照されたい。

では全47例中24例(約51％)である。ただし、中世と同様、近世にも
意志的事態と共起した例は引き続き多く見られる。このような共起傾
向は現代語に至っている。これに関連して、「なまじ(っか)」における
無意志的事態との共起の増加現象は、第5章で論じた「せっかく」のよ
うに意志的行為の様態的意味を土台にして話し手の評価を表すように
なった意味変化にしばしば見られる。また、「なまじ(っか)」と「せっか
く」は評価的意味を表すようになってからも、意志的事態と共起する
例がなおも多く見られる点でも似ている。例えば、「せっかく」は肯定
的評価を表すようになった現代語にも「せっかくここまで来たんだか
ら、頂上まで行って来よう」のように、「せっかく」が「ここまで来た」
という意志的行為を表す動詞述語と共起している例が見られる。

　次に、複文従属節で使われる例は中世から見られはじめたが、近世
になるとその使用例が増加している。中世では従属節に現れている例
が全48例中29例(約60％)であるのに対して、近世では全47例中45
例(約96％)である。(14)は近世の用例に見られた連用節の接続助詞の
種類とその数を示したものである。

(14) a. 近世前期(連用節：6例、連体節：1例)

　　　テ：4例　テハ：1例　ニ：1例

　　b. 近世後期(連用節：34例、連体節：4例)

　　　テ：11例　テハ：4例　バ：13例　トモ：2例　テモ：2例

　　　ダケニ：1例　ヨリ：1例

なお、近代においても「なまじ(っか)」は、意味上は「しない方がい

い、すべきではない」という話し手の否定的評価を表すCに偏り、構文上は複文従属節での使用例に偏って用いられている。表3は近代の「なまじ(っか)」の資料別・用法別の用例数をまとめたものである。

表3 近代における「なまじ(っか)」の用例数

	年	C
安愚楽鍋	1871-1872	1
近世紀聞	1874	3
巷説児手柏	1879	2
浮雲	1887-1889	2
『女学雑誌』	1894・1895	4
『女学世界』	1909	2
『婦人倶楽部』	1925	2
『太陽』	1895	8
	1901	8
	1909	8
	1917	3
	1925	2
『青空文庫（小説）』	1881-1890	2
	1891-1900	11
	1901-1910	3
	1911-1920	47
	1921-1930	42
	1931-1940	59
	1941-1945	7
合計		216

また、中世以降増加した、無意志的事態と共起する例は、近代では近世の約51％(全47例中24例)から約63％(全216例中137例)へ一層増加している。

　以下に近代の例を示す。(15)は後続事態について「しない方がいい、すべきではない」という話し手の否定的評価を表すCに当たる。

【C「しない方がいい、すべきではない」の意】

(15) a. 兼「夫りやアなまじお前さんから意見を被成ツても陀目だ。僕の意見で諦めの附様な間柄ならお前さんの耳へ入れねえで諦めさせるだけれども到底陀目だと…」　　（『太陽』1895 年・涙の媒介）

　　 b. 　序だからその結果を云うと、寄宿生は一週間の禁足になった上に、おれの前へ出て謝罪をした。謝罪をしなければその時辞職して帰るところだったが、なまじい、おれの云う通になったのでとうとう大変な事になってしまった。

　　　　　　　　　　　　　　　　　　　　（坊っちゃん・1906 年）

　　 c. その日の朝から何んとなく頭の重かった葉子は、(中略)それと共に激しい下腹部の疼痛が襲って来た。子宮底穿孔綺。なまじっか医書を読み噛った葉子はすぐそっちに気を廻した。

　　　　　　　　　　　　　　　　　　　　　（或る女・1913 年）

　　 d. 「…今に君が其所へ追い詰められて、どうする事も出来なくなった時に、僕の言葉を思い出すんだ。思い出すけれども、ちっとも言葉通りに実行は出来ないんだ。これならなまじいあんな事を聴いて置かない方が可かったという気になるんだ」

　　　　　　　　　　　　　　　　　　　　　　（明暗・1916 年）

　これらのうち、(15c)はB「中途半端に」の意を含む「(中途半端で)しない方がいい、すべきではない」という意味Cを表している。また、

(15d)は「あんな事を聴いて置かない方が良かった」という内容であり、Cの意味が構文上にそのまま反映されている。

4. 史的変遷のまとめ

　本章では、「なまじ(っか)」の副詞用法が見られ始める上代から現代語のような意味・用法が現れる中世までの例を中心に、その使用実態と意味・用法の通時的変化について考察した。その結果を以下にまとめる。

　「なまじ(っか)」は、語源的に「未熟な、中途半端な」の意を持つ「なま」と「押しつける、無理に行う」の意を持つ動詞「しいる」の連用形が組み合わさって構成された語である。このような語源を持つ「なまじ(っか)」は副詞として用いられた当初(中古以前)、意志的行為を表す動詞述語(「常に思へり」「とまれる」「記」など)を修飾し、「しいて、つとめて、無理に」という様態的意味Aを表していた。

　中世になると、このような意味を持つ「なまじ(っか)」は、場合によっては望んでいないことを強いられる文脈で用いられ、そこから派生した「仕方なく、しぶしぶ」のような意味A'を表す例が見られた。A「しいて、つとめて、無理に」とA'「仕方なく、しぶしぶ」の意を表す「なまじ(っか)」はいずれも後続する意志的動詞述語の様態を詳しく表す様態副詞として用いられていた。また、中世には無意志的述語を修飾し、B「中途半端に」の意に解釈できる例や、A・Bの意味を含むC'(「無理に」もしくは「中途半端に」)すべきではない、しない方がいい」と

いう意味を表す例が見られはじめた。Cの例は近世以降増加し、現代
語の中心的な用法に至っている。

　以上のことから、「なまじ(っか)」の否定的意味の発生経緯につい
て、A「しいて、つとめて、無理に」、A'「仕方なく、しぶしぶ」、B「中
途半端に」行うことは好ましくない結果につながりやすく、このよう
な例を契機として「なまじ(っか)」は中世以降、当該事態について「しな
い方がいい、すべきではない」と見なす話し手の否定的評価の意味C
を表すようになったと推察される。

　また、構文の面では、まず、意志的事態を表す動詞述語だけでな
く、無意志的事態を表す述語と共起するようになった。次に、副詞用
法の初期例では主に単文・主節で使われていたが、中世以降は現代語
と同様の因果関係を表す複文従属節で使われるようになっていった。

終 章

1. 結論 ―評価副詞の形成に見られる変化の特徴と傾向―

　本論第1章〜第8章では、現代語において評価的意味を表すとされる副詞8語①「いっそ」②「さすが(に)」③「しょせん」④「せいぜい」⑤「せっかく」⑥「せめて」⑦「どうせ」⑧「なまじ(っか)」(①〜⑧は各章に該当)を取り上げ、副詞用法が発生してから現代語の意味・用法が成立する時期までを中心に、各語の使用実態を記述し、意味・用法の通時的変化を考察した。副詞が評価的意味を表す仕組みは、評価という意味機能をどう定義づけるかによって異なるが、本書では序章で述べた通り、工藤(1982、1997、2000)の捉え方を参考に、評価という意味機能を「文の述べ方の一つで、望ましさの観点から文の叙述内容・当該事態について話し手の価値判断や感情面の注釈を示すもの」と定義づけた。

　本章では本論で考察した副詞8語の具体的事例を通して、評価副詞の形成に見られる共通の変化の特徴と傾向について述べる。なお、各語における評価的意味の成立時期を見ると、⑥「せめて」⑦「なまじ(っか)」は中世前期、②「さすが(に)」③「しょせん」は中世後期、①「いっそ」は近世前期、⑤「せっかく」⑦「どうせ」は近世後期、④「せいぜい」は近代である。

1.1 意味的側面から見た評価副詞の形成 ―様態的意味から価値判断的意味へ―

　全体的な特徴として、本書で考察対象とした副詞は事物や様態を表す意味から、「望ましい、好ましい」か「仕方がない、うまく行かない」か(プラスかマイナスか)といった話し手の評価を表す意味へと変化した。各語が用いられる文脈がプラスかマイナスか、また当該事態の実現が既に定まっているか定まらず実現を望んでいるか(既実現か願望か)によって本論で考察した副詞8語は以下のように分類できる。

文脈＼当該事態	既実現	願望
プラス	②「さすが(に)」⑤「せっかく」	―
マイナス	③「しょせん」④「せいぜい」⑦「どうせ」⑧「なまじ(っか)」	①「いっそ」⑥「せめて」

　さて、上記のような評価的意味の成立過程には、変化前の語義や語を構成する要素(以下、語構成要素とする)、文脈上読み取れる意味、類似表現との関係(意味類推や推意)などからの影響が見られる。このような種々の要因により、原義から離れた独自の意味が形成される。

1.1.1 変化前の語義や語構成要素からの影響

　変化前の品詞を見ると、名詞(相当)、動詞の連用形、不定語と動詞からなる副詞成分、接続詞に準ずるものなどさまざまである。

【名詞(相当)→副詞】

　名詞(相当)から副詞化した語には①「いっそ」③「しょせん」④「せいぜい」⑤「せっかく」がある。①「いっそ」は、「対をなす二つ」あるいは「二つ一組」という意を表す漢語「一双(一雙)」を語源とし、「(両者を)まとめて」「(何であれ)一度に」のような様態的意味で中世後期に副詞として用いられはじめた。この様態的意味は次第に薄れていく。

(1) 鬼→女「ごんご道断にくひ事をいひをる。身共がままにならずは、[生かすより]いつさうにふたりながら食はふ」

　　　　　　　　　　　　　　　　　　(虎明本狂言・鬼の継子・p.31)

　③「しょせん」は、「仏教の経典によって説き明かされる内容、究極のところ」という意味の漢語「所詮」を語源とし(＝(2a))、中世前期から「あれこれの事情・経緯についての結論として述べる」ことを表す「結局、つまり」のような副詞用法(＝(2b))へ変容して用いられるようになった。

(2) a. 如レ此経論所詮無量教義等。悉摂二文殊一𡨃字真言一尽。
　　　　　　　　　　　　　　　　　　(秘密曼荼羅十住心論・巻7・p.375)
　　 b. [為義降参の事]「…降人にいづるにも及ばず、又出家遁世として乞食沙門の身となるべきにてもなし、さのみ又かくてもいつを限とも候はず、所詮為朝がはからひ申さむにつかせ給へ、…」
　　　　　　　　　　　　　　　　　　(保元物語・巻中・p.137)

　④「せいぜい」は、真心・誠心の意を表す漢語「精誠」がその語源とされるが、「精誠」が副詞として用いられる例は見当たらない。副詞用法の例には「精々」表記の例のみが見られる。ただし、名詞として用いられる「せいぜい」の仮名書きの例(＝(3a))では「精誠」と「精々」の可能性がある。このように、両者は用法によって表記の違いがあるものの、「精々」にも「精誠」と同様に真心・誠心を込める様子、尽力の意を表す例(＝(3b))が見られ、意味の面では類似している。副詞用法の「心・力を尽くして」という様態的意味(＝(3c))は名詞の真心・誠心の意から生まれるものと考えられる。

(3) a. 御祈祷のせいせいをいたされ候へく候、

　　　　　(三浦家文書44・良信了忍連署譲状・明徳4(1393)年6月1日)

　　b. 返々急度精々御調可レ為ニ肝要ー候

　　　　　　(醍醐寺文書1746・足利義輝書状・永禄元(1558)年頃)

　　c. 然之上者、私共より精々心を付、

　　　　　　　　　(真珠庵文書609・文化6(1809)年8月日)

　⑤「せっかく」は、ある目的のために労力を費やすことを表す漢語「折角」を語源とし、副詞として使われはじめた当初(中世後期)は当該事態の実現のために心・力を尽くす様態的意味で用いられていた。

(4) 今又薬を召寄候て種々養性仕候(中略)いかやうにもと折角養性仕候、

　　(実隆公記紙背文書・宗碩書状・享禄4(1531)年閏5月23日至28日裏)

【動詞の連用形→副詞】

　動詞の連用形から副詞化した語には⑥「せめて」⑧「なまじ(っか)」がある。⑥「せめて」は、「追い詰める、責め立てる」などの意味を持つ動詞「せむ」の連用形＋テ形からできた語であり、副詞として使われはじめた当初(中古)は「つとめて、しいて」(＝(5a))、「切実に、無性に」(＝(5b))などの様態的意味で用いられていた。

(5) a. 御返は、いとわりなく、つゝましげに思したるを、せめて書かせ奉り給ふ。　　　　　　　　　　　　　(夜の寝覚・巻3・p.197)

　　b. 故父殿のいみじうかなしうし給ひしかば、爰にても生したてんと物し侍れど、かの母北方、一人くだるをせめて苦しがりて、添へらるゝなめれば、えとゞめでなむ」との給へば、

　　　　　　　　　　　　　　　　　　(落窪物語・巻4・p.242)

　⑧「なまじ(っか)」は、「未熟な、中途半端な」の意を持つ「なま」と「押しつける、無理に行う」の意を持つ動詞「しふ」の連用形が組み合わさって構成された語(「なまじひ」)であり、副詞として用いられた当初(中古以前)は「つとめて、無理に」などの様態的意味で用いられた。

(6) 柏木「ことわりや。数ならぬ身にて、及びがたき[夫婦の]御仲らひに[皇女＝女二宮を]なまじひにゆるされたてまつりてさぶらふしるしには、長く世にはべりて、かひなき身のほども、すこし人と等しくなるけぢめをもや御覧ぜらるる、とこそ思うたまへつれ…」など、かたみに泣きたまひて、(源氏物語・若菜下・p.282)

【不定語と動詞からなる副詞成分→副詞】

　不定語と動詞からなる副詞成分から副詞化した語に⑦「どうせ」がある。⑦「どうせ」は、不定語の「どう」にサ変動詞の命令形の「せよ」が組み合わさった「どうせよ」(および「せよ」の音変化「せい」を含む「どうせい」)から構成要素の一部が脱落して形成された。このような語源を持つ副詞「どうせ」は「どうせよ(どうせい)」における動詞「す(る)」の動作性という実質的な意味が稀薄になり、語源の語構成要素である命令形「せよ(せい)」を含む句全体が逆接仮定条件を表すようになったことで、「どのような場合であっても(結局当該事態になる)」「どっちみち」という意味を表すようになった。

(7)　水うり「どうして汲おきの水がうられるものか」ばゞ「そしたら、
　　　此のこり水ウどうしめさる」水うり「しれた事、ぶつこぼすのよ」
　　　ばゞ「モイどうせぶつこぼす水だら、うらに二三盃のませてくれ
　　　めさねへか、ちつぴ口イたゝいたので、のどつぴこがからびあ
　　　がつたモシ」　　　([江・滑]旧観帖・三編・1809-1810年・p.274)

【接続詞に準ずるもの→副詞】

　接続詞に準ずるものから副詞化した語に②「さすが(に)」がある。②「さすが(に)」は語構成の面で「中称の指示副詞「さ」＋サ変動詞「す」＋程度や様態を表す助詞「がに」」から成った副詞句であり、「そのようにある(する)ほどに」「それ相応に」という意味を原義として持つ。指示副詞「さ」を語構成要素に含むことからか、前後の節・文同士を結ぶ機能(接続詞的用法)を持っていた。さらに「さすが(に)」は語構成上、逆接

の接続助詞として用いられる上代語「しかすがに」に類似している。このような語源を持つ「さすが(に)」は、副詞として使われはじめた当初(中古)は話し手の想定と対立する(順当ではない)当該事態を修飾し、「そうは言ってもやはり」という意味で用いられていた。

(8) 女も男も、いと下種にはあらざりけれど、年ごろわたらひなども いとわろくなりて、家もこぼれ、使ふ人なども徳ある所にいき つつ、ただふたりすみわたるほどに、<u>さすがに</u>下種にもあらね ば、人にやとはれ、使はれもせず、いとわびしかりけるまま に、思ひわびて、　　　　　　　　　　　　（大和物語・p.375）

1.1.2 文脈上読み取れる意味からの影響

　文脈上読み取れる意味の影響については、事態の実現が容易でない、もしくは実現の可能性が低い、という文脈からの影響が見られる。例えば、⑤「せっかく」は、連用修飾用法で多用されるようになる近世前期には尽力した事態の実現が容易でない文脈で用いられることが多くなる。具体的には、「せっかく」が複文の従属節で用いられる場合、従属節と主節との意味関係は、心・力を尽くした前件に反する望ましくない状況を後件で表す逆接関係の例が圧倒的多数を占める(39例中35例(約90％))。

(9) 折角目見へをしても〔奉公の契約をするまで試験的に働いても〕 首尾せざれば〔契約が成立しないと〕、二十四匁九分のそん銀、 かなしき世渡りぞかし。（〔浮〕好色一代女・巻1・1686年・p.512)

　⑥「せめて」も、前の文脈に事態の実現が容易でない状況が現れることにより、「せめて」が用いられる文から「それでもなお、これだけでも」の意味が読み取れる。

(10) 后ハ王宮ニヲハスナレバ、今生ニテ再ビ相見ン事有ガタシ。<u>セ
　　メテ</u>汝ヲダニ一目見タラバ、縦我命ヲ失フ共悲ム処ニアラズト
　　思キ。　　　　　　　　　　　　　　（土井本太平記・巻32・p.219）

1.1.3 類似表現からの影響

　類似した表現が意味の展開に影響を与えた語には③「しょせん」⑦「どうせ」がある。まず、③「しょせん」に否定的意味が発生した背景には、中古和文において頻用される「せんかたなし、すべなし」などの形容詞的表現の存在がある。この形容詞表現からの類推により、中世以降「詮無し」(＝(11a))「所詮無し」(＝(11b))の表現が生まれ、これらの表現が持つ意味(「どうしようもない、仕方がない」)を「しょせん」(＝(11c))が単独で持つようになったことが否定的意味の発生を促した。

(11) a.「我を見まほしくおぼさば、心を発して仏道をねがひ給へ。此
　　　の世にては、縦ひ思ふばかりそひ奉りたりとも、いつまでか
　　　見奉らむ。我も人もおくれ先立つならひ遁れがたければ、<u>せ
　　　んなく</u>侍るべし」とつれなく答へて、　（発心集・巻7・p.210）
　　b. 重盛「たとひ五経の説を詳にして、衆病をいやすと云共、豈先
　　　世の業病を治せむや、もしかの医術によって存命せば、本朝の
　　　医道なきに似たり、医術効験なくむば、面謁<u>所詮なし</u>」
　　　　　　　　　　　　（覚一本平家物語・巻3・医師問答・p.244）

c. 重ねて狼、「汝はなぜに雑言するぞ」と大きに怒つたれば、羊
の言ふは、「我はさらに悪口を申さぬ。ただ咎のない謂を申
すばかりぢや」と、その時、「所詮、問答は無益ぢや。何で
あらうともままよ。是非におのれをば、わが夕食にせうず
る」と言うた、　　　　　　　　　　(エソポのハブラス・p.444)

　次に、⑦「どうせ」の語源(「どうせよ(どうせい)」)は「どのような場合
であっても」あるいは「いずれにしても」の意を基本義として持つが、
このような意味を表す表現類自体は古代語から見られる(第7章(10)を
再掲)。

(12) ① か～かく～系:　かにかくに、かもかくも、かにもかくにも　等
　　　② と～かく～系:　とにかくに、とにかく、ともかくも、とも
　　　　　かく、とかく、とにもかくにも、ともあれかくもあれ・と
　　　　　まれかくまれ、とやかくや、とてもかくても、とてやかく
　　　　　てや　等
　　　③ 不定語「いずれ、どう、なに」系:　いずれにても、どうあって
　　　　　も、どうかこうか、どうぞこうぞ、どうでもこうでも、どう
　　　　　ともこうとも、どうなりこうなり、どうにかこうにか、どう
　　　　　にもこうにも、どうもこうも、どうやらこうやら、なにもか
　　　　　も　等

　「どうせ」の語源「どうせよ(どうせい)」に含まれる命令形が行為実現
の積極的要求ではなく、放任の意を表し、そこから逆接仮定条件を表

すようになったことから、「どうせ」単独形で副詞として用いられた当初(近世前期)は上記の表現類と同様、「どのような場合であっても」「いずれにしても」の意味(基本的意味)で用いられていた。しかし、この基本的意味は、話し手の意志や意図に関係なく成り立つことを含意するため、事態が表現主体にとって不本意に捉えられることもある。このようなケースを経由して、「どうせ」は当該事態の成立に対する否定的評価(「どうしようもない、仕方がない」)を表すようになった。

　また、語源から構成要素の一部が脱落して形成された点で「どうせ」の成立に類似した形態的変化を辿る語(「どうも」「なにも」など)にも目を向ければ、「不定語＋α」の形が「反復形→単独形」「否定述語との共起増加」という形態・構文上の特徴を獲得することの一般性が分かる。しかし、副詞「どうも」「なにも」は推定や非存在を表すことで事態の成立をどう認識するかを表す意味を持つのに対して、副詞「どうせ」は成立した(とみなす)事態について否定的評価の意味を持つことから、意味の面では異なるといえる。その違いの源にはやはり、「どうせ」が逆接仮定条件形式と関連する形式であることがその意味範囲を定めていたと考えられる。

　なお、本書の考察結果に関連する事例として、金水(2004)が論じたテ形接続助動詞(「てやる／くれる／もらう」「ておく」「てある」「てみる」「てしまう」)の意味・機能が挙げられる。金水はこれらの意味記述において評価(望ましいかどうかの観点)と意志性(意志的な動詞による出来事かどうかの観点)を取り入れている。特に示唆的なのは、次の2点である。

(13) a. 「てしまう」の意味について

「話し手自身の行為、話し手が計画した行為などの場合は、当然S_p(著者注：出来事$_p$が完成した時の結果の状態)は望ましいものである」

(金水2004：52-53)

b. 受身文について

「意図的な行為は主語の人物にとって通常望ましい結果をもたらすのであるから、これをあえて非意図的に描くということは、望ましくない出来事であったり、意外な出来事であったりすることを表すために用いられやすいことは十分想像できる」

(同：54)

　これらの指摘に関連して、通時的観点から評価副詞を考察した本書では、マイナスの感情・評価的意味を表す③「しょせん」⑦「どうせ」の修飾内容には話し手の意志や意図に関係無く成り立つ事態が現れ、このような場合、話し手の望まない事態であるという否定的意味に展開しやすいことを確認した。

　以上のように、評価的意味の成立過程には変化前の語義や語構成要素、文脈上読み取れる意味、類似表現との関係などからの影響が見られた。このような種々の影響を受けることにより、原義から離れた独自の意味が形成されることになるが、評価的意味の形成に見られる種々の要因を総合的に分析する必要がある。加えて、本書では副詞用法の発生前後における意味の展開に注目して各章に当該語の出自について論じた。その際、和語か漢語かという語種による特徴にも触れ、特に漢語由来の語が副詞化する過程において和語からの影響を受ける

ことを確認した。例えば、②「しょせん」は中古和文の形容詞表現からの類推により、形容詞「所詮無し」を作り出し、それを契機として「しょせん」単独で否定的意味を表すようになった。ただし、評価的意味の成立過程には上記のような種々の影響があるものの、本書で考察の対象とした副詞は事物や様態を表す意味が稀薄になり、話し手の評価を表すようになるという意味変化を遂げている。

1.2 構文的側面から見た評価副詞の形成 —単文構造から複文構造へ、文中から文頭へ—

1.2.1 単文構造から複文構造へ

　全体的な特徴として、本書の考察対象の大部分は出現当初は単文で用いられていたのに、意味変化の過程で複文構造で使われるようになる。

　まず、変化の過程で複文従属節における出現例が出てくるものに⑤「せっかく」⑦「どうせ」⑧「なまじ（っか）」があるが、これらのうち⑤「せっかく」⑧「なまじ（っか）」は従属節にしか現れなくなった（(14)～(16)のaは単文・主節で使われる例、bは複文従属節で使われる例）。

(14) a. ある人→十二三なる子「せつかくならへ、やがて、十月十三日に成ぞ、百はたごくいにつれてゆかふぞ、よくおほえて其時うたへ」

　　　　　　　　（〔噺〕整版九行本昨日は今日の物語・1636年・p.168）

　　 b. 女房→客「せつかく〔酒のさかなに、いもを〕煮やしたから、あがりやし」　　　　　　（〔江・噺〕近目貫・1773年・p.201）

(15) a. ある男、女ぼうが外に色ごとをしてゐることをかぎつけ、あ
　　　る日何くハぬ顔にて、「けふハ店の衆にさそハれて、大師が
　　　ハらへ行から、<u>どふせ</u>かへりハ品川にとまるだろふ。留守
　　　をよくきをつけやれ」と言付て、

　　　　　　　　　　　　（［江・噺］落咄見世びらき・1806年・p.207）

　　 b. 「ぴん助やきしゃごが何を云ったって知らん顔をしておればい
　　　いじゃないか。<u>どうせ</u>下らんのだから、中学の生徒なんか構
　　　う価値があるものか」　　　　　　　（吾輩は猫である・1905年）

(16) a. 柏木「ことわりや。数ならぬ身にて、及びがたき[夫婦の]御仲
　　　らひに[皇女＝女二宮を]<u>なまじひに</u>ゆるされたてまつりてさ
　　　ぶらふしるしには、長く世にはべりて、かひなき身のほど
　　　も、すこし人と等しくなるけぢめをもや御覧ぜらるる、と
　　　こそ思うたまへつれ…」など、かたみに泣きたまひて、

　　　　　　　　　　　　　　　　　（源氏物語・若菜下・p.282）

　　 b. みな人はおもき鎧のうへに、おもき物をおうたりいだひたり
　　　していればこそしづめ、この人おやこはさもし給はぬう
　　　へ、<u>なまじゐに</u>究竟の水練水泳の達者にておはしければ、
　　　しづみもやり給はず、　　　　（覚一本平家物語・巻11・p.339）

　　次表は、⑤「せっかく」⑦「どうせ」⑧「なまじ（っか）」の単文・主節で
の使用から複文従属節での使用への変化の推移を示すため、評価的意
味が成立した時期(表内の網掛け部分)とその前の時期(ただし、「どう
せ」はその後の時期)における文構造別(単文・主節か複文従属節か)の

用例数を示したものである。⑦「どうせ」の場合、近世から副詞の例が見られるが、前期には1例しか見られず、実態の把握が難しいため、近世後期とその後の近代(明治・大正期)を比較することにした。

		単文・主節	複文従属節	合計	「複文の従属節」に現れる例が全体に占める割合
せっかく	近世前期	3	37	40	約93%
	近世後期	20	148	168	約88%
どうせ	近世後期	35	11	46	約24%
	近代	113	114	227	約50%
なまじ (っか)	中古以前	4	1	5	20%
	中世前期	14	15	29	52%

※　各語の考察において「判断不能」とした例は計上していない。
※　近世後期は上方語資料と江戸語資料の両方に現れた例を合わせて計上した。
※　「せっかく」の場合、近世前期と近世後期の「複文の従属節」に現れる例が全体に占める割合からはほとんど差がないが、37例と148例のように数の差が著しいことを重視して、この一群に入れた[1]。
※　「どうせ」の近代・複文の114例は用例の大部分を占めるカラ節とナラ節のみを計上した数である。

上の表から「せっかく」「なまじ(っか)」は評価的意味が成立した時期と

1)　「せっかく」においては評価的意味が成立する前の近世前期にも複文に現れる割合が約93%と高い。その理由は「せっかく」は中世後期から副詞として用いられる例が見られるものの、一定量の資料を調査しても僅か1例のみ見られ、また近世前期にも全体で40例しか見られなかったため、中世後期から近世前期において当時の使用実態を十分かつ正確に把握するのは難しい面があることと関係している可能性が考えられる。
　　また、近世の前期と後期で複文に現れる割合が約93%から約88%に下がっているが、その理由は近世後期以降見られる新たな文型、すなわち前期には見られなかった単文(描写系述語と共起する単文、第5章参照)が発達したためである。このような単文(全18例)のうち11例は後続文と順接の因果関係にあり(「せっかく御出あそばしたもの。マア今日ハ近所の小川によふ似た人なとお呼なされませぬか」)、意味の面では順接の従属節の例と連続するものと捉えられる。意味の面を重視して11例を「複文の従属節」の例として計上すると、「複文の従属節」に現れる例が全体に占める割合は約94%となる。

構文上の変化が見られる時期が一致しているのに対して、「どうせ」は
意味上の変化を遂げた後に構文上の変化が生じていることが分かる。

　次に、①「いっそ」②「さすが(に)」⑥「せめて」は初期の副詞用法の時
点で既に、主に複文構造で用いられていた。そのため、これらには複
文の従属節での使用増加は見られないが、構文的に単文構造ではなく
複文構造を取るという面では、前掲の⑤「せっかく」⑦「どうせ」⑧「な
まじ(っか)」と似ている。

(17) a. [放蕩な息子を勘当した徳兵衛が、他人によって葬儀を行われ
　　　ることを心配する場面]「子は有りながら其の甲斐なく無縁の
　　　手に掛らうより、いつそ行倒れの釈迦荷ひがましでおじやる
　　　は」　　　　　　　　　　　　　([上・浄]女殺油地獄・1721・p.416)

　　b. 女も、いとあやしく心得ぬ心地のみして、御使に人を添へ、
　　　暁の道をうかがはせ、御あり処見せむと尋ぬれど、そこは
　　　かとなくまどはしつつ、さすがにあはれに、見ではえある
　　　まじくこの人の御心に懸りたれば、便なく軽々しきことと
　　　思ほし返しわびつついとしばしばおはします。

　　　　　　　　　　　　　　　　　　　　(源氏物語・夕顔・p.152)

　　c. 后ハ王宮ニヲハスナレバ、今生ニテ再ビ相見ン事有ガタシ。
　　　セメテ汝ヲダニ一目見タラバ、縦我命ヲ失フ共悲ム処ニア
　　　ラズト思キ。　　　　　　　　　　(土井本太平記・巻32・p.219)

　また、③「しょせん」は副詞用法の初期(中世前期)の例から単文もし
くは複文の主節で用いられ、前文脈に続く結論的な内容を導く「結

局、つまり、要するに」などに近い意味を持っていた(＝(18a))。意味の上では中立的な意味から否定的評価(＝(18b))を表すようになる変化が生じても、構文的には大きな変化が見られない。

(18) a. 又云「…かくのごとく領解するを三心の智慧といふなり、その智慧といふは、<u>所詮</u>、自力我執の情量を捨うしなふ意なり」

　　　　　　　　　　　　　　　(一遍上人語録・p.126、否定的評価なし)

　　 b. 重ねて狼、「汝はなぜに雑言するぞ」と大きに怒つたれば、羊の言ふは、「我はさらに悪口を申さぬ。ただ咎のない謂を申すばかりぢや」と、その時、「<u>所詮</u>、問答は無益ぢや。何であらうともままよ。是非におのれをば、わが夕食にせうずる」と言うた、　(エソポのハブラス・p.444、否定的評価あり)

　なお、単文を超えた文と文の連接(以下、連文構造とする)からすれば、「しょせん」は連文構造において先行文に対する結論的な内容を述べる後続文であり、複文構造でいえば主節となる。加えて、「どうしようもない、仕方がない」の意味を持つようになった「しょせん」は、連文構造において「当たらなくてもがっかりすることはない。しょせん占いだ。＝当たらなくてもがっかりすることはない。しょせん占いなのだから」のように因果性を持つ傾向がある。(18b)を見ると、「所詮、問答は無益ぢや」と「何であらうともままよ。是非におのれをば、わが夕食にせうずる」の間には、「結局のところ問答は無益だ(仕方ないことだ)。なぜなら、何を言ってもおのれ(羊)を食おうとする状況は変わらない」という意味関係が読み取れる。

　一方、④「せいぜい」は、③「しょせん」と同様に副詞用法の初期(近世後期)の例から単文もしくは複文の主節で用いられているものの、上記のいずれの構文環境(複文構造か因果性を持つ連文構造か)への変化にも当てはまらず、構文面では他の語の評価副詞の形成と共通する特徴は持たない。

(19) a. 然之上者、私共より<u>精々</u>心を付、

　　　　　　　　　　　　(真珠庵文書609・文化6(1809)年8月日)

　　　b. 右白水粕ニ而灯油製造相成候由ニ候間、捨りニ不┐相成┌様、

　　　<u>精々</u>可┐心掛┌候、

　　　　　　　　　(井伊家史料101・京都町触・安政6(1859)年12月21日)

　以上のように、典型例から外れる特徴を持つ語(④「せいぜい」)はあるものの、本書で検討した評価副詞の形成を構文面から眺めれば、単文構造ではなく、2つの事態の関係を捉える複文構造(場合によっては連文構造)での使用に偏る特徴が確認できる。また、本書で扱った副詞はすべて何らかの意味で2つの事態を結びつける構文環境に裏付けられて評価的意味を強めていったと考えられる。構文環境と意味の交渉については1.3節で後述する。なお、共起特徴を見ると、本書の考察対象の多くは決まった接続形式、特に原因・理由を表す(ノダ)カラ・タメニ・ダケニと強い共起傾向が見られる。仮定条件形式では、事態の成立が既に定まっていると判断して仮定する(工藤1997)(ノ)ナラ・トシテモ・トスルト・トスレバ・トシタラ・ノダッタラが見られる。

1.2.2 文中から文頭へ

　構文上の変化特徴として節中・文中(以下、文中と略記する)の述語の直前から節頭・文頭(以下、文頭と略記する)の事態全体の前に位置するようになる出現位置の変化が見られる。

　次表は、各々の語に評価的意味が成立した時期(表内の網掛け部分)とその前の時期(ただし、⑦「どうせ」はその後の時期)における節・文に現れる位置別(文中か文頭か)の用例数を示したものである。1.2.1節でも述べたように、⑦「どうせ」は近世から副詞の例が見られるが、前期には1例しか見られず、実態の把握が難しいため、近世後期とその後の近代(明治・大正期)を比較することにした。

		文中に現れる例	文頭に現れる例	合計	「文頭に現れる例」が全体に占める割合
いっそ	中世後期	1	2	3	約67%
	近世前期	8	29	37	約78%
さすが (に)	中世前期	19	57	76	75%
	中世後期	41	162	203	約80%
しょせん	中世前期	3	18	21	約86%
	中世後期	4	82	86	約95%
せっかく	近世前期	31	9	40	約23%
	近世後期	35	133	168	約79%
せめて	中古以前	124	26	150	約17%
	中世前期	87	91	178	約51%
どうせ	近世後期	5	41	46	約89%
	近代	16	211	227	約93%
なまじ (っか)	中古以前	5	0	5	0%
	中世前期	13	16	29	約55%

※ 各語の考察において「その他」「判断不能」とした例は計上していない。
※ 近世後期は上方語資料と江戸語資料の両方に現れた例を合わせて計上した。

※ 「しょせん」は変体漢文資料と和文資料の両方に大量の例が見られるが、他の語の大部分が和
　文資料に多く見られることから、資料面でのバランスを考え、和文資料に見られる漢字表記
　(所詮)の例と音読の仮名書き(しょせん)の例を計上した。

　上の表から「いっそ」「さすが(に)」「しょせん」は評価的意味が成立す
る前に既に文頭に現れる例が文中に現れる例を上回っているのに対し
て、「せっかく」「せめて」「なまじ(っか)」は意味上の変化を遂げた時期
に文頭での使用例の割合が増加していることが分かる。評価的意味が
成立する前後を比較すると、どれも評価的意味が成立した後に割合が
高くなっている。ただし、「どうせ」は評価的意味が成立した時期から
文頭での使用率が高い。

　しかし、例外として「せいぜい」の史的変遷には、前述した複文構造
で使われるようになる変化が見られない点に加えて、他の語に共通す
る文中での使用から文頭での使用に特化するという構文上の位置変化
も見られない。その一方で、「せいぜい」には、1900年代以降から「〜
がせいぜいだ」のようにコピュラを伴った述語用法の例(例：「親を帰
省するのが精々であった」(ヰタ・セクスアリス・1909年))が見られ
る。このように、文中から文末へ用法拡張する「せいぜい」は、文中か
ら文頭へ構文上の位置を変化させている他の評価副詞と変化の方向が
異なっている。

　以上のような文頭に現れるようになる構文上の変化は、本書で扱っ
た評価副詞に限らず、当該事態について評価・注釈を示す副詞(成分)
や前置き表現、感動詞の成立過程に共通して見られる特徴である
(Traugott1995、小野寺2014)。例えば、柴崎(2015b)は漢語名詞から副詞
へ発達する「事実」について、本来「…事実なり／である／です。」(＝

(20a))のように文末に現れていたものが、「…事実なるが／であるが／ですが(、)」のように文中に現れる例(実例が提示されていない)を経由して、「。事実、…」(＝(20b))のように文頭に現れるようになる拡張の方向を指摘している。さらに、このような「文末→文中→文頭」の変化は「事実」だけでなく、「結果、問題」のような漢語名詞にも見られる一般性の高い現象と主張している。ただし、現代語においては文末(＝(20a))と文頭(＝(20b))に特化した分布が見られるとする。

(20) a. 摂政被来云、今夜斉院盗人入云々、仍奉遣奉云々、右大弁来云、斉院<u>事実</u>也。

　　　　　　　　(御堂関白記・寛仁元(1017)年7月2日、北原・他2006)

　　 b. 兄さんは誰よりも今の若い人達の心をよく知ってゐる。そして<u>事実</u>、東京で若い多くの女のお友達もおありの事であったらうし。　　　　　(田舎医師の子・1914年、北原・他2006)

1.2.3 副詞以外の用法

　用法の面では、副詞化(連用修飾用法の成立)の過程で名詞・形容動詞的に働く段階の例、即ち、連体修飾用法や述語用法が見られる。

(ⅰ) 連体修飾用法の存在

　本書の考察対象である8語のうち①「いっそ」④「せいぜい」⑤「せっかく」⑥「せめて」は、副詞用法(連用修飾用法)が見られはじめる時期に前後して助詞「の」を伴い、[副詞]の[名詞(句)]の形で名詞を修飾する用法の例が見られる。名詞(句)の位置には、普通名詞が現れる場合もあ

れば、形式名詞「こと」が現れる場合もある。例えば、「いっそのこと」「せめて(も)のこと」のように「こと」を修飾する副詞(句)の形成は、「よくよくのこと」「まずまずのこと」のように評価副詞以外の副詞にも見られる現象である。

　なお、連体修飾用法の例は、①「いっそ」④「せいぜい」⑤「せっかく」のように名詞(相当)から副詞化した語に多く現れるのが特徴的である。

(21) a. [食べてはいけない魚を勧められたお坊さんが]あまりつよくしんしやく[斟酌]いたしたらバ、また、じやうがこわいとて、人にそしらるゝであらふほどに、人にそしられうよりハ、いっそのことくハふといふた。

　　　　　　　　　　　([上・噺] 初音草噺大鑑・1698・p.150)

　　b. 返々急度精々御調可レ為ニ肝要ー候

　　　　　　(醍醐寺文書1746・足利義輝書状・永禄元(1558)年頃)

　　c. 「をよそ、三日に三庭の申楽あらん時は、指寄の一日なんどは、手を貯いて、あいしらいて、三日の中に、殊に折角の日と覚しからん時、よき能の、得手に向きたらんを、眼晴を出してすべし」　　　　　　　　　　　(風姿花伝・p.396)

　　d. 同四日、やまひにせめられ、せめての事に板に水をゐて、それにふしまろび給へ 共、　　(覚一本平家物語・巻6・p.409)

(ⅱ)述語用法の存在

　②「さすが(に)」④「せいぜい」⑤「せっかく」は、「さすがだ」「～がせいぜいだ」「(それは)せっかくだけど／せっかくだから」のようにコピュ

ラを伴うことがある。これら述語用法の内実はそれぞれで異なる。「さ
すがだ」は感情を表出する感動詞的用法に近い。これに対して、「～が
せいぜいだ」は普通の平叙文に近い。一方、「(それは)せっかくだけど
／せっかくだから」は述語用法の場合でも、連用修飾用法の場合と同
様、複文構造の従属節で使われ、前置き表現のような副詞成分として
働く。

　上記の(ⅰ)(ⅱ)に関連して、現代語の副詞を考察した工藤(2000)は、
原則として連用修飾用法を本務とする副詞にとって(ⅰ)(ⅱ)は副次的
用法としている。本書で通時的観点から分析したことにより、(ⅰ)は
副詞用法の初期例から、(ⅱ)は副詞用法が多用され、評価的意味が成
立してから見られることが明らかになった。

1.3 意味的側面と構文的側面の交渉

　本節では、前節までの評価副詞の形成に見られる特徴や傾向を踏ま
えて、本書で検討した8語の評価副詞化はどのような変化パターンで
あるかを示す。

　本書を通して、考察の対象とした8語が副詞研究史のなかで当該事
態について「注釈」を表す副詞として分類されてきたのは、文頭に位置
する構文的特徴とも関係することを確認した。また、本書の考察対象
8語は、2つの事態を結びつける構文環境で評価的意味を表すもので
あり、構文環境が整うことが評価副詞化を促した可能性があることも
確かめた。このように評価副詞の形成において意味的側面と構文的側
面は相互にかかわり合っている。両側面のかかわりから、評価副詞の
形成に見られる変化パターンは次のように類型化できる。まず、評価

的意味を表すようになる意味上の変化が複文構造や文頭などへの構文上の変化より先に生じる「意味先行型」、それらの変化が同時に進む「意味・構文同時型」、そして構文上の変化が意味上の変化よりも先に生じる「構文先行型」という3つのパターンに分類できる。各パターンに属する語を示すと以下のようになる。

　・意味先行型　　　　：④「せいぜい」、⑦「どうせ」
　・意味・構文同時型　：⑤「せっかく」、⑥「せめて」、⑧「なまじ(っか)」
　・構文先行型　　　　：①「いっそ」、②「さすが(に)」、③「しょせん」

　ここで「せいぜい」は意味上の変化は見られるものの、複文構造や文頭での使用へ偏る構文上の変化は見られないため、典型例から外れる語である。しかし、構文面では「せいぜい」の修飾内容において意志的な事態だけでなく、無意志的な事態と共起する例が増加する傾向が見られることから、意味変化に伴って何らかの形で構文的にも変化が生じていると見られる。

【他の評価副詞との共通点・相違点】

　以上の結果を踏まえ、本書で扱わなかった評価副詞(「あいにく類」とした「あいにく、奇しくも、さいわい)」)との相違点および共通点を述べる。現代語において評価を表すとされる副詞には、「あいにく類」のように「主に単文構造に現れるもの」もあれば、本書の考察対象8語のように「主に複文構造に現れるもの」もある。歴史的に見ると、本書の考察対象の多くは、副詞として用いられはじめた当初、「あいにく

類」のように単文構造を取るものであった。しかし、話し手の評価を表すようになると、当該事態に対する評価を他の事態理由として示すため、複文構造を取るようになるという構文上の変化が見られた。このように本書の考察対象8語と「あいにく類」は評価の提示の仕方(評価的意味を表す仕組み)に確然たる相違があることが示された。

　一方、両者には共通点もある。まず、現代語において本書の考察対象である副詞8語と「あいにく類」は共通して望ましさの観点による話し手の価値判断を表す。また、「あいにく類」を含む副詞(成分)が表す評価の表現形式は、「驚いたことに」「一般的に言えば」のような文副詞や前置き表現のように文頭で用いられる。本書の考察対象も、例えば「せっかく」は「せっかくだが／せっかくだから」のように、従属節全体が副詞成分(もしくは副詞句)として、主節が表す内容の前置きとして働く。

【評価副詞の形成が意味するのは何か —日本語史における位置づけ—】

　本書で扱った評価を表す叙法副詞は、話し手が当該事態について望ましさの観点からどう感じているのか、即ち「望ましい、好ましい」か「仕方がない、うまく行かない」かを聞き手に伝える注釈的な意味機能を持つものである。評価・注釈を示す機能は発話時点の一時的な感情を込めているものではなく、常の考えや判断に基づき表現するものである。その通時的変化の過程では、前件と後件の因果関係を基に評価的意味が成り立ち、文頭への移動が見られる。文頭への移動からは、いわゆる文副詞と呼ばれるものの一般的な変化の一角に評価副詞化を位置づけてよいことが分かる。

　また、本書で考察した評価的意味を表す副詞への変化は、言語変化

の一般において名詞や動詞などの内容語が話し手の気持ちをどのように述べるかという文の述べ方に関わる文法的な働きを持つ自立的機能語(副詞)へ変化する文法化[2]の例として位置づけられる。

加えて、本書で考察した評価的意味を表す副詞や広義の句単位の評価副詞成分は、日本語史において発達してきた前置き表現のような配慮表現(高山2012、野田・高山・小林2014)と似た成立経緯を持つものと考えられる。評価を表す叙法副詞も、文頭に位置し、後続する文で述べる内容(事態)について望ましさの観点で話し手がどう判断したかを予告する働きをする。

2. 課題と展望

本書を通して、評価を表すさまざまな副詞表現のなかには、考察対象の評価副詞のように2つの事態からなる複文構造を取ることによって話し手が当該事態をどう感じているのかを伝える方向へと発達してきた表現があることを確認した。

また、本書を通して、その考察対象と現代語において評価を表す「あいにく類」は、歴史的に意味・用法上の変化が見られるか否か、構文的に特定の接続表現と共起するか否か、という点で相違が見られ、両者は区別できることを確認した。

今後さらに考察の余地がある点を以下に示す。

まず、本書でも部分的に、必要に応じて、類義関係にある語に言及

---

2) 小柳(2015)の文法変化の方向的類型のうち「機能語化B」に当たる。

したが、現代語の評価副詞における意味記述の精緻化のためには類義語との対照は欠かせない作業になろう。例えば、「せいぜい」については、尽力する様子を表す点で類義関係にある「精一杯」との類似点・相違点が問題となる。「なまじ(っか)」については、中途半端な様子を表す点で類義関係にある「なまなか(生中・生半)」「なかなか(中々)」との関連において記述・分析をする必要がある。

　次に、本書で検討した内容を補強するために評価副詞用法が成立した後の様相を検討することも重要である。例えば、「いっそ」については近代以降の使用実態を、「さすが(に)」については近世以降の使用実態を調査して、現代語への流れを描きたい。

　本書の拡がりとして、2つの方向への展開が考えられる。

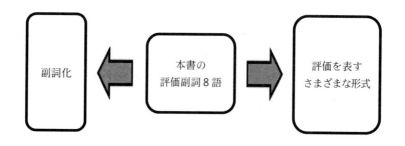

【副詞化への拡がり】

　本書のような評価副詞の通時的考察を契機として副詞全体の史的変遷における変化の傾向や仕組みについて考察する。評価を表す副詞以外でも、ある語が副詞化する過程に見られる史的変遷について検討することによって、副詞化というプロセス一般において、本書で考察した評価副詞の形成の位置づけや特徴が一層明確になると予想される。

【評価を表すさまざまな形式への拡がり】

　本書の拡がりとして、本書の考察対象である副詞の表す評価的意味の他に、評価を表す表現形式(情意を表す形容(動)詞や動詞に「～ことに、～くも、～にも、ながら」の形が付いてできた評価副詞成分)との関連をめぐっての問題、各時代の評価副詞とその周辺などがある。

　本書は、日本語史においては評価を表す表現形式の歴史的展開を明らかにする通時的研究(評価副詞成分の通時的な発達・展開)の基礎研究として位置づけられる。今後、以下に挙げる事例を通して、通時的な観点から評価副詞成分の成立について検討する可能性が考えられる。

　(事例)「～ことに」構文
　現代語では「面白いことに、残念なことに」のような評価副詞成分(宮田2012、高橋2015)が文頭で発達している。このような「～ことに」構文は歴史的にいつ頃成立してきたのだろうか。「～ことに」構文の成立について考察する際には、本章の2.3節で挙げた評価副詞の連体修飾用法に「いっそのこと」「せめて(も)のこと」「せっかくのこと」のような「こと」を修飾する副詞(句)が見られること、また文副詞化の過程に見られる「文末→文中→文頭」の変化(柴崎2015b)が「～ことに」構文にも適用できるかということも合わせて検討する余地があろう。また、「～ことに」と同様に形容(動)詞の連用形に後接して評価副詞成分となる「～も」という表現(例えば、「惜しくも」「意外にも」)の消長も比較検討する。

　加えて、副詞のみならず評価的意味を表すさまざまな文法形式が歴

史的にどのように成立してきたのかについて体系的に捉えていく研究が期待される。即ち、日本語における評価を表すさまざまな文法形式同士の関連や体系を捉えることが肝要である。

　以上のような点から、本書は上記で取り上げた評価表現との関連を視野に入れた、古代語における接尾辞を伴う表現類の検討、他言語との対照研究(例えば、英語や韓国語に見られる文頭に立つ文副詞と呼ばれる形式の検討)への拡がりを有する基礎的研究としての意義を持つものと考える。

初 出

序　章　書き下ろし

第1章　「副詞「いっそ」の史的変遷」『近代語研究』18(近代語学会、2015年)

第2章　「評価副詞「さすが」の成立と展開」東京大学国語国文学会(2014年4月19日)での口頭発表原稿を改稿

第3章　「副詞「所詮」の史的変遷」『日語日文学研究』101(韓国日語日文学会、2017年)

第4章　「副詞「せいぜい」の意味変化—近代語を中心に—」『日本語学論集』9(東京大学大学院人文社会系研究科国語研究室、2013年)

第5章　「副詞「せっかく」の史的変遷」『国語と国文学』93-8(東京大学国語国文学会、2016年)

第6章　「副詞「せめて」の意味変化」『日本語学論集』8(東京大学大学院人文社会系研究科国語研究室、2012年)

第7章　「近現代語における副詞「どうせ」の意味用法」『日本語学論集』10(東京大学大学院人文社会系研究科国語研究室、2014年)

「近世語における副詞「どうせ」「どうで」の意味用法」『日本語学論集』11(東京大学大学院人文社会系研究科国語研究室、2015年)

「副詞「どうせ」「どうで」の否定的評価の形成—類似表現を例にして—」『近代語研究』19(近代語学会、2016年)

第8章「「なまじ(っか)」の意味・構文の史的変遷」『日本語学論集』7(東京大学大学院人文社会系研究科国語研究室、2011年)

終　章「評価副詞の成立と展開に見られる変化の特徴」『近代語研究』20(近代語学会、2018年)

参考文献

青木博史(2007)『日本語の構造変化と文法化』ひつじ書房

青木博史(2010)「第3章「〜サ二」構文の史的展開」『語形成から見た日本語文法史』ひつじ書房、pp.223-240

青木博史(2011)『日本語文法の歴史と文化』くろしお出版

浅川哲也・竹部歩美(2014)『歴史的変化から理解する現代日本語文法』おうふう

浅田秀子(2000)「修飾語の意味に伴う評価性─現代「副詞」987語のイメージを中心に─」山田進・菊地康人・籾山洋介編『日本語意味と文法の風景(国広哲弥教授古希記念論文集)』ひつじ書房、pp.237-255

浅見徹(1970)「雪は降りつつしかすがに」『岐阜大学国語国文学』6、pp12-22

安部朋世(2005)「セイゼイ・タカダカ・タカガの意味分析」『千葉大学教育学部研究紀要』53、pp.279-284

安部朋世(2006)「副詞セイゼイの意味・用法と「とりたて」の在り方」矢澤真人・橋本修編『現代日本語文法─現象と理論のインタラクション─』ひつじ書房、pp.193-214

安部朋世(2011)「ムシロ・ドチラカトイエバ・カエッテの分析」『千葉大学教育学部研究紀要』59、pp.241-245

安部朋世(2012)「副詞セイゼイと類似表現の考察」『千葉大学教育学部研究紀要』60、pp.401-406

有田節子(2005)「「どうせ」「いっそ」の分布と既定性」『大阪樟蔭女子大学日本語研究センター報告』13、pp.1-16

有田節子(2006)「「どうせ」の意味と既定性」上田功・野田尚史編『言外と言内の交流分野 小泉保博士傘寿記念論文集』大学書林、pp.33-45

有田節子(2007)『日本語の条件文と時制節性』大学書林

池上秋彦(1996)『国語史から見た近代語』東宛社

石神照雄(1982)「様相副詞「セッカク」と構文構造」『信州大学教養部紀要人文科学』16、pp.1-13

井島正博(1996a)「期待の表現機構」『成蹊国文』29、pp.1-24

井島正博(1996b)「期待表現の体系」『成蹊大学文学部紀要』31、pp.53-74

井島正博(2010)「ノダ文の機能と構造」『日本語学論集』6、pp.75-117

井島正博(2012)「モノダ・コトダ・ワケダ文の構造と機能」『日本語学論集』8、pp.95-145

石田正博(2002)「家持二季歌の手法 ―「しかすがに」と逆接の助詞「を」をめぐって―」『国文学(関西大学)』83・84、pp.40-49

出雲朝子(1973)「玉塵抄の副詞(1)」『青山学院女子短期大学紀要』27

板坂元(1970a)「「なまじ」(日本語の生態3)」『国文学解釈と鑑賞』35-7、pp.220-224

板坂元(1970b)「「いっそ」「どうせ」(日本語の生態4)」『国文学解釈と鑑賞』35-8、pp.165-170

板坂元(1970c)「「せめて」(日本語の生態5)」『国文学解釈と鑑賞』35-11

板坂元(1971a)「「やはり」「さすが」(日本語の生態7)」『国文学解釈と鑑賞』36-1、pp.216-221

板坂元(1971b)『日本人の論理構造』講談社

市川孝(1965)「接続詞的用法をもつ副詞」『国文(お茶の水女子大学)』24、pp.1-7

市村太郎(2009)「近世後期における副詞「まことに」の意味・用法」『早稲田日本語研究』18、pp.12-23

市村太郎(2011)「副詞「だいぶ」について―近世語を中心に―」『早稲田日本語研究』20、pp.46-57

市村太郎(2012)「副詞「たいそう」の変遷―近代語を中心に―」『国文学研究』167、pp.83-94

市村太郎(2014a)「副詞「ほんに」をめぐって―「ほん」とその周辺―」『日本語の研究』10-2、pp.1-16

市村太郎(2014b)「近世口語資料のコーパス化―狂言・洒落本のコーパス化の過程と課題―」『日本語学(臨時増刊号・特集「日本語史研究と歴史コーパス」)』33-14、pp.96-109

市村太郎(2015)「雑誌『太陽』『明六雑誌』における程度副詞類の使用状況と文体的傾向」『日本語の研究』11-2、pp.33-49

井手至(1960)「副詞ツヒニの変遷と展開―古代におけるツヒニ・ツヒニハ―」『人文研究(大阪市立大学)』11-7、pp.683-703

井手至(1991)「「せめて」について」濱田敦・井手至・塚原鉄雄編『国語副詞の史的研究』新典社(2003年増補版による)

井上博嗣(1977)「古代語「さすがに」の意味について―その云わゆる逆接的意味なる―」『国語国文』46-5、pp.456-465

井上博嗣(1999)「中古に於ける指示副詞「さ」の程度副詞・陳述副詞化について(2)―源氏物語以前の物語作品を資料として―」『女子大国文(京都女子大学)』125、pp.43-72

井上博嗣(2008)「現代語の副詞「かならず」「きっと」の意味用法について―夏目漱石・志賀直哉・川端康成の作品を資料として―」『人間文化研究(京都学園大学)』21、pp.277-314

今西利之(2002)「副詞「どうせ」についての覚え書き」『熊本大学留学生センター紀要』6、pp.1-16

林禔映(2011)「「なまじ(っか)」の意味・構文の史的変遷」『日本語学論集』7、pp.15-35

林禧映(2012)「副詞「せめて」の意味変化」『日本語学論集』8、pp.158-174

林禧映(2013)「副詞「せいぜい」の意味変化―近代語を中心に―」『日本語学論集』9、pp.190-208

林禧映(2014)「近現代語における副詞「どうせ」の意味用法」『日本語学論集』10、pp.132-151

林禧映(2015a)「副詞「いっそ」の史的変遷」『近代語研究』18、pp.19-43

林禧映(2015b)「近世語における副詞「どうせ」「どうで」の意味用法」『日本語学論集』11、pp.152-167

林禧映(2016a)「副詞「せっかく」の史的変遷」『国語と国文学』93-8、pp.53-68

林禧映(2016b)「副詞「どうせ」「どうで」の否定的評価の形成―類似表現を例にして―」『近代語研究』19、pp.1-20

林禧映(2017)「副詞「所詮」の史的変遷」『日語日文学研究』101、韓国日語日文学会、pp.47-66

林禧映(2018)「評価副詞の成立と展開に見られる変化の特徴」『近代語研究』20、pp.45-59

海治美香(1996)「「しかたがない」の意味―多義語の意味構造―」『日本語研究(東京都立大学)』16、pp.39-51

大石亨(1984)「御伽草子の漢語についての一考察」『語文(大阪大学)』44、pp.27-36

大槻美智子(1991)「「しひて」」濱田敦・井手至・塚原鉄雄編『国語副詞の史的研究』新典社(2003年増補版による)

岡崎友子(1999)「指示副詞の歴史的考察―「カク」を中心に―」『明治時代の上方語におけるテンス・アスペクト形式―落語資料を中心として―』文部省科学研究費研究成果報告書

岡崎友子(2002)「指示副詞の歴史的変化について―サ系列・ソ系を中心に―」『国語学』53-3、pp.1-17

岡崎友子(2010)「第3章　語彙から見た指示副詞の歴史的変化について」『日本語指示詞の歴史的研究』ひつじ書房

岡部嘉幸(2004)「近世江戸語におけるラシイについて」『近代語研究』12

荻野千砂子(2003)「不定詞「ドウ」の発達」『語文研究』96、pp.33-47

呉珠熙(2000)「「さすが」に関する一考察―前提との関わりを中心に―」『筑波応用言語学研究』7、pp.15-27

呉珠熙(2008)「「いっそ」の統語的・意味的特徴」『日本語学研究』22(韓国日本語学会、pp.167-183

呉朱熙(2010)「「どうせ」の共起関係と文類型について―韓国語の副詞「Eochap, Iwang(i-myeon)」との対照を兼ねて―」『九州国際大学教養研究』17-1・2、pp.21-40

呉珠熙(2011)「「せっかく」の持つ前提と共起制限の関わりについて―韓国語の副詞「mocheoreom, ilkkeott」との対照を兼ねて―」『九州国際大学教養研究』18-2、pp.33-51

小田勝(2015)『実例詳解古典文法総覧』和泉書店

小野寺典子(2014)「談話標識の文法化をめぐる議論と「周辺部」という考え方」金水敏・高田博之・椎名美智編『歴史語用論の世界―文法化・待遇表現・発話行為―』ひつじ書房、pp.3-27

影山太郎(2009)『日英対照　形容詞・副詞の意味と構文』大修館書店

加藤薫(1999)「「やはり」論の問題点―その対立する論点の整理と展望―」森田良行教授古稀記念論文集刊行会編『日本語研究と日本語教育』明治書院、pp.165-183

加藤克美(1991)「談話における評価副詞について」『関西外国語大学研究論集』54

金沢裕之・矢島正浩(2011)『近世語研究のパースペクティブ―言語変化をどう捉えるか―』笠間書院

金田弘(1980)「漢籍国字解とその言語―江戸崎門学派の講義筆記を中心に―」『国語学』123、pp.35-46

川瀬一馬(1972)『江戸時代仮名絵入文学書概論―「江戸文学総覧」解説並に収録書目―』大東急記念文庫

川瀬卓(2006)「象徴詞の「と」脱落についての通時的考察」『語文研究(九州大学)』100・101、pp.16-29

川瀬卓(2011)「叙法副詞「なにも」の成立」『日本語の研究』7-2、pp.32-47

川瀬卓(2013)「副詞の歴史的研究における課題と可能性」『弘前大学国語国文学』34、pp.1-20

川瀬卓(2014)「近世における副詞「どうも」の展開」青木博史・小柳智一・高山善行編『日本語文法史研究2』ひつじ書房、pp.131-151

川瀬卓(2015)「副詞「どうぞ」の史的変遷―副詞からみた配慮表現の歴史、行為指示表現の歴史―」『日本語の研究』11-2、pp.16-32

川端善明(1958)「「接続と修飾「連用」についての序説」『国語国文』27-5、pp.296-322

川端善明(1983)「副詞の条件―叙法の副詞組織から―」渡辺実編『副用語の研究』明治書院、pp.1-34

川端元子(1999)「広義程度副詞の程度修飾機能―「本当に」「実に」を例に―」『日本語教育』101、pp.51-60

菊地康人(2005)「「どうせ」の用法の分析」石塚晴通教授退職記念会編『日本学・敦煌学・漢文訓読の新展開』汲古書院、pp.712-734

北﨑勇帆(2014)「複合助詞「であれ」「にせよ」「にしろ」の通時的研究」『日本語学会2014年度秋季大会予稿集』日本語学会、pp.97-104

北﨑勇帆(2016)「複合助詞「であれ」「にせよ」「にしろ」の変遷」『日本語の研究』12-4、pp.1-17

衣畑智秀(2001)「いわゆる「逆接」を表すノニについて―語用論的意味の語彙化―」『待兼山論

　　　　叢文学編』35、pp.19-34

金水敏・工藤真由美・沼田善子(2000)『日本語の文法2 時・否定と取り立て』岩波書店

金水敏(2004)「文脈的結果状態に基づく日本語助動詞の意味記述」影山太郎・岸本秀樹編『日
　　　　本語の分析と言語類型 柴谷方良教授還暦記念論文集』くろしお出版、pp.27-35

金水敏・高田博行・椎名美智(2014)『歴史語用論の世界―文法化・待遇表現・発話行為―』
　　　　ひつじ書房

工藤浩(1977)「限定副詞の機能」松村明教授還暦記念会編『国語学と国語史』明治書院、pp.969-986

工藤浩(1978)「「注釈」の副詞をめぐって」国語学会昭和53年度春季大会口頭発表
　　　　(http://www.ab.cyberhome.ne.jp/~kudohiro/tyuusyaku.html)

工藤浩(1982)「叙法副詞の意味と機能―その記述方法をもとめて―」『国立国語研究所報告71・
　　　　研究報告集3』秀英出版、pp.45-92

工藤浩(1989)「現代日本語の文の叙法性　序章」『東京外国語大学論集』39、pp.13-33

工藤浩(1983)「程度副詞をめぐって」渡辺実編『副用語の研究』明治書院、pp.75-82

工藤浩(1996)「「どうしても」考」鈴木泰・角田太作編『日本語文法の諸問題』ひつじ書房、pp.163-192

工藤浩(1997)「評価成分をめぐって」川端善明・仁田義雄編『日本語文法―体系と方法―』ひ
　　　　つじ書房、pp.55-72

工藤浩(2000)「副詞と文の陳述的なタイプ」仁田義雄・益岡隆志編『日本語の文法3 モダリティ』
　　　　岩波書店、pp.163-234

工藤浩(2005)「文の機能と叙法性」『国語と国文学』82-8、pp.1-15

小池康(2008)「近現代における「推定」のモダリティ副詞の変遷―ドウモとドウヤラを中心に―」
　　　　『日本語と日本文学(筑波大学)』46、pp.1-18

小林賢次(2000)『狂言台本を主資料とする中世語彙語法の研究』勉誠出版

小林芳規(1959)「「花を見るの記」の言い方の成立追考」『文学論藻(東洋大学)』14、pp.58-69

小椋日(1941)「副詞「いっそ」の語彙学的研究」『国語と国文学』18-12

小松寿雄(1985)『江戸時代の国語 江戸語』東京堂出版

小柳智一(2009)「同語反復仮定の表現と従属句化」『福岡教育大学国語科研究論集』50、pp.1-18

小柳智一(2013)「文法的意味の源泉と変化」『日本語学(特集 これからの古典語文法研究)』
　　　　32-12、pp.44-54

小柳智一(2014)「中央語における動詞活用の歴史」『全国方言文法辞典資料集(2)活用体系』方
　　　　言文法研究会、pp.20-29

小柳智一(2015)「文法変化の方向」『KLS(関西言語学会)』35、pp.323-334

小矢野哲夫(1982)「副詞の意味記述について―方法と実際―」『日本語・日本文化(大阪外国語

　　　　大学』11

小矢野哲夫(1983)「副詞の呼応―誘導副詞と誘導形の一例―」渡辺実編『副用語の研究』明治書院

小矢野哲夫(1996)「評価のモダリティ副詞の文章における出現条件―「幸い」と「せっかく」を例
　　　　にして―」『日本語・日本文化研究(大阪外国語大学)』6、pp.1-16

小矢野哲夫(1997a)「副詞「せっかく」の用法」『日本語・日本文化研究(大阪外国語大学)』7、
　　　　pp.1-16

小矢野哲夫(1997b)「うらめ条件接続のモダリティ副詞―「たとえ」の使用条件―」川端善明・
　　　　仁田義雄編『日本語文法―体系と方法―』ひつじ書房、pp.73-87

小矢野哲夫(2000)「評価的な意味―副詞「どうせ」を例にして―」山田進・菊地康人・籾山洋介
　　　　編『日本語意味と文法の風景(国広哲弥教授古希記念論文集)』ひつじ書房

近藤泰弘・月本雅幸・杉浦克己(2005)『新訂　日本語の歴史』放送大学教育振興会

坂梨隆三(1987)『江戸時代の国語　上方語』東京堂出版

坂梨隆三(2004)『近世の語彙表記』武蔵野書院

坂梨隆三(2006)『近世語法研究』武蔵野書院

佐治圭三(1997)「「―のだ」の中心的性質」『京都外国語大学研究論叢』42、pp.208-217

佐藤喜代治(1971)『国語語彙の歴史的研究』明治書院

佐藤喜代治(1982)『講座日本語の語彙5　近世の語彙』明治書院

佐藤茂(1959)「「なまじひ」考」『国語国文学(福井大学国語学会)』9

佐藤亨(1999)『国語語彙の史的研究』おうふう

佐藤宣男(1983)「とかく(兎角・左右)」佐藤喜代治編『講座日本語の語彙11　語誌III』明治書院

佐藤宣男(1983)「なかなか(中々)」佐藤喜代治編『講座日本語の語彙11　語誌III』明治書院

佐藤順彦(2009)「前期上方語のノデアロウ・モノデアロウ・デアロウ」『日本語文法』9-1、pp.20-36

佐藤順彦(2011)「後期上方語におけるノデアロウの発達」『日本語文法』11-1、pp.3-19

佐野由紀子(1998)「比較に関わる程度副詞について」『国語学』195、pp.99-112

佐野由紀子(1999)「程度副詞との共起関係による状態性述語の分類」『現代日本語研究(大阪大
　　　　学)』6、pp.32-50

佐野由紀子(2008)「「程度差」「量差」の位置づけ―程度副詞の体系についての一考察―」『高知
　　　　大国文』39、pp.65-74

柴﨑礼士郎(2015a)「文副詞的機能を担う名詞の史的発達と文法化の方向性について―「事実」
　　　　と「問題」を中心に―」国立国語研究所国際シンポジウム「文法化―日本語研究と
　　　　類型論的研究―」ポスター発表
　　　　(http://pj.ninjal.ac.jp/grammaticalization/8_Shibasaki.pdf)

柴﨑礼士郎(2015b)「「…事實也。」から「。事実…」へ―談話機能の発達に伴う統語位置の変化
　　　―」『第8回コーパス日本語学ワークショップ予稿集』国立国語研究所、
　　　pp.163-170

柴﨑礼士郎(2015c)「文副詞的機能を担う名詞の史的発達と文法化の方向性について―「事実」
　　　と「問題」を中心に―」『文法化―日本語研究と類型論的研究―』国立国語研究
　　　所国際シンポジウム(2015年7月3日-5日)

島田勇雄(1959)「近世後期の上方語」『国語と国文学』36-10

杉村泰(2002)「否定副詞ケッシテとカナラズシモの意味分析―全部否定と部分否定の間―」『言
　　　語文化論集(名古屋大学)』23-2、pp.123-133

杉村泰(2004)「蓋然性を表す副詞と文末のモダリティ形式」『言語文化論集(名古屋大学)』25-2、
　　　pp.99-111

杉村泰(2009)『現代日本語における蓋然性を表すモダリティ副詞の研究』ひつじ書房

杉本和之(2000)「副詞「どうせ」の意味と機能」『愛媛大学教育学部紀要 第II部 人文・社会科
　　　学』33-1、pp.15-24

杉本つとむ(1960)『近代日本語の成立』桜楓社

杉本つとむ(1967)『近代日本語の新研究―その構造と形成―』桜楓社

杉本つとむ(2001)「近世語研究にのぞむ―古代日本語研究の新時代―」『国文学解釈と鑑賞(特
　　　集21世紀の日本語研究)』66-1

鈴木重幸(1972)『日本語文法・形態論』むぎ書房

鈴木丹士郎(1985)『論集日本語研究14　近世語』有精堂出版

鈴木丹士郎(2003)『近代文語の研究』東京堂出版

関口智恵子(2004)「漢語副詞「いちだん(一段)」の史的変遷」『和漢語文研究』2、pp.67-77

武内道子(2005)「関連性への意味論的制約―「しょせん」と「どうせ」をめぐって」『副詞的表現
　　　をめぐって―対照研究―』ひつじ書房

高梨信乃(2006)「評価のモダリティと希望表現―タ形の性質を中心に―」『日本語文法の新地
　　　平2 文論編』くろしお出版、pp.77-98

高梨信乃(2010)『評価のモダリティ―現代日本語における記述的研究―』くろしお出版

高橋圭子・東泉裕子(2013)「漢語名詞の副詞用法―「現代日本語書き言葉均衡コーパス」「太陽
　　　コーパス」を用いて―」『第4回コーパス日本語学ワークショップ予稿集』国立国
　　　語研究所、pp.195-202

高橋圭子・東泉裕子(2014)「近代語コーパスにみる「結果」の用法」『第6回コーパス日本語学ワー
　　　クショップ予稿集』国立国語研究所、pp.103-112

高橋雄一(2015)「評価成分を作る「ことに」と「もので」についての一考察」『専修人文論集』97、
　　　　pp.243-273

高見健一(1985)「日英語の文照応と副詞、副詞句」『言語研究』87、pp.68-94

高山善行・青木博史(2010)『ガイドブック日本語文法史』ひつじ書房

高山善行(2012)「日本語の配慮言語行動の歴史的研究―これからの発展に向けて―」三宅和子・
　　　　野田尚史・生越直樹編『『配慮』はどのように示されるか』ひつじ書房

竹内美智子(1973)「副詞とは何か」『品詞別日本文法講座 連体詞・副詞』明治書院

田和真紀子(2014)「程度副詞体系の変遷―高程度を表す副詞を中心に―」小林賢次・小林千草編
　　　　『日本語史の新視点と現代日本語』勉誠出版

俵山雄司(2010)「「結局」の意味と用法」『群馬大学国際教育・研究センター論集』9、pp.33-50

丹保健一(1984)「副詞の意味記述―「かならず」「きっと」の意味用法の違いに着目して―」『国
　　　　語学研究(東北大学)』24、pp.99-112

築島裕(1963)『平安時代の漢文訓読語につきての研究』東京大学出版会

友定賢治(2015)『感動詞の言語学』ひつじ書房

中右実(1980)「文副詞の比較」国広哲弥編『日英語比較講座 第2巻 文法』大修館書店

中川祐治(2006)「古文の副詞、副詞はどう変化するのか―日本語史から探る副詞の諸相―」『日
　　　　本語学(臨時増刊号・特集 新・古文読解)』25-5

中村通夫(1948)『東京語の性格』川田書房

中村幸彦(1971)「近世語彙の資料について」『国語学』87、pp.73-83

中山緑朗(1986)「古記録の語彙に見る副詞―漢語副詞の登場―」『学苑』561(中山緑朗(1995)『平
　　　　安・鎌倉時代古記録の語彙』(東宛社)に第2章第1節「漢語副詞の登場」として再
　　　　録、pp.16-28

長島弘明・清登典子(1998)『近世の日本文学』放送大学教育振興会

長嶋善郎(1982)「ヤット・ヨウヤク・ツイニ・トウトウ」柴田武・国広哲弥・長嶋善郎・山田
　　　　進・浅野百合子編『ことばの意味3』平凡社、pp.170-177

鳴海伸一(2006)「漢語「一所」の受容と意味変化」『言語科学論集』10、pp.37-48

鳴海伸一(2009)「「相当」の意味変化と程度副詞化」『国語学研究(東北大学)』48、pp.120-133

鳴海伸一(2012)「程度的意味・評価的意味の発生―漢語「随分」の受容と変容を例として―」『日
　　　　本語の研究』8-1、pp.60-45

鳴海伸一(2013)「真実性をもとにした程度的意味の発生―漢語「真実」とその類義語を例に―」
　　　　『訓点語と訓点資料』131、pp.29-42

鳴海伸一(2014)「漢語形容動詞・副詞の品詞性と用法変化―通時的観点からみた近現代の特

徴一」新野直哉編『近現代日本語における新語・新用法の研究』国立国語研究所、pp.56-75

鳴海伸一(2015)『日本語における漢語の変容の研究―副詞化を中心として―』ひつじ書房

西真理子(2005)「話者の前提と陳述副詞 ―従属節に生起する副詞を例に―」『北海道大学留学生センター紀要』9、pp.39-52

西原鈴子(1988)「話者の前提―「やはり(やっぱり)」の場合―」『日本語学』7-3、pp.89-99

西村浩子(2000)「鎌倉時代前期の古文書に見られる「所詮」の用法について」『鎌倉時代語研究』23、pp.545-567

仁田義雄(1983)「結果副詞とその周辺―語彙論的統語論の姿勢から―」渡辺実編『副用語の研究』明治書院、pp.117-136

仁田義雄(2002)『副詞的表現の諸相』くろしお出版

日本語記述文法研究会編(2008)『現代日本語文法6 第11部 複文』くろしお出版

野田春美(1997)『「のだ」の機能』くろしお出版

野田尚史・高山善行・小林隆(2014)『日本語の配慮表現の多様性―歴史的変化と地理的・社会的変異―』くろしお出版

芳賀ゆかり(1986)「副詞の位相性―山東京伝を中心として―」『日本文学論叢(茨城キリスト教短期大学)』11

蓮沼昭子(1987)「副詞の語法と社会通念―「せっかく」と「さすがに」を例として―」『言語学の視野』大学書林 pp.203-222

蓮沼昭子・有田節子・前田直子(2001)『日本語セルフマスターシリーズ7 条件表現』くろしお出版

蓮沼昭子(2011)「条件文と理由文の相関―「(ノ)ナラ」と「ノダカラ」を例に―」『日本語日本文学(創価大学)』21、pp.1-18

蓮沼昭子(2012)「事態の既定性と「せっかく」構文」『日本語日本文学(創価大学)』22、pp.19-41

畠郁・西原鈴子・中田智子・中道真木男(1991)『日本語教育指導参考書19 副詞の意味と用法』国立国語研究所

花井善朗(2003)「モダリティを表す副詞の類義性と多義性―「やはり」「さすが」「しょせん」を中心に―」『ジャーナルCAJLE』5、pp.167-180

濱田敦(1991)「「やうやう」から「やっと」へ――語の意味の変化の一例として―」濱田敦・井手至・塚原鉄雄編『国語副詞の史的研究』新典社(2003年増補版による)

濱田敦・井手至・塚原鉄雄(1991)『国語副詞の史的研究』新典社(2003年増補版による)

播磨桂子(1993)「「とても」「全然」などにみられる副詞の用法変遷の一類型」『語文研究(九州大

学』75、pp.11-22

東泉裕子・高橋圭子(2013)「「結果、こういうことが言えそうです。」―コーパスにみる名詞の文副詞的用法―」『第3回コーパス日本語学ワークショップ予稿集』国立国語研究所、pp.91-96

東瀬戸正人(2000)「「程度副詞」における程度性の変遷について―「あまり」と「あまた」を中心に―」『別府大学国語国文学』42、pp.162-178

彦坂佳宣(1982)「洒落本の語彙」佐藤喜代治編『講座日本語の語彙5』明治書院

飛田良文(2006)『国語論究12　江戸語研究―式亭三馬と十返舎一九―』明治書院

深津周太(2016)「<ちょっとした型>連体修飾表現の成立と定着」『国語と国文学』93-2、pp.48-62

福島邦道(1957)「江戸語覚書」『国語(東京文理科大学)』5-3・4

福島直恭(2004)「和文に現れる従属節の特徴」『学習院女子大学紀要』6、pp.25-40

星野佳之(2001)「「どうせ」と「せっかく」の意義―「無駄」の回避―」『清心国文』3、pp.95-105

前田桂子(2014)「噺本における程度強調表現「きつい」の消長」『国語と教育(長崎大学)』39、pp.44-60

前田桂子(2015)「噺本における程度強調表現「とんだ」について」『島大国文』35、pp.1-22

前田富祺(1983)「漢語副詞の種々相」渡辺実編『副用語の研究』明治書院、pp.360-378

前田直子(2009)『日本語の複文―条件文と原因・理由文の記述的研究―』くろしお出版

増井典夫(2012)『近世後期語・明治時代語論考』和泉書院

益岡隆志・田窪行則(1992)『基礎日本語文法』くろしお出版(2008年改訂版による)

益岡隆志(2006)「「~タイ」構文における意味の拡張―願望と価値判断―」益岡隆志・野田尚史・森山卓郎編『日本語文法の新地平2　文論編』くろしお出版

松村明(1957)『江戸語東京語の研究』東京堂出版(1998年増補版による)

松村明(1986)『日本語の世界2　日本語の展開』中央公論社

松村明(1999)『近代日本語論考』東京堂出版

南不二男(1974)『現代日本語の構造』大修館書店

南不二男(1993)『現代日本語文法の輪郭』大修館書店

峰岸明(1971)「今昔物語集における漢字の用法に関する一試論〔1〕―副詞の漢字表記を中心に―」『国語学』84、pp.11-30

峰岸明(1971)「今昔物語集における漢字の用法に関する一試論〔2〕―副詞の漢字表記を中心に―」『国語学』85、pp.18-35

三原裕子(2012)「江戸時代前期の噺本に現れた「ござる」」『論集』8(アクセント史資料研究会)、pp.43-62

三原裕子(2013)「後期咄本資料として見た三笑亭可楽の作品―「新作おとしはなし」を中心に―」『論集』9(アクセント史資料研究会)、pp.31-54

三宅知宏(1995)「「推量」について」『国語学』183、pp.86-76

三宅知宏(2006)「「実証的判断」が表される諸形式―ヨウダ・ラシイをめぐって―」益岡隆志・野田尚史・森山卓郎編『日本語文法の新地平2 文論編』くろしお出版

宮島達夫・仁田義雄(1995)『日本語類義表現の文法(上)単文編』くろしお出版

宮田公治(2012)「評価文副詞「～ことに」の制約―事柄の評価に関わる形容詞類の類型―」『日本語文法』12-2、pp.128-144

向坂卓也(2009)「副詞「せいぜい」の用法変化」『言語コミュニケーション文化(関西学院大学)』7-1、pp.129-143

村上謙(2006)「近世上方における尊敬語表現「テ＋指定辞」の成立について」『日本語の研究』2-4、pp.17-32

村上謙(2009)「近世上方における尊敬語化形式「テ＋指定辞」の変遷」『日本語の研究』5-1、pp.1-14

村田美穂子(2005)『文法の時間』至文堂

村山昌俊(1986)「江戸語「とんだ」考」『滝川国文』2、pp.16-28

森勇太(2013)「近世上方における連用形命令の成立―敬語から第三の命令形へ―」『日本語の研究』9-3、pp.1-16

森岡健二(1980)「口語史における心学道話の位置」『国語学』123、pp.21-34

森田良行(1996)『意味分析の方法―理論と実践―』ひつじ書房

森本順子(1994)『話し手の主観を表す副詞について』くろしお出版

森本順子(2000)「副詞、副詞の現在」『日本語学』19-5、pp.120-129

諸星美智直(2004)『近世武家言葉の研究』清文堂出版

八亀裕美(2008)『日本語形容詞の記述的研究―類型論的視点から―』明治書院

矢島正浩(1999)「意志・推量助動詞の用法からみた近松世話浄瑠璃の文体」佐藤武義編『語彙・語法の新研究』明治書院、p.118-133

矢島正浩(2013)『上方・大阪語における条件表現の史的展開』笠間書院

梁井久江(2009)「テシマウ相当形式の意味機能拡張」『日本語の研究』5-1、pp.15-30

山縣浩(2002)「方言書における共通語としての江戸語」『日本近代語研究』3

山口豊(2004)「近世後期上方語資料としての『鳩翁道話』について」『近代語研究』12、pp.241-254

山崎久之(1963)『国語待遇表現体系の研究』武蔵野書院(2004年増補補訂版による)

山崎久之(1990)『続国語待遇表現体系の研究』武蔵野書院

柳田征司(1978)「「ドウ」(如何)の成立」『国語と国文学』55-5、pp.79-96

山田孝雄(1908)『日本文法論』宝文館

山田孝雄(1913)『奈良朝文法史』宝文館

山田孝雄(1936)『日本文法学概論』宝文館

山田孝雄(1940)『国語の中に於ける漢語の研究』宝文館

山本尚子(2008)「「しょせん」に関する一考察」『日本語用論学会第11回大会発表論文集』4、
　　　　pp.143-150

湯澤幸吉郎(1929)『室町時代言語の研究—抄物の語法—』大岡山書店(1955年風間書房版による)

湯澤幸吉郎(1936)『徳川時代言語の研究』刀江書院(1962年風間書房版による)

湯澤幸吉郎(1954)『江戸言葉の研究』明治書院(1991年増訂3版による)

吉井健(1993)「国語副詞の史的研究—「とても」の語史—」『文林』27、pp.1-30

渡辺実(1949)「陳述副詞の機能」『国語国文』18-1、pp.1-26

渡辺実(1953)「叙述と陳述—述語文節の構造—」『国語学』13-14、pp.20-34

渡辺実(1957)「品詞論の諸問題—副用語・付属語」『日本文法講座1』明治書院

渡辺実(1971)『国語構文論』塙書房

渡辺実(1980)「見越しの評価「せっかく」をめぐって」『月刊言語』9-2、pp.32-40

渡辺実(1990)「程度副詞の体系」『上智大学国文学論集』23、pp.1-16

渡辺実(1996)『岩波テキストブックス　日本語概説』岩波書店

渡辺実(1997)「難語"さすが"の共時態と通時態」『上智大学国文学科紀要』14、pp.3-30

渡辺実(2001)『さすが！日本語』筑摩書房

Bellert, I.(1977) *On Semantic and Distributional Properties of Sentential Adverbs*, Linguistic Inquiry8-2

Hopper, P.J.&Traugott,E.C.(2003) *Grammaticalization* second edition, Cambridge University Press

Traugott, E.C.(1995) *The role of discourse markers in a theory of grammaticalization*, Paper Presented
　　　　at the 12[th]InternationalConferenceonHistoricalLinguistics,Manchester.
　　　　(web.stanford.edu/~traugott/papers/discourse.ps)

Traugott, E.C.&Dasher, R.B.(2002) *Regularity in Semantic Change*, London: Cambridge University
　　　　Press

Traugott, E.C.(2003) *From Subjectification to Intersubjectification*, Motives for Language Change,
　　　　London: Cambridge University Press

Traugott, E.C.(2007) *(Inter)Subjectification and unidirectionality*, Journal of Historical Pragmatics 8-2

Traugott, E.C.(2010) *(Inter)Subjectivity and (inter)subjectification: A reassessment*,Subjectification,
　　　　Intersubjectification and Grammaticalization, Berlin: De Gruyter Mouton

あとがき

　본서는 2016년 9월에 도쿄대학대학원 인문사회계연구과에 제출한 박사학위 청구논문 「日本語の評価副詞に関する史的研究」을 수정한 것입니다.

　일본어 부사의 의미·용법의 변화과정을 통시(通時)적 관점에서 기술, 고찰하기 위해 일본어 역사(이하, 일본어사)의 방대한 언어자료 속에서 오랜 시간 고심하고 배웠습니다. 아직도 해결해야 할 과제가 많지만, 본서에서는 종래의 부사 연구에 있어서 거의 연구가 진행되지 않았던 평가적 의미를 나타내는 서법부사(이하, 평가부사) 8개(いっそ, さすが(に), しょせん, せいぜい, せっかく, せめて, どうせ, なまじ(っか))를 고찰 대상으로 삼아, 일본어사의 시대별 사용 실태를 실증적으로 검토하고 의미와 구문의 양 측면에서 이들의 형성과정 및 변화의 특징과 경향을 분석했습니다. 의미적 측면에서는 〈구체적 사물이나 양태에서 화자의 가치 판단으로〉, 구문적 측면에서는 〈단문 구조에서 복문 구조로〉, 〈문장 가운데에서 문장 앞에서의 사용〉이라는 변화 패턴이 관찰됩니다. 이는 기능어화(문법화)되는 과정에서 나타나는 특징과 비슷한 양상을 띠며, 서두 표현(前置き表現) 및 배려(配慮) 표현으로 불리는 문법형식의 형성과정과도 유사하다고 볼 수 있습니다. 이로써 평가적 의미를 나타내는 부사의 역사적 전개를 규명하는 기초 연구인 본서를 계기로 앞으로도 의미적, 구문적 변화를 보이는 부사(구)를 고찰함으로써 현대일본어 부사(구)의 의미·용법 기술을 정밀화하고자 합니다.

　위와 같은 본서가 완성되기까지는 유학 기간 동안 많은 분들께 도움을 받았습니다. 먼저, 지도교수님인 도쿄대학교 명예교수 月本雅幸先生로부터 사적 연구의 기초부터 핵심에 이르는 모든 부분을 세심하게 지도받았습니다. 그리고 도쿄대학교 국어연구실에서 鈴木泰先生・尾上圭介先生・井島正博先生・肥爪周二先生의 지도와 조언을 받았습니다. 또한, 常盤智子先生・岡部嘉幸先生는 학회 및 연구실 관련 발표회 등에서 아낌없는 응원과 조언을 해주셨습니다. 마지막으로 대학원시절 내내 연구실의 선후배인 藤本灯さん・林淳子さん・田中草大さん・辻本桜介さん・北﨑勇帆さん과는 거침없이 의견을 주고 받으며 부족한 부분을 배워나갔습니다. 이 자리를 빌어 모든 분께 진심으로 깊은 감사를 표합니다.

2021년 12월 31일

임지영

【付録ⅰ】現代語の主な副詞研究における陳述副詞の下位分類

* 誘導副詞(渡辺1971)、文修飾副詞(益岡・田窪1992)、叙法副詞(工藤1982)、SSA副詞(森本1994)など、研究者によって副詞の下位分類やその名称、下位類に属する副詞の種類が異なっている。
* 副詞の並び順は各研究の提示順

渡辺 (1971, 1980, 1996)	工藤 (1978)	工藤 (1982, 1997)	益岡・田窪 (1992)	森本 (1994)
《誘導副詞》 きっと、決して、たとえ、もし 等	《注釈の副詞》 叙述内容に対する確認ないし同意 もちろん、無論、たしかに、成程、いかにも、全く 等	《叙法副詞》 どうぞ、どうか、ぜひ、せめて、いっそ、なるべく、当然、なんと、はたして、たぶん、おそらく、どうも、けっして、まるで、所詮、どうせ、なまじ 等	《文修飾副詞》 陳述の副詞 ぜひ、いったい、決して、おそらく、どうも、きっと、必ず、確か、まさか、もし 等	《SSA副詞》 グループB1 どうか、どうぞ グループB2 ぜひ グループA11 たぶん、おそらく、さぞ、まさか、きっと、かならず 等 グループA12 どうせ、所詮 グループA13 どう、どうやら グループA21 結局、やっぱり、当然 グループA23 たしかに、たしか、あきらかに、もちろん、じつは、事実
	話し手の予想や世間の評判・常識などとの異同 やはり、予想通り、案の定、意外にも、案外 等	[下位叙法] たしかに、実は、要は、やはり、意外にも 等	ある種の評価を表すもの やはり、せっかく、せめて、さすが 等	
誘求の誘導副詞 あいにく、せめて、おまけに 等 もちろん、無論、事実、実際 等 批評の誘導形 珍しく、珍しいことに、確かに、明らかに 話者の評価を表わす副詞(1980) せっかく、まさか、いっそ、せめて、なまじ 評価の副詞(1996) せっかく、せめて、どうせ、いっそ、せいぜい、なまじ、さすが	叙述内容に対する話し手の価値評価 あいにく、さいわい(に)、不思議にも、ありがたくも、不思議な事には、おどろいたことに 等	評価法3(1997) 評価副詞(1982) を含む a)「—φ」形式 あいにく、さいわい 運悪く、[さすが(ニ・ハ) 珍しく、不思議に、奇妙に、気の毒に、感心に 等 b)「—も」形式 奇しくも、いみじくも、はしなくも 等 残念にも、惜しくも、親切にも 等 c)「—ことに(は)」 うれしいことに、不思議なことに、驚いたことに 等 d)「(もの)で」 変なもので、妙なもので、正直なもので e)「—ながら」 残念ながら、当然のことながら 等 f)その他、前置き節・挿入句など 恥ずかしい話ですが、事もあろうに 等	評価の副詞 あいにく、さいわい、当然、もちろん、むろん、偶然、たまたま 等	グループA22 ：運についての判断、性質などの評価づけ さいわい(に(も))、あいにく、うんよく、不思議にも、奇妙にも、珍しく、気の毒に、感心に(も)等
	叙述のしかたについての注釈 実は、本当は、実際、正直な話、いわば、言ってみれば、実を言うと 等	とりたて副詞 ただ、少なくとも、せいぜい、せめて、いっそ、むしろ、たかが、たとえば 等	発言の副詞 ~と言えば、~と言うと、~と言って、実は、実際(は)、言わば、例えば、要は、概して、総じて 等 限定を表すもの 特に、異に、単に 等	グループA24 ：話し手自身の発話自体に言及するもの しょうじき

【付録ii】 調査資料一覧表

◆国文学研究資料館電子資料館大系本文DBによる『日本古典文学大系』(岩波書店)と『噺本大系』(東京堂出版)所収の諸作品
◆国立国語研究所(2016)『日本語歴史コーパス 平安時代編』(短単位データ 1.1 / 長単位データ 1.1、http://pj.ninjal.ac.jp/corpus_center/chj/heian.html)
◆国立国語研究所(2016)『日本語歴史コーパス鎌倉時代編Ⅰ説話・随筆』(短単位データ1.0/長単位データ1.0 http://pj.ninjal.ac.jp/corpus_center/chj/kamakura.html)
◆国立国語研究所(2016)『日本語歴史コーパス室町時代編Ⅰ狂言』(短単位データ1.0/長単位データ1.0、http://pj.ninjal.ac.jp/corpus_center/chj/muromachi.html)
◆国立国語研究所(2016)『日本語歴史コーパス明治・大正編Ⅰ雑誌[明六雑誌・国民之友・女学雑誌・女学世界・婦人倶楽部]』(短単位データ0.9、http://pj.ninjal.ac.jp/corpus_center/chj/meiji_taisho.html)
◆国立国語研究所(2005)『太陽コーパス
　―雑誌『太陽』日本語データベース―』(国立国語研究所資料集15、CD-ROM版、博文館新社)
◆新編国歌大観編集委員会(2012)「新編国歌大観」(DVD-ROM版、角川学芸出版)
◆岡部嘉幸氏作成「人情本」パッケージver.1.0.1(http://www2.ninjal.ac.jp/lrc/、底本:『人情本集』人情本刊行会)
◆『青空文庫』パッケージ(20151001版使用(20160601版配布中)、http://www2.ninjal.ac.jp/lrc/)
◆「国会会議録検索システム」の会議録(昭和22(1947)年-平成24(2012)年)のテキストデータ(http://kokkai.ndl.go.jp/KENSAKU/swk_startup.html)
◆「現代日本語書き言葉均衡コーパス」(BCCWJ-NT、中納言2.1.1、https://chunagon.ninjal.ac.jp/bccwj-nt/search)
※略称:「旧大系」→日本古典文学大系、「新大系」→新日本古典文学大系、「全集」→日本古典文学全集、「新全集」→新編日本古典文学全集、「国研」→国立国語研究所、「国文研」→国文学研究資料館、「大観」→新編国歌大観、「ninjo」→「人情本」パッケージ、「CHJ」→日本語歴史コーパス
※総索引とデータベースは、ある場合に○を付け、所在を示した。「使用テキスト」は翻刻されたものを指す。

ジャンル	作品名	使用テキスト	総索引	データベース
歌謡	古事記歌謡	『古代歌謡集』(旧大系3)	○(角川書店)	○国文研
歌謡	日本書紀歌謡	『古代歌謡集』(旧大系3)	○(角川書店)	○国文研
歌謡	続日本紀歌謡	『古代歌謡集』(旧大系3)		
歌謡	風土記歌謡	『古代歌謡集』(旧大系3)		
歌謡	仏足石歌	『古代歌謡集』(旧大系3)	○(天理大学)	
歌謡	万葉集	『万葉集』(新全集6-9)	○(古典索引刊行会など)	○大観
宣命	続日本紀宣命	『続日本紀宣命校本・総索引』(吉川弘文館)	○	
祝詞	延喜式祝詞	『東京国立博物館蔵本延喜式祝詞総索引』(汲古書院)	○	
仏教書	法華義疏	『法華義疏』上下(岩波文庫)		
ジャンル	作品名	使用テキスト	総索引	データベース
漢詩文集	本朝文粋	『重要文化財 本朝文粋』(汲古書院)		
仏教書	秘密曼陀羅十住心論	『空海』(日本思想大系5)		

歌謡	古今和歌集	『古今和歌集』(新全集11)	○(汲古書院)	○国研 (CHJ)、大観
物語	竹取物語	『竹取物語・伊勢物語・大和物語・平中物語』 (新全集12)	○(武蔵野書院)	○国研 (CHJ)
物語	伊勢物語	『竹取物語・伊勢物語・大和物語・平中物語』 (新全集12)	○(明治書院)	○国研 (CHJ)
日記	土左日記	『土佐日記・蜻蛉日記』(新全集13)	○(笠間書院)	○国研 (CHJ)
物語	大和物語	『竹取物語・伊勢物語・大和物語・平中物語』 (新全集12)	○(笠間書院)	○国研 (CHJ)
物語	平中物語	『竹取物語・伊勢物語・大和物語・平中物語』 (新全集12)	○(洛文社)	○国研 (CHJ)
日記	蜻蛉日記	『土佐日記・蜻蛉日記』(新全集13)	○(風間書房)	○国研 (CHJ)
物語	落窪物語	『落窪物語・堤中納言物語』(新全集17)	○(明治書院)	○国研 (CHJ)
物語	宇津保物語	『うつほ物語の総合研究 本文編 上下』(勉誠出版)	○(笠間書院)	
歌謡	菅家文草	『菅家文草・菅家後集』(旧大系72)		○国文研
歌謡	藤原為頼朝臣集	『続群書類従16』上(続群書類従完成会)		
物語	枕草子	『枕草子』(新全集18)	○(和泉書院)	○国研 (CHJ)
物語	源氏物語	『源氏物語』(新全集20-25)	○(汲古書院・ 勉誠出版)	○国研 (CHJ)
日記	和泉式部日記	『和泉式部日記・紫式部日記・更級日記・ 讃岐典侍日記』(新全集26)	○(武蔵野書院)	○国研 (CHJ)
日記	紫式部日記	『和泉式部日記・紫式部日記・更級日記・ 讃岐典侍日記』(新全集26)	○(勉誠出版)	○国研 (CHJ)
物語	堤中納言物語	『落窪物語・堤中納言物語』(新全集17)	○(勉誠出版)	○国研 (CHJ)
物語	夜の寝覚	『夜の寝覚』(旧大系78)	○(明治書院)	○国文研
物語	浜松中納言物語	『篁物語・平中物語・浜松中納言物語』 (旧大系77)	○(武蔵野書院)	○国文研
日記	更級日記	『和泉式部日記・紫式部日記・更級日記・ 讃岐典侍日記』(新全集26)	○(武蔵野書院)	○国研 (CHJ)
物語	狭衣物語	『狭衣物語』(旧大系79)	○(笠間書院)	○国文研
物語	栄花物語	『栄花物語』上下(旧大系75・76)	○(武蔵野書院)	○国文研
歌謡	関白左大臣頼通歌合	『歌合集』(旧大系74)		○国文研
ジャンル	作品名	使用テキスト	総索引	データベース
物語	大鏡	『大鏡』(新全集34)	○(学灯社)	○国研 (CHJ)

日記	讃岐典侍日記	『和泉式部日記・紫式部日記・更級日記・讃岐典侍日記』(新全集26)	○(おうふう)	○国研(CHJ)
物語	今鏡	『今鏡本文及び総索引』笠間書院	○	
歌謡	六百番歌合	『歌合集』(旧大系74)		○国文研
説話	今昔物語集	『今昔物語集』(旧大系22-26、本朝部のみ)	○(笠間書院)	○国研(CHJ)
説話	江談抄	『江談抄・中外抄・富家語』(新大系33)		
説話	中外抄	『江談抄・中外抄・富家語』(新大系33)		
説話	富家語	『江談抄・中外抄・富家語』(新大系33)		
物語	堤物語	『堤物語校本及び総索引』笠間書院	○	○国文研
日記	源通親日記	『源通親日記本文及び語彙索引』笠間書院	○	
仏教書	法華百座聞書抄	『法華百座聞書抄総索引』(武蔵野書院)	○	
仏教書	三教指帰	『中山法華経寺蔵本三教指帰注総索引及び研究』(武蔵野書院)	○	
随筆	方丈記	『方丈記・徒然草・正法眼蔵随聞記・歎異抄』(新全集44)	○(武蔵野書院)	○国研(CHJ)
随筆(歌論)	無名抄	『無名抄総索引』(風間書房)	○	
説話	古事談	『古事談・新古事談』(新大系41)	○(笠間書院)	
説話	発心集	『発心集本文・自立語索引』(清文堂出版)	○	
軍記物	保元物語	『保元物語・平治物語』(旧大系31)	○(武蔵野書院)	○国文研
軍記物	平治物語	『保元物語・平治物語』(旧大系31)	○(武蔵野書院)	○国文研
軍記物	平家物語(延慶本)	『延慶本平家物語本文篇』上下(勉誠出版)	○	
軍記物	平家物語(覚一本)	『平家物語』上下(旧大系32・33)		○国文研
仮名散文	たまきはる	『たまきはる(健御前の記)総索引』(明治書院)	○	
随筆(歌論)	毎月抄	『歌論集・能楽論集』(旧大系65)		○国文研
随筆(史論)	愚管抄	『愚管抄』(旧大系86)		○国文研
説話	閑居友	『閑居友本文及び総索引』(笠間書院)	○	
随筆(紀行文)	海道記	『海道記総索引』(明治書院)	○	

歌謡	建礼門院右京大夫集	『平安鎌倉私家集』（旧大系80）	○（笠間書院）	○国文研
往来物	雑筆集	『日本教科書大系　往来編2巻古往来（2）』（講談社）		
説話	宇治拾遺物語	『宇治拾遺物語』（旧大系27）	○（清文堂出版）	○国文研、国研（CHJ）
説話	撰集抄	『撰集抄校本篇』（笠間書院）	○	
説話	十訓抄	『十訓抄本文と索引』（笠間書院）	○	○国研（CHJ）
説話	古今著聞集	『古今著聞集』（旧大系84）	○（笠間書院）	○国文研
日記	うたたね	『うたゝね本文および索引』（笠間書院）	○	
日記	十六夜日記	『十六夜日記校本及び総索引』（笠間書院）	○	
仏教書	梅尾明恵上人遺訓	『仮名法語集』（旧大系83）		○国文研
仏教書	歎異抄	『親鸞集日蓮集』（旧大系82）		○国文研
仏教書	親鸞消息	『親鸞集日蓮集』（旧大系82）		○国文研
仏教書	道範消息	『仮名法語集』（旧大系83）		○国文研
仏教書	正法眼蔵随聞記	『正法眼蔵・正法眼蔵随聞記』（旧大系81）	○（法藏館）	○国文研
仏教書	立正安国論	『親鸞集日蓮集』（旧大系82）		○国文研
仏教書	開目抄	『親鸞集日蓮集』（旧大系82）		○国文研
仏教書	日蓮消息	『親鸞集日蓮集』（旧大系82）		○国文研
仏教書	一遍上人語録	『仮名法語集』（旧大系83）		○国文研
仏教書	一言芳談	『仮名法語集』（旧大系83）		○国文研
仏教書	真言内証義	『仮名法語集』（旧大系83）		○国文研
説話	沙石集	『沙石集』（旧大系85）	○（勉誠出版）	○国文研
日記	とはずがたり	『とはずがたり総索引』（笠間書院）	○	
随筆	徒然草	『方丈記、徒然草、正法眼蔵随聞記、歎異抄』（新全集44）		○国研（CHJ）
日記	竹むきが記	『うたゝね・竹むきが記』（笠間書院）	○	

日記	とりかへばや物語	『とりかへばや物語の研究』(笠間書院)	○	
説話	打聞集	『打聞集の研究と総索引』(清文堂出版)	○	
説話	唐物語	『唐物語校本及び総索引』(笠間書院)	○	
ジャンル	作品名	使用テキスト	総索引	データベース
軍記物	曽我物語 (真名本)	『曽我物語』(旧大系88)	○(至文堂)	○国文研
軍記物	曽我物語 (太山寺本)	『太山寺本曽我物語』(汲古書院)		
軍記物	太平記 (土井本)	『土井本太平記本文及び語彙索引』(勉誠出版)	○	
歴史書	増鏡	『神皇正統記・増鏡』(旧大系87)	○(明治書院)	○国文研
往来物	百舌往来	『国立国会図書館蔵百舌往来解説・翻刻』 (『訓点語と訓点資料』50)		
随筆 (能楽論)	風姿花伝	『歌論集・能楽論集』(旧大系65)		○国文研
軍記物	義経記	『義経記』(旧大系37)	○(清文堂出版)	○国文研
随筆 (歌論)	正徹物語	『歌論集・能楽論集』(旧大系65)		○国文研
物語	あしびき	『室町物語集』上 (新大系54)		
物語	鴉鷺物語	『室町物語集』上 (新大系54)		
物語	伊吹童子	『室町物語集』上 (新大系54)		
物語	岩屋の草子	『室町物語集』上 (新大系54)		
物語	転寝草紙	『室町物語集』上 (新大系54)		
物語	かざしの姫君	『室町物語集』上 (新大系54)		
物語	雁の草子	『室町物語集』上 (新大系54)		
物語	高野物語	『室町物語集』上 (新大系54)		
物語	小男の草子	『室町物語集』上 (新大系54)		
物語	西行	『室町物語集』上 (新大系54)		
物語	さゝやき竹	『室町物語集』上 (新大系54)		

物語	猿の草子	『室町物語集』上（新大系54）		
物語	しぐれ	『室町物語集』下（新大系55）		
物語	大黒舞	『室町物語集』下（新大系55）		
物語	俵藤太物語	『室町物語集』下（新大系55）		
物語	毘沙門の本地	『室町物語集』下（新大系55）		
物語	弁慶物語	『室町物語集』下（新大系55）		
物語	窓の教	『室町物語集』下（新大系55）		
物語	乳母の草紙	『室町物語集』下（新大系55）		
物語	師門物語	『室町物語集』下（新大系55）		
御伽草子	文正さうし	『御伽草子』（旧大系38）	○（笠間書院）	○国文研
御伽草子	鉢かづき	『御伽草子』（旧大系38）	○（笠間書院）	○国文研
御伽草子	小町草紙	『御伽草子』（旧大系38）	○（笠間書院）	○国文研
御伽草子	御曹子島渡	『御伽草子』（旧大系38）	○（笠間書院）	○国文研
御伽草子	唐糸さうし	『御伽草子』（旧大系38）	○（笠間書院）	○国文研
御伽草子	木幡狐	『御伽草子』（旧大系38）	○（笠間書院）	○国文研
御伽草子	七草草紙	『御伽草子』（旧大系38）	○（笠間書院）	○国文研
御伽草子	猿源氏草紙	『御伽草子』（旧大系38）	○（笠間書院）	○国文研
御伽草子	物くさ太郎	『御伽草子』（旧大系38）	○（笠間書院）	○国文研
御伽草子	さゞれいし	『御伽草子』（旧大系38）	○（笠間書院）	○国文研
御伽草子	蛤の草紙	『御伽草子』（旧大系38）	○（笠間書院）	○国文研
御伽草子	小敦盛	『御伽草子』（旧大系38）	○（笠間書院）	○国文研
御伽草子	二十四孝	『御伽草子』（旧大系38）	○（笠間書院）	○国文研
御伽草子	梵天国	『御伽草子』（旧大系38）	○（笠間書院）	○国文研

御伽草子	のせ猿さうし	『御伽草子』(旧大系38)	○(笠間書院)	○国文研
御伽草子	猫のさうし	『御伽草子』(旧大系38)	○(笠間書院)	○国文研
御伽草子	浜出草紙	『御伽草子』(旧大系38)	○(笠間書院)	○国文研
御伽草子	和泉式部	『御伽草子』(旧大系38)	○(笠間書院)	○国文研
御伽草子	一寸法師	『御伽草子』(旧大系38)	○(笠間書院)	○国文研
御伽草子	さいき	『御伽草子』(旧大系38)	○(笠間書院)	○国文研
御伽草子	浦嶋太郎	『御伽草子』(旧大系38)	○(笠間書院)	○国文研
御伽草子	山家	『御伽草子』(旧大系38)	○(笠間書院)	○国文研
御伽草子	酒呑童子	『御伽草子』(旧大系38)	○(笠間書院)	○国文研
御伽草子	福富長者物語	『御伽草子』(旧大系38)	○(笠間書院)	○国文研
御伽草子	あきみち	『御伽草子』(旧大系38)	○(笠間書院)	○国文研
御伽草子	熊野の御本地の さうし	『御伽草子』(旧大系38)	○(笠間書院)	○国文研
御伽草子	三人法師	『御伽草子』(旧大系38)	○(笠間書院)	○国文研
御伽草子	秋夜長物語	『御伽草子』(旧大系38)	○(笠間書院)	○国文研
曲舞	幸若舞	『幸若舞曲研究』1-10(三弥井書店)	○	
曲舞	説経節	『説経節正本集』1・2(大岡山書店)		
謡曲	観阿弥関係の能 金札	『謡曲集』上(旧大系40)		○国文研
謡曲	観阿弥関係の能 江口	『謡曲集』上(旧大系40)		○国文研
謡曲	観阿弥関係の能 松風	『謡曲集』上(旧大系40)		○国文研
謡曲	観阿弥関係の能 求塚	『謡曲集』上(旧大系40)		○国文研
謡曲	観阿弥関係の能　通小町	『謡曲集』上(旧大系40)		○国文研
謡曲	観阿弥関係の能 卒都婆小町	『謡曲集』上(旧大系40)		○国文研
謡曲	観阿弥関係の能　吉野静	『謡曲集』上(旧大系40)		○国文研

謡曲	観阿弥関係の能 自然居士	『謡曲集』上（旧大系40）		○国文研
謡曲	古作の能 通盛	『謡曲集』上（旧大系40）		○国文研
謡曲	古作の能 浮舟	『謡曲集』上（旧大系40）		○国文研
謡曲	古作の能 葵上	『謡曲集』上（旧大系40）		○国文研
謡曲	古作の能 舟橋	『謡曲集』上（旧大系40）		○国文研
謡曲	古作の能 阿古屋松	『謡曲集』上（旧大系40）		○国文研
謡曲	古作の能 雲林院	『謡曲集』上（旧大系40）		○国文研
謡曲	古作の能 海人	『謡曲集』上（旧大系40）		○国文研
謡曲	古作の能 昭君	『謡曲集』上（旧大系40）		○国文研
謡曲	古作の能 鵜飼	『謡曲集』上（旧大系40）		○国文研
謡曲	古作の能 柏崎	『謡曲集』上（旧大系40）		○国文研
謡曲	古作の能 百萬	『謡曲集』上（旧大系40）		○国文研
謡曲	古作の能 丹後物狂	『謡曲集』上（旧大系40）		○国文研
謡曲	世阿弥の能 老松	『謡曲集』上（旧大系40）		○国文研
謡曲	世阿弥の能 高砂	『謡曲集』上（旧大系40）		○国文研
謡曲	世阿弥の能 養老	『謡曲集』上（旧大系40）		○国文研
謡曲	世阿弥の能 敦盛	『謡曲集』上（旧大系40）		○国文研
謡曲	世阿弥の能 忠度	『謡曲集』上（旧大系40）		○国文研
謡曲	世阿弥の能 清経	『謡曲集』上（旧大系40）		○国文研
謡曲	世阿弥の能 頼政	『謡曲集』上（旧大系40）		○国文研
謡曲	世阿弥の能 実盛	『謡曲集』上（旧大系40）		○国文研
謡曲	世阿弥の能 井筒	『謡曲集』上（旧大系40）		○国文研
謡曲	世阿弥の能 桧垣	『謡曲集』上（旧大系40）		○国文研

謡曲	世阿弥の能 西行桜	『謡曲集』上（旧大系40）		○国文研
謡曲	世阿弥の能 融	『謡曲集』上（旧大系40）		○国文研
謡曲	世阿弥の能 鵺	『謡曲集』上（旧大系40）		○国文研
謡曲	世阿弥の能 野守	『謡曲集』上（旧大系40）		○国文研
謡曲	世阿弥の能 蟻通	『謡曲集』上（旧大系40）		○国文研
謡曲	世阿弥の能 恋重荷	『謡曲集』上（旧大系40）		○国文研
謡曲	世阿弥の能 砧	『謡曲集』上（旧大系40）		○国文研
謡曲	世阿弥の能 班女	『謡曲集』上（旧大系40）		○国文研
謡曲	世阿弥の能 花筺	『謡曲集』上（旧大系40）		○国文研
謡曲	世阿弥の能 芦刈	『謡曲集』上（旧大系40）		○国文研
謡曲	世阿弥の能 春栄	『謡曲集』上（旧大系40）		○国文研
謡曲	元雅の能 墨田川	『謡曲集』上（旧大系40）		○国文研
謡曲	元雅の能 歌占	『謡曲集』上（旧大系40）		○国文研
謡曲	元雅の能 弱法師	『謡曲集』上（旧大系40）		○国文研
謡曲	元雅の能 盛久	『謡曲集』上（旧大系40）		○国文研
謡曲	禅竹関係の能 芭蕉	『謡曲集』下（旧大系41）		○国文研
謡曲	禅竹関係の能 定家	『謡曲集』下（旧大系41）		○国文研
謡曲	禅竹関係の能 玉葛	『謡曲集』下（旧大系41）		○国文研
謡曲	禅竹関係の能 雨月	『謡曲集』下（旧大系41）		○国文研
謡曲	宮増関係の能 鞍馬天狗	『謡曲集』下（旧大系41）		○国文研
謡曲	宮増関係の能 烏帽子折	『謡曲集』下（旧大系41）		○国文研
謡曲	宮増関係の能 調伏曾我	『謡曲集』下（旧大系41）		○国文研
謡曲	宮増関係の能 夜討曾我	『謡曲集』下（旧大系41）		○国文研

謡曲	信光の能 玉井	『謡曲集』下（旧大系41）		○国文研
謡曲	信光の能 遊行柳	『謡曲集』下（旧大系41）		○国文研
謡曲	信光の能 道成寺	『謡曲集』下（旧大系41）		○国文研
謡曲	信光の能 紅葉狩	『謡曲集』下（旧大系41）		○国文研
謡曲	信光の能 舟弁慶	『謡曲集』下（旧大系41）		○国文研
謡曲	信光の能 羅生門	『謡曲集』下（旧大系41）		○国文研
謡曲	信光の能 安宅	『謡曲集』下（旧大系41）		○国文研
謡曲	長俊の能 輪蔵	『謡曲集』下（旧大系41）		○国文研
謡曲	長俊の能 河水	『謡曲集』下（旧大系41）		○国文研
謡曲	長俊の能 正尊	『謡曲集』下（旧大系41）		○国文研
謡曲	長俊の能 親任	『謡曲集』下（旧大系41）		○国文研
謡曲	禅鳳の能 嵐山	『謡曲集』下（旧大系41）		○国文研
謡曲	禅鳳の能 生田敦盛	『謡曲集』下（旧大系41）		○国文研
謡曲	禅鳳の能 初雪	『謡曲集』下（旧大系41）		○国文研
謡曲	禅鳳の能 一角仙人	『謡曲集』下（旧大系41）		○国文研
謡曲	世阿弥時代の能 笠卒都婆	『謡曲集』下（旧大系41）		○国文研
謡曲	世阿弥時代の能 八島	『謡曲集』下（旧大系41）		○国文研
謡曲	世阿弥時代の能 山姥	『謡曲集』下（旧大系41）		○国文研
謡曲	世阿弥時代の能 関寺小町	『謡曲集』下（旧大系41）		○国文研
謡曲	世阿弥時代の能 花月	『謡曲集』下（旧大系41）		○国文研
謡曲	その他の能 白楽天	『謡曲集』下（旧大系41）		○国文研
謡曲	その他の能 竹生島	『謡曲集』下（旧大系41）		○国文研
謡曲	その他の能 經政	『謡曲集』下（旧大系41）		○国文研

謡曲	その他の能　巴	『謡曲集』下（旧大系41）		○国文研
謡曲	その他の能　野宮	『謡曲集』下（旧大系41）		○国文研
謡曲	その他の能　二人静	『謡曲集』下（旧大系41）		○国文研
謡曲	その他の能　羽衣	『謡曲集』下（旧大系41）		○国文研
謡曲	その他の能　三輪	『謡曲集』下（旧大系41）		○国文研
謡曲	その他の能　天鼓	『謡曲集』下（旧大系41）		○国文研
謡曲	その他の能　松虫	『謡曲集』下（旧大系41）		○国文研
謡曲	その他の能　善知鳥	『謡曲集』下（旧大系41）		○国文研
謡曲	その他の能　藤戸	『謡曲集』下（旧大系41）		○国文研
謡曲	その他の能　鉄輪	『謡曲集』下（旧大系41）		○国文研
謡曲	その他の能　熊坂	『謡曲集』下（旧大系41）		○国文研
謡曲	その他の能　狸々	『謡曲集』下（旧大系41）		○国文研
謡曲	その他の能　石橋	『謡曲集』下（旧大系41）		○国文研
謡曲	その他の能　國栖	『謡曲集』下（旧大系41）		○国文研
謡曲	その他の能　小鍛冶	『謡曲集』下（旧大系41）		○国文研
謡曲	その他の能　黒塚	『謡曲集』下（旧大系41）		○国文研
謡曲	その他の能　土蜘	『謡曲集』下（旧大系41）		○国文研
謡曲	その他の能　熊野	『謡曲集』下（旧大系41）		○国文研
謡曲	その他の能　草子洗	『謡曲集』下（旧大系41）		○国文研
謡曲	その他の能　三井寺	『謡曲集』下（旧大系41）		○国文研
謡曲	その他の能　邯鄲	『謡曲集』下（旧大系41）		○国文研
謡曲	その他の能　鶴亀	『謡曲集』下（旧大系41）		○国文研
謡曲	その他の能　望月	『謡曲集』下（旧大系41）		○国文研

謡曲	その他の能　放下僧	『謡曲集』下（旧大系41）		○国文研
謡曲	その他の能　鉢木	『謡曲集』下（旧大系41）		○国文研
謡曲	その他の能　俊寛	『謡曲集』下（旧大系41）		○国文研
謡曲	その他の能　景清	『謡曲集』下（旧大系41）		○国文研
謡曲	謡曲二百五十番集	『謡曲二百五十番集』（赤尾照文堂）	○	
抄物	句双紙抄	『句双紙抄総索引』（清文堂出版）	○	
抄物	論語抄	『論語抄の国語学的研究』（武蔵野書院）		
抄物	湯山聯句鈔	『湯山聯句抄本文と総索引』（清文堂出版）	○	
抄物	中華若木詩抄	『中華若木詩抄文節索引』（笠間書院）	○	
抄物	中興禅林風月集抄	『中興禅林風月集抄総索引』（清文堂出版）	○	
抄物	詩学大成抄	『新抄物資料集成1』（清文堂出版）		
抄物	史記桃源抄	『史記桃源抄の研究』（日本学術振興会）		
抄物	四河入海	『抄物資料集成2-5』（清文堂出版）		
抄物	蒙求抄	『抄物資料集成6』（清文堂出版）		
抄物	毛詩抄	『抄物資料集成6』（清文堂出版）		
抄物	杜詩続翠抄	『続抄物資料集成1-3』（清文堂出版）		
抄物	漢書抄	『続抄物資料集成4』（清文堂出版）		
抄物	古文真宝抄 (桂林徳昌講一元光演聞書)	『続抄物資料集成5』（清文堂出版）		
抄物	古文真宝抄 (彦龍周興講某聞書)	『続抄物資料集成6』（清文堂出版）		
抄物	山谷抄	『続抄物資料集成6』（清文堂出版）		
抄物	荘子抄	『続抄物資料集成7』（清文堂出版）		
抄物	百丈清規抄	『続抄物資料集成8』（清文堂出版）		
抄物	六物図抄	『永正本六物図抄附解説及索引』	○	

抄物	長恨歌・琵琶行抄	『長恨歌・琵琶行抄諸本の国語学的研究翻字・校異篇/研究・索引篇』(桜楓社)	○	
抄物	医書訓字抄	『滋賀大国文』26	○	
抄物	三略抄	『滋賀大国文』38	○	
抄物	大成和抄	『滋賀大国文』20	○	
抄物	王塵抄	『新抄物資料集成2』(清文堂出版)		
キリシタン資料	天草版平家物語	『天草版平家物語語彙用例総索引1』(勉誠出版)	○(明治書院)	
キリシタン資料	エソポのハブラス	『エソポのハブラス本文と総索引』(清文堂出版)	○	
キリシタン資料	ぎやどぺかどる	『キリシタン版ぎやどぺかどる本文・索引』(清文堂出版)	○	
キリシタン資料	耶蘇会板落葉集	『耶蘇会板落葉集総索引』(笠間書院)	○	
キリシタン資料	天草版金句集	『天草版金句集本文及索引』(白帝社)	○	
キリシタン資料	どちりなきりしたん	『どちりなきりしたん総索引』(風間書房)	○	
キリシタン資料	こんてむつすむん地	『日本古典全書・吉利支丹文学集』上(朝日新聞社)	○(笠間書院)	
キリシタン資料	サントスの御作業	『サントスの御作業』(勉誠出版)		
キリシタン資料	ヒイデスの導師	『キリシタン版ヒイデスの導師』(清文堂出版)		
キリシタン資料	スピリツアル修行	『スピリツアル修行の研究影印・翻字篇』(風間書房)		
キリシタン資料	ばうちずもの授けやう	『ばうちずもの授けやう・おらしよの翻訳本文及び総索引』(笠間書院)	○	
キリシタン資料	懺悔録	『コリャード さんげろく私注』(臨川書店)		
狂言台本	天正狂言本	『天正狂言本本文・総索引・研究』(笠間書房)	○	
狂言台本	虎明本狂言集	『大蔵虎明能狂言集翻刻注解』(清文堂出版)	○(武蔵野書院)	○国研(CHJ)
狂言台本	狂言六義(または、天理本(和泉流)	『狂言六義全注』(勉誠出版)		
狂言台本	虎清本(大蔵流)	『虎清本』(近代語研究3)		
その他・朝鮮側日本語資料	捷解新語	『三本対照捷解新語』(臨川書店)		
その他・朝鮮側日本語資料	交隣須知	『明治一四年版交隣須知本文及び総索引』(笠間書院)	○	

時期	ジャンル	作品名	成立・刊行年	使用テキスト	総索引	データベース
	仮名草子	可笑記	寛永13(1636)年	『仮名草子集』(近代日本文学大系1)		
	仮名草子	大坂物語	元和元(1615)年	『仮名草子集』(新大系74)		
	仮名草子	清水物語	寛永15(1638)年	『近世文学未刊本叢書 仮名草子篇』(養徳社)		
	仮名草子	祇園物語	寛永(1624-1645)年間	『近世文学未刊本叢書 仮名草子篇』(養徳社)		
	仮名草子	犬枕	慶長5(1600)年	『仮名草子集』(旧大系90)		○国文研
	仮名草子	恨の介	慶長14(1609)年以後	『仮名草子集』(旧大系90)		○国文研
	仮名草子	竹斎	元和(1615-1624)年間	『仮名草子集』(旧大系90)		○国文研
	仮名草子	伊曾保物語	元和(1615-1624)年間	『仮名草子集』(旧大系90)		○国文研
	仮名草子	仁勢物語	寛永(1624-1645)年間	『仮名草子集』(旧大系90)		○国文研
	仮名草子	夫婦宗論物語	寛永(1624-1645)年間	『仮名草子集』(旧大系90)		○国文研
	仮名草子	浮世物語	寛文初年頃	『仮名草子集』(旧大系90)		○国文研
	浮世草子(評判記を含む)	難波鉦	延宝8(1680)年	『色道諸分 難波鉦』(岩波文庫)		
	浮世草子	好色万金丹	元禄7(1694)年	『浮世草子集』(旧大系91)		○国文研
	浮世草子	新色五巻書	元禄11(1698)年	『浮世草子集』(旧大系91)		○国文研
	浮世草子	好色一代男	天和2(1682)年	『新編西鶴全集』1(勉誠出版)	○	
	浮世草子	諸艶大鑑	貞享元(1684)年	『新編西鶴全集』1(勉誠出版)	○	
近世前期(上方語、1604-1750年)	浮世草子	椀久一世の物語	貞享2(1685)年	『新編西鶴全集』1(勉誠出版)	○	
	浮世草子	西鶴諸国ばなし	貞享2(1685)年	『新編西鶴全集』1(勉誠出版)	○	
	浮世草子	好色一代女	貞享3(1686)年	『新編西鶴全集』1(勉誠出版)	○	
	浮世草子	好色五人女	貞享3(1686)年	『新編西鶴全集』1(勉誠出版)	○	
	浮世草子	本朝二十不孝	貞享3(1686)年	『新編西鶴全集』2(勉誠出版)	○	
	浮世草子	男色大鑑	貞享4(1687)年	『新編西鶴全集』2(勉誠出版)	○	
	浮世草子	武道伝来記	貞享4(1687)年	『新編西鶴全集』2(勉誠出版)	○	
	浮世草子	懐硯	貞享4(1687)年	『新編西鶴全集』2(勉誠出版)	○	
	浮世草子	好色盛衰記	貞享5(1688)年	『新編西鶴全集』2(勉誠出版)	○	
	浮世草子	日本永代蔵	貞享5(1688)年	『新編西鶴全集』3(勉誠出版)	○	
	浮世草子	武家義理物語	貞享5(1688)年	『新編西鶴全集』3(勉誠出版)	○	
	浮世草子	色里三所世帯	元禄元(1688)年	『新編西鶴全集』3(勉誠出版)	○	
	浮世草子	嵐無常物語	元禄元(1688)年	『新編西鶴全集』3(勉誠出版)	○	
	浮世草子	新可笑記	元禄元(1688)年	『新編西鶴全集』3(勉誠出版)	○	
	浮世草子	本朝桜陰比事	元禄2(1689)年	『新編西鶴全集』3(勉誠出版)	○	
	浮世草子	世間胸算用	元禄5(1692)年	『新編西鶴全集』4(勉誠出版)	○	
	浮世草子	浮世栄花一代男	元禄6(1693)年	『新編西鶴全集』4(勉誠出版)	○	

浮世草子	西鶴置土産	元禄6(1693)年	『新編西鶴全集』4(勉誠出版)	○	
浮世草子	西鶴織留	元禄7(1694)年	『新編西鶴全集』4(勉誠出版)	○	
浮世草子	西鶴俗つれづれ	元禄8(1695)年	『新編西鶴全集』4(勉誠出版)	○	
浮世草子	万の文反古	元禄9(1696)年	『新編西鶴全集』4(勉誠出版)	○	
浮世草子	西鶴名残の友	元禄12(1699)年	『新編西鶴全集』4(勉誠出版)	○	
浮世草子	けいせい色三味線	元禄14(1701)年	『けいせい色三味線・けいせい伝授紙子・世間娘気質』(新大系78)		
浮世草子	けいせい伝授紙子	宝永7(1710)年	『けいせい色三味線・けいせい伝授紙子・世間娘気質』(新大系78)		
浮世草子	傾城禁短気	宝永8(1711)年	『浮世草子集』(旧大系91)		○国文研
浮世草子	世間娘気質	享保2(1717)年	『けいせい色三味線・けいせい伝授紙子・世間娘気質』(新大系78)		
浄瑠璃(世話物)	曽根崎心中	元禄16(1703)年	『近松門左衛門』(近世文学総索引1、教育社)	○	
浄瑠璃(世話物)	堀川波鼓	宝永4(1707)年	『近松門左衛門』(近世文学総索引1、教育社)	○	
浄瑠璃(世話物)	丹波与作待夜のこむろぶし	宝永5(1708)年	『近松門左衛門』(近世文学総索引2、教育社)	○	
浄瑠璃(世話物)	おなつ清重郎五十年忌歌念仏	宝永6(1709)年	『近松門左衛門』(近世文学総索引2、教育社)	○	
浄瑠璃(世話物)	忠兵衛梅川冥途の飛脚	正徳元(1711)年	『近松門左衛門』(近世文学総索引3、教育社)	○	
浄瑠璃(世話物)	夕霧阿波鳴渡	正徳2(1712)年	『近松門左衛門』(近世文学総索引3、教育社)	○	
浄瑠璃(世話物)	大経師昔暦	正徳5(1715)年	『近松門左衛門』(近世文学総索引4、教育社)	○	
浄瑠璃(世話物)	鑓の権三重帷子	享保2(1717)年	『近松門左衛門』(近世文学総索引4、教育社)	○	
浄瑠璃(世話物)	博多小女郎波枕	享保3(1718)年	『近松門左衛門』(近世文学総索引5、教育社)	○	
浄瑠璃(世話物)	心中天の網島	享保5(1720)年	『近松門左衛門』(近世文学総索引5、教育社)	○	
浄瑠璃(世話物)	女殺油地獄	享保6(1721)年	『近松門左衛門』(近世文学総索引6、教育社)	○	
浄瑠璃(世話物)	心中宵庚申	享保7(1722)年	『近松門左衛門』(近世文学総索引6、教育社)	○	
浄瑠璃(世話物)	重井筒	宝永4(1707)年頃	『近松浄瑠璃集上』(旧大系49)		○国文研
浄瑠璃(世話物)	山崎与次兵衛壽の門松	享保3(1718)年	『近松浄瑠璃集上』(旧大系49)		○国文研
浄瑠璃(時代物)	出世景清	貞享2(1685)年	『近松浄瑠璃集下』(旧大系50)		○国文研
浄瑠璃(時代物)	用明天王職人鑑	宝永2(1705)年	『近松浄瑠璃集下』(旧大系50)		○国文研
浄瑠璃(時代物)	けいせい反魂香	宝永5(1708)年	『近松浄瑠璃集下』(旧大系50)		○国文研
浄瑠璃(時代物)	嫗山姥	正徳2(1712)年	『近松浄瑠璃集下』(旧大系50)		○国文研
浄瑠璃(時代物)	國性爺合戦	正徳5(1715)年	『近松浄瑠璃集下』(旧大系50)		○国文研
浄瑠璃(時代物)	平家女護嶋	享保4(1719)年	『近松浄瑠璃集下』(旧大系50)		○国文研
浄瑠璃(時代物)	楪光跡目論	享保4(1719)年	『浄瑠璃集上』(旧大系51)		○国文研
浄瑠璃(世話物)	八百屋お七	正徳4-享保2((1714~17)年頃	『浄瑠璃集上』(旧大系51)		○国文研
浄瑠璃(時代物)	ひらかな盛衰記	元文4(1739)年	『浄瑠璃集上』(旧大系51)		○国文研
浄瑠璃(世話物)	夏祭浪花鑑	延享2(1745)年	『浄瑠璃集上』(旧大系51)		○国文研
浄瑠璃(時代物)	仮名手本忠臣蔵	寛延元(1748)年	『浄瑠璃集上』(旧大系51)		○国文研

浄瑠璃(時代物)	源平布引滝	寛延2(1749)年	『浄瑠璃集下』(旧大系52)		○国文研
浄瑠璃(時代物)	菅原伝授手習鑑	延享3(1746)年	『文楽浄瑠璃集』(旧大系99)		○国文研
浄瑠璃(時代物)	義経千本櫻	延享4(1747)年	『文楽浄瑠璃集』(旧大系99)		○国文研
浄瑠璃(時代物)	芦屋道満大内鑑	享保19(1734)年	『竹田出雲・並木宗輔浄瑠璃集』(新大系93)		
浄瑠璃(時代物)	挟夜衣鴛鴦剣翅	元文4(1739)年	『竹田出雲・並木宗輔浄瑠璃集』(新大系93)		
浄瑠璃(時代世話物)	新うすゆき物語	寛保元(1741)年	『竹田出雲・並木宗輔浄瑠璃集』(新大系93)		
浄瑠璃(時代物)	義経千本桜	延享4(1747)年	『竹田出雲・並木宗輔浄瑠璃集』(新大系93)		
歌舞伎資料	大隈川源左衛門	元禄元(1688)年	『翻刻絵入狂言本集上』(近世文芸叢刊 別巻3)		
歌舞伎資料	大織冠	元禄元(1688)年	『翻刻絵入狂言本集上』(近世文芸叢刊 別巻3)		
歌舞伎資料	金岡筆	元禄3(1690)年	『翻刻絵入狂言本集上』(近世文芸叢刊 別巻3)		
歌舞伎資料	娘親の敵討	元禄4(1691)年	『翻刻絵入狂言本集上』(近世文芸叢刊 別巻3)		
歌舞伎資料	四国遍路	元禄4(1691)年	『翻刻絵入狂言本集上』(近世文芸叢刊 別巻3)		
歌舞伎資料	和泉河内 連理松	元禄5(1692)年	『翻刻絵入狂言本集上』(近世文芸叢刊 別巻3)		
歌舞伎資料	心中八島	元禄6(1693)年	『翻刻絵入狂言本集上』(近世文芸叢刊 別巻3)		
歌舞伎資料	好色伝受	元禄6(1693)年	『好色伝受 本文・総索引・研究』(笠間書院)	○	
歌舞伎資料	日本阿闍世太子	元禄7(1694)年	『翻刻絵入狂言本集上』(近世文芸叢刊 別巻3)		
歌舞伎資料	入鹿大臣	元禄10(1697)年	『翻刻絵入狂言本集上』(近世文芸叢刊 別巻3)		
歌舞伎資料	代々の御神楽	元禄11(1698)年	『翻刻絵入狂言本集上』(近世文芸叢刊 別巻3)		
歌舞伎資料	けいせい浅間嶽	元禄11(1698)年	『上方歌舞伎集』(新大系95)		
歌舞伎資料	冨貴大王	元禄12(1699)年	『翻刻絵入狂言本集上』(近世文芸叢刊 別巻3)		
歌舞伎資料	けいせい二見の浦	元禄12(1699)年	『翻刻絵入狂言本集上』(近世文芸叢刊 別巻3)		
歌舞伎資料	けいせい花筏	元禄12(1699)年	『翻刻絵入狂言本集上』(近世文芸叢刊 別巻3)		
歌舞伎資料	小野小町	元禄12(1699)年	『翻刻絵入狂言本集上』(近世文芸叢刊 別巻3)		
歌舞伎資料	福寿海	元禄12(1699)年	『翻刻絵入狂言本集上』(近世文芸叢刊 別巻3)		
歌舞伎資料	けいせいぐぜいの舟	元禄13(1700)年	『翻刻絵入狂言本集上』(近世文芸叢刊 別巻3)		
歌舞伎資料	鎌倉正月買	元禄13(1700)年	『翻刻絵入狂言本集上』(近世文芸叢刊 別巻3)		
歌舞伎資料	本朝廿四孝	元禄13(1700)年	『翻刻絵入狂言本集上』(近世文芸叢刊 別巻3)		
歌舞伎資料	けいせいなら見やげ	元禄14(1701)年	『翻刻絵入狂言本集上』(近世文芸叢刊 別巻3)		
歌舞伎資料	日本記素戔嗚尊	元禄14(1701)年	『翻刻絵入狂言本集上』(近世文芸叢刊 別巻3)		
歌舞伎資料	新小町栄花車	元禄14(1701)年	『翻刻絵入狂言本集下』(近世文芸叢刊 別巻4)		
歌舞伎資料	けいせい圧原寺	元禄15(1702)年	『翻刻絵入狂言本集下』(近世文芸叢刊 別巻4)		
歌舞伎資料	女郎来迎柱	元禄15(1702)年	『翻刻絵入狂言本集下』(近世文芸叢刊 別巻4)		
歌舞伎資料	傾城壬生大念仏	元禄15(1702)年	『歌舞伎脚本集上』(旧大系53)		○国文研
歌舞伎資料	丹波国 血汐乃水風呂	元禄15(1702)年	『翻刻絵入狂言本集下』(近世文芸叢刊 別巻4)		

	歌舞伎資料	四ッ橋むすめころし	元禄15(1702)年	『翻刻絵入狂言本集下』(近世文芸叢刊 別巻4)		
	歌舞伎資料	壬生秋の念仏	元禄15(1702)年	『翻刻絵入狂言本集下』(近世文芸叢刊 別巻4)		
	歌舞伎資料	和歌三神影向松	宝永2(1705)年	『翻刻絵入狂言本集下』(近世文芸叢刊 別巻4)		
	歌舞伎資料	けいせい元女塚	宝永3(1706)年	『翻刻絵入狂言本集下』(近世文芸叢刊 別巻4)		
	歌舞伎資料	天満屋心中	宝永3(1706)年	『翻刻絵入狂言本集下』(近世文芸叢刊 別巻4)		
	歌舞伎資料	難波重井筒	宝永5(1708)年	『翻刻絵入狂言本集下』(近世文芸叢刊 別巻4)		
	歌舞伎資料	梅丸大嶋台	宝永5(1708)年	『翻刻絵入狂言本集下』(近世文芸叢刊 別巻4)		
	歌舞伎資料	厳嶋姫滝	宝永6(1709)年	『翻刻絵入狂言本集下』(近世文芸叢刊 別巻4)		
	歌舞伎資料	けいせい竹生嶋	宝永7(1710)年	『翻刻絵入狂言本集下』(近世文芸叢刊 別巻4)		
	歌舞伎資料	けいせい柏の大黒天	正徳3(1713)年	『翻刻絵入狂言本集下』(近世文芸叢刊 別巻4)		
	歌舞伎資料	けいせい十三鐘	正徳5(1715)年	『翻刻絵入狂言本集下』(近世文芸叢刊 別巻4)		
	歌舞伎資料	けいせい錦産衣	正徳6(1716)年	『翻刻絵入狂言本集下』(近世文芸叢刊 別巻4)		
	歌舞伎資料	けいせい築波山	正徳6-享保21(1716-36)年	『翻刻絵入狂言本集下』(近世文芸叢刊 別巻4)		
	歌舞伎資料	けいせい夫立石	正徳6(1716)年	『翻刻絵入狂言本集下』(近世文芸叢刊 別巻4)		
	歌舞伎資料	おしゅん伝兵衛 十七年忌	享保3(1718)年	『上方歌舞伎集』(新大系95)		
	歌舞伎資料	成相観音縁起	享保4(1719)年	『翻刻絵入狂言本集下』(近世文芸叢刊 別巻4)		
	歌舞伎資料	けいせい八万日	享保5(1720)年	『翻刻絵入狂言本集下』(近世文芸叢刊 別巻4)		
	歌舞伎資料	後太平記四十八巻目 津国女夫池	享保6(1721)年	『翻刻絵入狂言本集下』(近世文芸叢刊 別巻4)		
	歌舞伎資料	けいせい亥刻鐘 六角堂開帳	享保13(1728)年	『翻刻絵入狂言本集下』(近世文芸叢刊 別巻4)		
	歌舞伎資料	永観堂花紐解 けいせい見廻桜	享保14(1729)年	『翻刻絵入狂言本集下』(近世文芸叢刊 別巻4)		
	歌舞伎資料	けいせい新あさまの だけ	享保16(1731)年	『翻刻絵入狂言本集下』(近世文芸叢刊 別巻4)		
	歌舞伎資料	鎌倉山梶原一生記	享保12(1727)年	『翻刻絵入狂言本集下』(近世文芸叢刊 別巻4)		
	歌舞伎資料	新造蓬莱山 俵藤太二代記	享保12(1727)年以降	『翻刻絵入狂言本集下』(近世文芸叢刊 別巻4)		
	噺本	寒川入道筆記	慶長18(1613)年	『噺本大系』1(東京堂出版)		○国文研
	噺本	戯言養気集	慶長・元和(1596-1624)年頃	『噺本大系』1(東京堂出版)		○国文研
	噺本	きのふはけふの物語	元和・寛永(1615-44)年間	『噺本大系』1(東京堂出版)	○ (笠間書院)	
	噺本	醒睡笑	元和9(1623)年頃	『醒睡笑・静嘉堂文庫蔵　本文編』(笠間書院)	○	
	噺本	一休諸国物語	寛文(1661-1672)年間	『噺本大系』3(東京堂出版)		
	噺本	理屈物語	寛文7(1667)年	『噺本大系』2(東京堂出版)		○国文研
	噺本	竹斎はなし	寛文12(1672)年	『噺本大系』3(東京堂出版)		○国文研
	噺本	囃物語	延宝8(1680)年	『噺本大系』4(東京堂出版)		
	噺本	当世手打笑	延宝9(1681)年	『噺本大系』5(東京堂出版)		○国文研
	噺本	当世はなしの本	貞享(1684-1688)年間	『噺本大系』5(東京堂出版)		
	噺本	鹿の巻筆	貞享3(1686)年	『噺本大系』5(東京堂出版)		○国文研

	ジャンル	作品名	成立・刊行年	使用テキスト	総索引	データベース
	噺本	軽口露がはなし	元禄4(1691)年	『噺本大系』6(東京堂出版)		○国文研
	噺本	初音草噺大鑑	元禄11(1698)年	『噺本大系』6(東京堂出版)		
	噺本	軽口御前男	元禄16(1703)年	『噺本大系』6(東京堂出版)		○国文研
	噺本	軽口福蔵主	正徳6(1716)年	『噺本大系』7(東京堂出版)		
	噺本	軽口もらいゑくぼ	享保2(1717)年	『噺本大系』7(東京堂出版)		
	噺本	軽口独機嫌	享保18(1733)年	『噺本大系』7(東京堂出版)		○国文研
	噺本	軽口初売買	元文4(1739)年	『噺本大系』8(東京堂出版)		○国文研
	噺本	軽口へそ順礼	延享3(1746)年	『噺本大系』8(東京堂出版)		
	噺本	軽口瓢金苗	延享4(1747)年	『噺本大系』8(東京堂出版)		○国文研
	狂言台本	狂言記 (正篇五十番)	万治3(1660)年	『狂言記の研究』上下(勉誠社)	○	
	狂言台本	狂言記外五十番 (外篇)	元禄13(1700)年	『狂言記外五十番の研究』(勉誠社)	○	
	狂言台本	続狂言記 (続篇五十番)	元禄13(1700)年	『続狂言記の研究』(勉誠社)	○	
	狂言台本	狂言記拾遺	享保15(1730)年	『狂言記拾遺の研究』(勉誠社)	○	
	その他・書簡	沢庵和尚書簡	寛永7(1630)年	『沢庵和尚書簡集』(岩波文庫)		
	その他・仏教書	驢鞍橋	寛文元(1661)年	『驢鞍橋』(岩波文庫)		
	その他・仏教書	反故集	寛文11(1671)年	『仮名法語集』(旧大系83)		○国文研
	その他・随筆	戴恩記	正保元(1644)年頃	『戴恩記・折たく柴の記・蘭東事始』(旧大系95)		○国文研
	その他・随筆	ひとりね	享保9(1724)年	『近世随想集』(旧大系96)		○国文研
	その他・随筆	孔雀楼筆記	明和5(1768)年	『近世随想集』(旧大系96)		○国文研
	その他・随筆	槐記	享保9-20(1724~1735)年	『近世随想集』(旧大系96)		○国文研
	その他・評論	童子問	宝永4(1707)年	『近世思想家文集』(旧大系97)		○国文研
	その他・心学道話	都鄙問答	元文4(1739)年	『近世思想家文集』(旧大系97)		○国文研
	その他・評論	翁の文	延享3(1746)年	『近世思想家文集』(旧大系97)		○国文研
	その他・見聞記	おあん物語	未詳	『おあん物語・おきく物語・理慶尼の記 本文と総索引』(和泉書院)	○	
	その他・見聞記	おきく物語	未詳	『おあん物語・おきく物語・理慶尼の記 本文と総索引』(和泉書院)	○	
	その他・見聞記	理慶尼の記	未詳	『おあん物語・おきく物語・理慶尼の記 本文と総索引』(和泉書院)	○	
時期	ジャンル	作品名	成立・刊行年	使用テキスト	総索引	データベース
近世後期 (上方版、 1751~ 1867年)	浄瑠璃(時代物)	一谷嫩軍記	宝暦元(1751)年	『文楽浄瑠璃集』(旧大系99)		○国文研
	浄瑠璃(時代物)	妹背山婦女庭訓	明和8(1771)年	『文楽浄瑠璃集』(旧大系99)		○国文研
	浄瑠璃(世話物)	艶容女舞衣	安永元(1772)年	『文楽浄瑠璃集』(旧大系99)		○国文研
	浄瑠璃(時代物)	摂州合邦辻	安永2(1773)年	『文楽浄瑠璃集』(旧大系99)		○国文研
	浄瑠璃(時代物)	伊達娘恋緋鹿子	安永8(1779)年	『近松半二江戸作者浄瑠璃集』(新大系94)		
	浄瑠璃(世話物)	新版歌祭文	安永9(1780)年	『浄瑠璃集下』(旧大系52)		○国文研
	浄瑠璃(時代物)	鎌倉三代記	天明元(1781)年	『浄瑠璃集下』(旧大系52)		○国文研

浄瑠璃(時代物)	伊賀越道中双六	天明3(1783)年	『文楽浄瑠璃集』(旧大系99)		○国文研
浄瑠璃(時代物)	伽羅先代萩	天明5(1785)年	『浄瑠璃集下』(旧大系52)		○国文研
浄瑠璃(時代物)	絵本太功記	寛政11(1799)年	『文楽浄瑠璃集』(旧大系99)		○国文研
歌舞伎資料	幼稚子敵討	宝暦3(1753)年	『歌舞伎脚本集上』(旧大系53)		○国文研
歌舞伎資料	伊賀越乗掛合羽	安永5(1776)年	『上方歌舞伎集』(新大系95)		
歌舞伎資料	韓人漢文手管始	天明9(1789)年	『歌舞伎脚本集上』(旧大系53)		○国文研
噺本	口合恵宝袋	宝暦5(1755)年	『噺本大系』8(東京堂出版)		○国文研
噺本	軽口大黒柱	安永2年(1773)年間	『噺本大系』9(東京堂出版)		○国文研
噺本	立春噺大集	安永5(1776)年	『噺本大系』10(東京堂出版)		○国文研
噺本	時勢話大全	安永6(1777)年	『噺本大系』11(東京堂出版)		○国文研
噺本	歳日話	天明3(1783)年	『噺本大系』12(東京堂出版)		○国文研
噺本	夜明鳥	天明3(1783)年	『噺本大系』12(東京堂出版)		○国文研
噺本	鳩酔雑話	寛政7(1795)年	『噺本大系』12(東京堂出版)		○国文研
噺本	雅興春の行衛	寛政8(1796)年	『噺本大系』13(東京堂出版)		○国文研
噺本	曲雑話	寛政12(1800)年	『噺本大系』13(東京堂出版)		○国文研
噺本	新撰勧進話	享和2(1802)年	『噺本大系』14(東京堂出版)		○国文研
噺本	玉尽一九噺	文化5(1808)年	『噺本大系』14(東京堂出版)		○国文研
噺本	春興噺万歳	文政5(1822)年	『噺本大系』15(東京堂出版)		○国文研
噺本	落噺千里藪	弘化3(1846)年	『噺本大系』16(東京堂出版)		○国文研
噺本	戯忠臣蔵噺	文政(1818~1829)年間	『噺本大系』18(東京堂出版)		○国文研
噺本	しんばん一口ばなし	天保10(1839)年	『噺本大系』19(東京堂出版)		○国文研
洒落本	穿当珍話	宝暦6(1756)年	『洒落本大成』2(中央公論社)		
洒落本	月花余情	宝暦7(1757)年	『洒落本大成』3(中央公論社)		
洒落本	陽台遺編	宝暦7(1757)年	『洒落本大成』3(中央公論社)		
洒落本	畑開秘言	宝暦7(1757)年頃	『洒落本大成』3(中央公論社)		
洒落本	新月花余情	宝暦7(1757)年	『洒落本大成』2(中央公論社)		
洒落本	聖遊廓	宝暦7(1757)年	『洒落本大成』2(中央公論社)		
洒落本	郭中奇譚(異本)	明和6(1769)年頃	『洒落本大成』4(中央公論社)		
洒落本	風流裸人形	安永8(1779)年頃	『洒落本大成』8(中央公論社)		
洒落本	見開医者躾辞先生穴賢	安永9(1780)年	『洒落本大成』9(中央公論社)		
洒落本	短華蘂葉	天明6(1786)年	『洒落本大成』13(中央公論社)		
洒落本	眸のすじ書	寛政6(1794)年	『洒落本大成』16(中央公論社)		
洒落本	北華通情	寛政6(1794)年	『洒落本大成』16(中央公論社)		
洒落本	三酔一致うかれ草紙	寛政9(1797)年	『洒落本大成』17(中央公論社)		

	洒落本	十界和尚話	寛政9(1797)年	『洒落本大成』17(中央公論社)		
	洒落本	南遊記	寛政12(1800)年	『洒落本大成』18(中央公論社)		
	洒落本	当世嘘之川	享和4(1804)年	『洒落本大成』23(中央公論社)		
	洒落本	竊潜妻	文化4(1807)年	『洒落本大成』24(中央公論社)		
	洒落本	当世粋の曙	文政3(1820)年	『洒落本大成』26(中央公論社)		
	洒落本	河東方言箱枕	文政5(1822)年	『洒落本大成』27(中央公論社)		
	洒落本	色深狹睡夢	文政9(1826)年	『洒落本大成』27(中央公論社)		
	洒落本	北川蜆殻	文政9(1826)年	『洒落本大成』27(中央公論社)		
	洒落本	鴨東妓言老樣志	天保3(1832)年	『洒落本大成』28(中央公論社)		
	洒落本	風俗三石士	弘化元(1844)年	『洒落本大成』29(中央公論社)		
	読本	雨月物語	安永5(1776)年	『上田秋成集』(旧大系56)	○(武蔵野書院)	○国文研
	読本	春雨物語	文化5(1808)年頃	『上田秋成集』(旧大系56)		○国文研
	談義本	根南志具佐	宝暦13(1763)年	『風来山人集』(旧大系55)		○国文研
	談義本	根無草後編	明和6(1769)年	『風来山人集』(旧大系55)		○国文研
	談義本	風流志道軒伝	宝暦13(1763)年	『風来山人集』(旧大系55)		○国文研
	談義本	針の供養	安永3(1774)年	『動脈先生全集下　和文戯作集』(太平書屋)		○国文研
	滑稽本	風来六部集	安永9(1780)自序	『風来山人集』(旧大系55)		○国文研
	滑稽本	太平楽国事解	安永7(1777)年	『動脈先生全集下　和文戯作集』(太平書屋)		
	滑稽本	癇癪談	文政5(1822)年	『春雨物語・癇癪談』(岩波文庫)		
	滑稽本	穴さがし心の内そと	幕末-明治初期	『近代語研究』4(武蔵野書院)		
	その他・随筆	膽大小心録	文化5(1808)年	『上田秋成集』(旧大系56)		○国文研
	その他・心学道話	道二翁道話	寛政7(1795)年-文政7(1824)年	『石門心学』(日本思想大系42)		
	その他・心学道話	松翁道話	文化11(1814)年-弘化3(1846)年	『石門心学』(日本思想大系42)		
	その他・心学道話	鳩翁道話	天保10(1839)年	『石門心学』(日本思想大系42)		
時期	ジャンル	作品名	成立・刊行年	使用テキスト	総索引	データベース
近世前期 (江戸語、1604-1750年)	歌舞伎資料	参会名護屋	元禄10(1697)年	『江戸歌舞伎』(新大系96)		
	歌舞伎資料	傾城阿佐間曽我	元禄16(1703)年	『江戸歌舞伎』(新大系96)		
	その他・自伝	三河物語	元和8(1622)年	『三河物語　葉隠』(日本思想大系26)		
	その他・兵法書	雑兵物語	明暦3-天和3(1657-1683)年間	『雑兵物語・おあむ物語(附)おきく物語』(岩波文庫)	○(武蔵野書院)	
時期	ジャンル	作品名	成立・刊行年	使用テキスト	総索引	データベース
近世後期 (江戸語、1751-1867年)	歌舞伎資料	御摂勧進帳	安永2(1773)年	『江戸歌舞伎』(新大系96)		
	歌舞伎資料	花三升吉野深雪	寛政10(1798)年	『福森久助脚本集』(叢書江戸文庫49)		
	歌舞伎資料	清和源氏二代将	文化2(1805)年	『文化二年十一月江戸三芝居顔見世狂言集』(叢書江戸文庫23)		
	歌舞伎資料	けいせい吉野鐘	文化2(1805)年	『文化二年十一月江戸三芝居顔見世狂言集』(叢書江戸文庫23)		

歌舞伎資料	蝶花形恋闇鵜源氏	文化2(1805)年	『文化二年十一月江戸三芝居顔見世狂言集』（叢書江戸文庫23）		
歌舞伎資料	四天王御江戸鏑	文化12(1815)年	『福森久助脚本集』（叢書江戸文庫49）		
歌舞伎資料	名歌徳三舛玉垣	享和元(1801)年	『歌舞伎脚本集下』（旧大系54）		○国文研
歌舞伎資料	お染久松色読販	文化10(1813)年	『歌舞伎脚本集下』（旧大系54）		○国文研
歌舞伎資料	東海道四谷怪談	文政8(1825)年	『新潮日本古典集成』（新潮社出版45）		
歌舞伎資料	小袖曽我薊色縫	安政6(1859)年	『歌舞伎脚本集下』（旧大系54）		○国文研
噺本	鹿の子餅	安永元(1772)年	『噺本大系』9(東京堂出版)		○国文研
噺本	棄牢頭	安永元(1772)年	『噺本大系』9(東京堂出版)		○国文研
噺本	聞上手	安永2(1773)年	『噺本大系』9(東京堂出版)		○国文研
噺本	近目貫	安永2(1773)年	『噺本大系』9(東京堂出版)		○国文研
噺本	都囃談語	安永2(1773)年	『噺本大系』9(東京堂出版)		○国文研
噺本	仕形噺	安永2(1773)年	『噺本大系』9(東京堂出版)		○国文研
噺本	新落はなし一のもり	安永4(1775)年頃	『噺本大系』10(東京堂出版)		○国文研
噺本	新口花笑顔	安永4(1775)年頃	『噺本大系』10(東京堂出版)		○国文研
噺本	今歳笑	安永7(1778)年頃	『噺本大系』11(東京堂出版)		○国文研
噺本	鯛の味噌津	安永8(1779)年	『噺本大系』11(東京堂出版)		○国文研
噺本	青楼吉原咄	安永8(1779)年	『噺本大系』17(東京堂出版)		○国文研
噺本	百福物語	天明8(1788)年	『噺本大系』12(東京堂出版)		○国文研
噺本	千年草	天明8(1788)年	『噺本大系』12(東京堂出版)		○国文研
噺本	青楼青咄雀	寛政5(1793)年	『噺本大系』18(東京堂出版)		○国文研
噺本	喜美談語	寛政8(1796)年	『噺本大系』13(東京堂出版)		○国文研
噺本	無事志有意	寛政10(1798)年	『噺本大系』13(東京堂出版)		○国文研
噺本	新玉箒	寛政10(1798)年	『噺本大系』13(東京堂出版)		○国文研
噺本	滑稽好	享和元(1801)年	『噺本大系』13(東京堂出版)		○国文研
噺本	そこぬけ釜	享和2(1802)年	『噺本大系』14(東京堂出版)		○国文研
噺本	落咄見世びらき	文化3(1806)年	『噺本大系』14(東京堂出版)		○国文研
噺本	笑顔始	文化5(1808)年	『噺本大系』19(東京堂出版)		○国文研
噺本	落咄熟志柿	文化13(1816)年	『噺本大系』15(東京堂出版)		○国文研
噺本	落咄屠蘇機嫌	文化14(1817)年	『噺本大系』18(東京堂出版)		○国文研
噺本	落噺屠蘇喜言	文政7(1824)年	『噺本大系』15(東京堂出版)		○国文研
噺本	落噺笑富林	天保4(1833)年	『噺本大系』16(東京堂出版)		○国文研
噺本	はなしの種	天保10(1839)年	『噺本大系』16(東京堂出版)		○国文研
噺本	面白岬細蜘蛛図絵	天保15(1844)年	『噺本大系』16(東京堂出版)		○国文研
黄表紙	金々先生栄花夢	安永4(1775)年	『黄表紙洒落本集』（旧大系59）		○国文研

黄表紙	高漫斉行脚日記	安永5(1776)年	『黄表紙洒落本集』(旧大系59)			○国文研
黄表紙	見徳一炊夢	安永10(1781)年	『黄表紙洒落本集』(旧大系59)			○国文研
黄表紙	手前勝手 御存商売物	天明2(1782)年	『黄表紙洒落本集』(旧大系59)			○国文研
黄表紙	御手料理御知面巳 大悲千禄本	天明5(1785)年	『黄表紙洒落本集』(旧大系59)			○国文研
黄表紙	巡廻能名題家 莫切自根金生木	天明5(1785)年	『黄表紙洒落本集』(旧大系59)			○国文研
黄表紙	江戸生艶気樺焼	天明5(1785)年	『黄表紙洒落本集』(旧大系59)			○国文研
黄表紙	文武二道万石通	天明8(1788)年	『黄表紙洒落本集』(旧大系59)			○国文研
黄表紙	孔子縞干時藍染	未詳	『黄表紙洒落本集』(旧大系59)			○国文研
黄表紙	大極上請合売 心学早染艸	寛政2(1790)年	『黄表紙洒落本集』(旧大系59)			○国文研
黄表紙	敵討義女英	寛政7(1795)年	『黄表紙洒落本集』(旧大系59)			○国文研
洒落本	路考人伝	寛延2(1749)年	『洒落本滑稽本人情本』(全集47)			
洒落本	郭中奇譚	明和6(1769)年	『洒落本大成』4(中央公論社)			
洒落本	南江駅話	明和7(1770)年	『洒落本大成』5(中央公論社)			
洒落本	遊子方言	明和7(1770)年	『黄表紙洒落本集』(旧大系59)			○国文研
洒落本	辰巳之園	明和7 (1770)年	『黄表紙洒落本集』(旧大系59)			○国文研
洒落本	侠者方言	明和8(1771)年	『洒落本大成』5(中央公論社)			
洒落本	南閏雑話	安永2(1773)年	『洒落本大成』6(中央公論社)			
洒落本	寸南破良意	安永4(1775)年	『洒落本大成』6(中央公論社)			
洒落本	甲駅新話	安永4(1775)年	『洒落本滑稽本人情本』(全集47)	○国學院大学 近世語研究会		
洒落本	軽井茶話道中粋語録	安永(1772-1781)年間	『黄表紙洒落本集』(旧大系59)			○国文研
洒落本	郭中掃除雑編	安永6(1777)年	『洒落本大成』7(中央公論社)			
洒落本	粋町甲閏	安永7(1778)年	『洒落本大成』9(中央公論社)			
洒落本	媚註銚子戯語	安永9(1780)年	『洒落本大成』10(中央公論社)			
洒落本	卯地臭意	天明3(1783)年	『黄表紙洒落本集』(旧大系59)			○国文研
洒落本	両国栞	天明3(1783)年	『洒落本大成』5(中央公論社)			
洒落本	居続借金	天明3(1783)年	『洒落本大成』12(中央公論社)			
洒落本	深川手習草紙	天明5(1785)年	『洒落本大成』13(中央公論社)			
洒落本	通言総籬	天明7(1787)年	『黄表紙洒落本集』(旧大系59)			○国文研
洒落本	田舎芝居	天明7(1787)年	『洒落本大成』13(中央公論社)			
洒落本	古契三娼	天明7(1787)年	『洒落本滑稽本人情本』(全集47)			
洒落本	通気粋語伝	天明9(1789)年	『洒落本大成』15(中央公論社)			
洒落本	部屋三味線	寛政年間(1789-1800)年	『洒落本大成』19(中央公論社)			
洒落本	玉之帳	寛政年間(1789-1800)年	『洒落本大成』19(中央公論社)			
洒落本	意妓口	天明9-享和4(1789-1804)	『洒落本大成』19(中央公論社)			

	洒落本	傾城買四十八手	寛政2(1790)年	『黄表紙洒落本集』(旧大系59)		○国文研
	洒落本	繁千話	寛政2(1790)年	『洒落本滑稽本人情本』(全集47)		
	洒落本	青楼昼之世界錦之裏	寛政3(1791)年	『黄表紙洒落本集』(旧大系59)		○国文研
	洒落本	傾城買二筋道	寛政10(1798)年	『黄表紙洒落本集』(旧大系59)		○国文研
	洒落本	辰巳婦言	寛政10(1798)年	『洒落本大成』17(中央公論社)		
	洒落本	客物語	寛政11(1799)年	『洒落本大成』17(中央公論社)		
	洒落本	二筋道宵之程	寛政12(1800)年	『洒落本大成』19(中央公論社)		
	読本	椿説弓張月	文化4-8(1807-11)年	『椿説弓張月』上下(旧大系60・61)		○国文研
	談義本	当世下手談義	宝暦2(1752)年	『当世下手談義』(新大系81)	○ (青簡舎)	
	談義本	当世阿多福仮面	安永9(1780)年	『安永九年当世阿多福仮面　本文と総索引』(港の人)	○	
	滑稽本	異国奇談和荘兵衛	安永3-8(1774-79)年	『滑稽本集[一]』(国書刊行会)		
	滑稽本	浮世くらべ	安永3(1774)年	『滑稽本集[一]』(国書刊行会)		
	滑稽本	当世杜選商	安永7(1778)年	『滑稽本集[一]』(国書刊行会)		
	滑稽本	指面草	天明6(1786)年	『滑稽本集[一]』(国書刊行会)		
	滑稽本	東海道中膝栗毛	享和2-文政5 (1802-1822)年	『東海道中膝栗毛』(旧大系62)		○国文研
	滑稽本	叶福助略縁起	文化2(1805)年頃	『滑稽本集[一]』(国書刊行会)		
	滑稽本	酩酊気質	文化3(1806)年	『洒落本滑稽本人情本』(全集47)		
	滑稽本	旧観帖	文化6-7(1809-1810)年	『滑稽本集[一]』(国書刊行会)		
	滑稽本	浮世風呂	文化6-10(1809-1813)年	『浮世風呂』(旧大系63)		○国文研
	滑稽本	狂言田舎操	文化8(1811)年	『滑稽本集[一]』(国書刊行会)		
	滑稽本	人間万事虚誕計	文化10(1813)年	『滑稽本集[一]』(国書刊行会)	○(姫路北 高等学校)	
	滑稽本	浮世床	文化10(1813)年	『洒落本滑稽本人情本』(全集47)	○(武蔵野 書院)	
	滑稽本	花暦八笑人	嘉永2(1849)年	『花暦八笑人』(岩波文庫)		
	滑稽本	妙竹林話七偏人	安政4-文久3(1857-1863)年	『妙竹林話　七偏人』上下(講談社文庫)		
	人情本	仮名文章娘節用	天保2-5(1831-1834)年	『鶴見日本文学』2-4		○ (ninjo)
	人情本	春色梅児誉美	天保3-4(1832-1833)年	『春色梅児誉美』(旧大系64)		○国文研
	人情本	春色辰巳園	天保4-6(1833-1835)年	『春色梅児誉美』(旧大系64)		○国文研
	人情本	恋の若竹	天保4-10(1833-1839)年	『人情本集』(人情本刊行会)		○ (ninjo)
	人情本	清談若緑	天保7(1836)年以前	『人情本傑作集』(帝国文庫19)		
	人情本	春色恵の花	天保7(1836)年	『日本名著全集』15		
	人情本	春告鳥	天保7-8(1836-1837)年	『洒落本滑稽本人情本』(全集47)		
	人情本	花の志満台	天保7-9　(1836-1838)年	『人情本集』(人情本刊行会)		○ (ninjo)
	人情本	春色英対暖語	天保9(1838)年	『梅暦』　下(岩波文庫)		
	人情本	閑情末摘花	天保10-12(1839-1841)年	『日本名著全集』15		

時期	ジャンル	作品名	成立・刊行年	使用テキスト	総索引	データベース
	人情本	春色恋迺染分解	万延元-慶応元(1860-1865)年	『春色恋迺染分解 翻刻と総索引』(おうふう)	○	○ (ninjo)
	人情本	娚咀三人娘	文久2-慶応元(1862-1865)年	『人文学報』443・458		
	人情本	春色江戸紫	元治元(1864)年	『人情本集』(人情本刊行会)		○ (ninjo)
	人情本	花暦封じ文	慶応2(1866)年頃	『人情本集』(人情本刊行会)		○ (ninjo)
	その他・評論,国学	玉くしげ	天明9(1789)年	『近世思想家文集』(旧大系97)		○国文研
	その他・評論,国学	自然眞榮道(抄)	未詳	『近世思想家文集』(旧大系97)		○国文研
	その他・評論,国学	統道眞傳	未詳	『近世思想家文集』(旧大系97)		○国文研
	その他・伝記	夢酔独言	天保14(1843)年	『勝海舟』(日本の名著32)	○(武蔵野書院)	
近代 (1868-1945年)	落語速記本	怪談牡丹燈籠	文久-元治(1861-1865)年間成立、明治17(1884)年刊	『三遊亭圓朝集』(明治文学全集 10,筑摩書房)		
	落語速記本	塩原多助一代記	明治11(1878)年初演、明治18(1885年)年刊	『三遊亭圓朝集』(明治文学全集 10,筑摩書房)		
	落語速記本	英国孝子之伝	1885年(明治18年)	『三遊亭圓朝集』(明治文学全集 10,筑摩書房)		
	落語速記本	真景累ケ淵	安政6(1859)年作、明治20(1887)年-明治21(1888)年速記	『三遊亭圓朝集』(明治文学全集 10,筑摩書房)		
	落語速記本	天下嘘背較・短気息子	明治23(1890)年	『改良落語』(駸々堂)		
	落語速記本	当るところまで・煙草の香分け・大黒のよみ込・辰巳の染色	明治25(1892)年	『芦のそよぎ』(明文館)		
	落語速記本	白菊・鴬宿梅・菅公の木像・妾の内幕・植物廻	明治24(1891)年	『噺の種』(駸々堂)		
	落語速記本	百年目・黒玉潰し	明治25(1892)年	『速記の花』(関西速記学会)		
	落語速記本	猿後家・楠屋	明治26(1893)年	『滑稽曽呂利叢話』(駸々堂)		
	落語速記本	お玉牛	明治27(1894)年	『お玉牛』(駸々堂)		
	落語速記本	胴乱の幸助	明治27(1894)年	『胴乱の幸助』(駸々堂)		
	落語SPレコード			『二十世紀初頭大阪口訳の実態—落語SPレコードを資料として—』(大阪大学文学部社会言語学講座)		
	小説	牛店雑談安愚楽鍋	明治4(1871)年	『明治開化期文学集1』(明治文学全集1、筑摩書房)	○(秀英出版)	
	小説	万国航海西洋道中膝栗毛	明治3(1870)年	『明治開化期文学集1』(明治文学全集1、筑摩書房)		
	小説	近世紀聞	明治7(1874)年	『明治開化期文学集1』(明治文学全集1、筑摩書房)		
	小説	開明小説春雨文庫	明治9(1876)年	『明治開化期文学集1』(明治文学全集1、筑摩書房)		
	小説	金之助の話説	明治11(1878)年	『明治開化期文学集2』(明治文学全集2、筑摩書房)		
	小説	高橋阿伝夜叉譚	明治12(1879)年	『明治開化期文学集2』(明治文学全集2、筑摩書房)		
	小説	巷説児手柏	明治12(1879)年	『明治開化期文学集2』(明治文学全集2、筑摩書房)		
	小説	浅尾よし江の履歴	明治15(1882)年	『明治開化期文学集2』(明治文学全集2、筑摩書房)		
	小説	雪中梅	明治19(1886)年	『政治小説集』(新大系明治編16)		
	小説	当世書生気質	明治19(1886)年	『坪内逍遙集』(明治文学全集16)		
	小説	浮雲	明治20-22(1887-1889)年	『坪内逍遙二葉亭四迷集』(新大系明治編18)		
	小説	細君	明治22(1889)年	『坪内逍遙二葉亭四迷集』(新大系明治編18)		
	教科書	国定読本	明治37-昭和24(1904-1949)年	『国定読本用語総覧』(全12巻、三省堂)、		CD-ROM版

		洋学資料	Colloquial Japanese	S.R.ブラウン『Colloquial Japanese』(1863年、Shanghai Presbyterian Mission Press)		
		洋学資料	KUAIWA HEN	アーネスト・サトウ『KUAIWA HEN』(1873年、Yokohama Lane,Crawford & Co)		
		小説		『青空文庫』パッケージ(20151001版)		○国研（ひまわり用）
		雑誌	明六雑誌	明治7(1874)年ー明治8(1875)年	『明六雑誌コーパス』(2012年公開)	
		雑誌	国民之友	明治20(1887)年ー明治21(1888)年	『国民之友コーパス』(2014年公開)	
		雑誌	太陽	1895(明治28)年、1901(明治34)年、1909(明治42)年、1917(大正6)年、1925(大正14)年	『太陽コーパス　一雑誌『太陽』日本語データベースー』(国立国語研究所資料集15、CD-ROM版、博文館新社)	○国研
		雑誌	女学雑誌、女学世界、婦人倶楽部	1894(明治27)年・1895(明治28)年、1909(明治42)年、1925(大正14)年	『近代女性雑誌コーパス』(2006年公開)	○国研
時期	ジャンル	作品名	成立・刊行年	使用テキスト	総索引	データベース
現代(1940年ー)	落語SP文字起こし	十三夜	昭和26(1951)年ー昭和27(1952)年	『二代目桂春団治『十三夜』録音文字化資料』		
	会議録	帝国議会会議録	明治23(1890)年ー昭和22(1947)年	『帝国議会会議録検索システム』		○
	会議録	国会会議録	昭和22(1947)年ー平成24(2012)年	『国会会議録』パッケージ		○国研（ひまわり用）
	書籍(主に小説)			現代日本語書き言葉均衡コーパス/通常版(BCCWJ-NT)		○国研
【訓点資料】		◆『大般若経音義の研究本文編・索引編』（勉誠社）、◆知恩院蔵大唐三蔵玄奘法師表啓古点（天安(857-859)ー元慶(877-885)頃の加点）『訓点語と訓点資料』4、◆石山寺本・黒板本金剛波若経集験記平安初期点『金剛波若経集験記古訓考証稿』、◆東京大学国語研究室蔵恵果和上之碑文古点（角筆点：950年頃、朱点：1050年頃、墨点：1050年頃）『古文献の計算機処理(1)ー東京大学国語研究室蔵恵果和上之碑文一』、◆石山寺蔵仏蔵太子部向燈臺平安中期点『訓点語と訓点資料』71・72、◆無量義経古点(1000年前後)『無量義経古点』勉誠社、◆西大寺本不空羂索神咒心経寛応(1045)年点『国語学』33、◆興福寺本大慈恩寺三蔵法師伝古点(延久承暦(1069-1077)頃朱点・墨点、承暦(1099)年墨点・承暦(1099)年頃朱点、延久4(1072)年墨点、嘉応2(1170)年墨点)『興福寺本大慈恩寺三蔵法師傳古點の国語学的研究』（東京大学出版会）、◆高山寺本三教指帰巻中院政初期点『訓点語と訓点資料』89			
【辞書類】（いろは順）		◆『色葉字類抄（尊経閣蔵三巻本）』（1984、八木書店）/『色葉字類抄漢字索引』(1966-1970、古字書索引叢刊・私家版)/『色葉字類抄畳訓索引』(1971-1972、古字書索引叢刊・私家版)、◆『江戸語の辞典』(1991、平文社)、◆『江戸語大辞典』(1974、講談社)、◆『江戸時代語辞典』(2008、角川学芸出版)、◆『角川古語大辞典』(1982-1999、角川書店)、◆『上方語辞典』(1967、明治書院)、◆『漢語大詞典』(2008、漢語大詞典出版社)、◆『基礎日本語辞典』(森田良行、1989、角川書店)、◆『教師と学習者のための日本語文型辞典』(グループ・ジャマシイ、1998、くろしお出版)、◆『言海』(1889-1891(2004、筑摩書房))、◆『現代副詞用法辞典』(飛田良文・浅田秀子、1994、東京堂出版)、◆『新明解語源辞典』(2011、三省堂)、◆『宇縷集白河本童元本研究並びに総索引』(1978、勉誠出版)、◆『時代別国語大辞典上代編』(1967、三省堂)、◆『時代別国語大辞典室町時代編』(1985-2001年、三省堂)、◆『大辞泉（第2版）』(2012、小学館)、◆『大辞林（第3版）』(2006、三省堂)、◆『動詞・形容詞・副詞の辞典』(2008、東京堂出版)、◆『新語源辞典』(2008、講談社)、◆『日葡辞書(邦訳)』(1980、岩波書店)/『キリシタン版日葡辞書カラー影印版』(オックスフォード大学ボードレイアン図書館所蔵)』(2013、勉誠出版)、◆『日本国語大辞典（第2版）』(2001、小学館)、◆『日本語学研究事典』(2007、明治書院)、◆『佛教語大辞典』(1981、東京書籍)、◆『（増補）俚言集覧』(1965-1966、名著刊行会)、◆『類聚名義抄仮名索引』(1939-1940、日本古典全集刊行会/国立国会図書館デジタルコレクション)、◆『（ヘボン著）和英語林集成初版・再版・三版対照総索引』(2000、港の人)/『改正増補和英英和語林集成(8版)』(1906年、丸善株式会社書店)